cmz

cmz. Wir machen die guten Bücher. Seit 1979.

Jahrbuch 2022

Herausgegeben vom
Rheinischen Verein für Denkmalpflege
und Landschaftsschutz

Rheinischer Verein
Für Denkmalpflege und Landschaftsschutz

Barbara und Hans Otzen

Westerwald

Ein Lese- und Bilderbuch

Mit einem Geleitwort von Tobias Flessenkemper

Bibliografische Information der Deutschen Nationalbibliothek

Die Deutsche Nationalbibliothek verzeichnet diese Publikation
in der Deutschen Nationalbibliografie; detaillierte bibliografische Daten
sind im Internet über http://dnb.d-nb.de abrufbar.

© 2022 by **cmz**-Verlag Winrich C.-W. Clasen
An der Glasfachschule 48, 53359 Rheinbach
Tel. 02226-912626, info@cmz.de

Redaktion: Karl Peter Wiemer, Köln
(Rheinischer Verein für Denkmalpflege und Landschaftsschutz)

Schlussredaktion:
Kirsten Blanck, Bonn

Layout & Satz (Adobe Caslon Pro 10 auf 13,5 Punkt und ScalaScans)
mit Adobe InDesign CS5.5:
Winrich C.-W. Clasen, Rheinbach

Landkarten:
Axel Bengsch, Tübingen

Papier (G-Print 115 g/m²):
Grycksbo Paper AB, Grycksbo/Schweden

Umschlagbilder:
Abtei Marienstatt (Foto: Winrich C.-W. Clasen)
Waagweiher, Herschbach (Foto: el_tommo, Wikimedia Commons 1.0)
Fachwerkhaus am Marktplatz, Herborn
(Foto: Winrich C.-W. Clasen)

Links zu den Abbildungen aus Wikimedia Commons
abgerufen am 10.6.2022

Umschlaggestaltung:
Lina C. Schwerin, Hamburg

Gesamtherstellung:
Livonia Print Ltd., Riga/Lettland

ISBN 978-3-87062-358-6 **cmz**-Verlag
ISBN 978-3-86526-143-4 Rheinischer Verein

0001–4000 • 20221017

www.cmz.de • www.rheinischer-verein.de

Haus Reinhard, erbaut 1626, Herborn
(vgl. Seite 259; Foto: Winrich C.-W. Clasen)

Inhaltsverzeichnis

19   Rhein-Westerwald

157   Nisterbergland und Dreifelder Weiherland

193   Hoher Westerwald

225   Dillwesterwald

337 Anhang

Weiterführende Informationen zu den Orten dieses Buches lassen sich auch der nachfolgenden Internetseite entnehmen: KuLaDig – Kultur. Landschaft. Digital. – ein Informationssystem des Landschaftsverbands Rheinland über die historische Kulturlandschaft und das landschaftliche kulturelle Erbe.

www.kuladig.de

Geleitwort

Vier Jahre ist es her, dass der Rheinische Verein für Denkmalpflege und Landschaftsschutz sein letztes Jahrbuch *Klosterführer Eifel* vorgelegt hat. Nunmehr gibt es ein neues Jahrbuch, das zu einer Entdeckungsreise durch den Westerwald einlädt. Erfreulicherweise konnten wir wieder das Autorenpaar Barbara und Hans Otzen gewinnen, uns durch dieses reizvolle Mittelgebirge, das sich zwischen Rhein, Lahn, Sieg und Dill erhebt, zu begleiten. Reizvoll ist diese Region, die längst nicht so schlechtes Wetter aufweist, wie das ansonsten gerne besungen wird. Das Autorenpaar führt uns durch die Natur des Westerwalds (mit ihren vielfältigen Erscheinungsformen von Wald und Feld, von Äckern und Wiesen, von Flüssen und Auen, durchsetzt von historischen Fischteichen, Quelltümpeln, modernen Stauseen und vielerlei Badeseen, alles zusammen strukturiert durch Vulkanismus), ohne dabei Kultur, Bauwerke u.a. aus dem Blick zu lassen.

Der Mensch hat sich schon früh in die unwirtlichen Wälder des Westerwaldes begeben. Die Kelten suchten nach Erzvorkommen. Noch vor der Zeitwende drangen die Germanen durch das Gebiet bis zum Rhein vor. Die Römer errichteten hier den Limes, der ihr Reich nach Osten absicherte. Nach den Römern kamen die Chatten, denen die Franken folgten. Die eigentliche Siedlungsperiode begann im Westerwald um das 10. Jahrhundert, begleitet von den Christianisierungsbestrebungen der Trierer und Kölner Bischöfe. Im Mittelalter bildeten sich dann die Adelsgeschlechter heraus, die das Geschehen bis zum Ende der Feudalzeit im Westerwald bestimmten, wie etwa die Sayn, die Wied, die Runkel und die Nassauer. In dieser Zeit entstanden die vielen Burgen, Schlösser, Kirchen, Dörfer und Städte der Region, die heute das Erscheinungsbild prägen. Die frühen Kirchen wurden massiv als Wehrkirchen gebaut, später in reizvollem Fachwerk. Überhaupt stellen die kunstvollen Fachwerkbauten einen der großen Schätze des Westerwaldes dar; ganze Städte sind dadurch charakterisiert. Doch ist das Kunstspektrum des Westerwaldes viel breiter aufgestellt. Da gibt es die Töpfer des Kannenbäcker Landes, die Schnitzer der Hadamarer Schule, die Steinmetze, die das wertvolle Steinmaterial der Region, wie den Lahnmarmor, ästhetisch bearbeiteten. Vieles von dem wird in den Museen der Region gezeigt.

Der Umbruch der nachnapoleonischen Zeit brachte neue Chancen für den Westerwald, der bis dahin durch Landwirtschaft und Bergbau bestimmt war. Die Erschließung durch neue Verkehrswege, allen voran die Bahn, brachte modernes Gewerbe ins Land. Die verbesserte Infrastruktur war maßgeblich dafür verantwortlich, dass inzwischen ein facettenreicher Tourismus die beherrschende Kraft des Landes ist. All dies soll mit diesem neuen Jahrbuch erlebbar gemacht werden.

Mein Dank für die Entstehung dieses Jahrbuchs gilt neben dem Autorenpaar, das auch Bilder zur Verfügung stellte, den sechs »Gastautoren«, den vielen Fotografen, die heute ihre Bilder in hoher Qualität in das Internet einbringen, sowie dem Inhaber des **cmz**-Verlags, Winrich C.-W. Clasen, der den Verein seit Jahrzehnten medial begleitet, und nicht zuletzt Dr. Karl Peter Wiemer, dem vormaligen Geschäftsführer des Vereins, der dieses Buchprojekt initiiert hat.

Ich wünsche diesem Jahrbuch genauso wie dem *Klosterführer Eifel* eine weite Verbreitung!

Köln, im Sommer 2022

Tobias Flessenkemper

Vorsitzender des Rheinischen Vereins für Denkmalpflege und Landschaftsschutz e. V.

Einführung

O du schöner Westerwald, / über deine Höhen pfeift der Wind so kalt; / jedoch der kleinste Sonnenschein, / dringt tief ins Herz hinein.« Diese Liedzeilen kennt jeder, doch wer kennt den Westerwald wirklich? Eine Reise durch dieses reizvolle Mittelgebirge, das sich zwischen den Flusstälern von Rhein, Sieg, Lahn, Dill und Heller erhebt, bietet nun das vorliegende Buch.

Als Teil des Rheinischen Schiefergebirges ist dieses Mittelgebirge ein Rumpfgebirge, das durch Flusstäler strukturiert und durch vulkanische Aktivitäten überformt wurde. Entstanden ist ein vielseitiges Bergland, dessen üppige landschaftliche Schönheit und kulturgeschichtliche Reichhaltigkeit nicht nur für die Bewohner der Region, sondern vor allem auch für ihre Besucher äußerst spannungsvoll ist.

Reizvoll ist der Westerwald in vielerlei Hinsicht. Das Klima ist viel ausgeglichener, als es das Lied vom Westerwald vermuten lässt, ein Reizklima, das gerade für Erholungsuchende von hoher Wertschätzung ist. Doch die ersten Bewohner sind nicht wegen seines Klimas in den Westerwald gekommen, sondern wegen seiner Bodenschätze. Es waren die Kelten, die hier ihre hohe Kunst der Metallverarbeitung praktizierten. Sie wurden von Osten durch die Germanen und von Westen durch die Römer bedrängt. Der Nordabschnitt des Limes, der 550 km langen Grenzsicherung Roms gegen die »Barbaren«, die 2005 zum UNESCO-Weltkulturerbe erklärt wurde, führte durch den Südwesten des Westerwaldes. Er hinterließ Spuren von Wachtürmen und Kleinkastellen, die zwischenzeitlich teilweise rekonstruiert wurden. Den Römern folgten die Franken, in deren Zug die Trierer und Kölner Bischöfe die Christianisierung vorantrieben. Kurtrier und Kurköln blieben die »Großmächte« im Land; zwischen ihnen entwickelten die Herren Sayn, Diez,

Wied und Solms eigene Territorien. Im Norden kamen das Herzogtum Berg und im Zentrum das Haus Nassau dazu. Letzteres konnte die napoleonischen Wirren überdauern, bis Preußen alles übernahm. Heute liegt das Gebiet des Westerwaldes in den drei Bundesländern Nordrhein-Westfalen, Hessen und Rheinland-Pfalz.

Über die Zeit haben alle Herren des Westerwaldes ihre Spuren hinterlassen. Die Kelten errichteten sich Fliehburgen, die Römer den Limes, die Franken und in ihrer Folge die Bischöfe großartige Sakralbauten. Trutzburgen sind das Zeichen der Wehrhaftigkeit der Territorialfürsten.

Mit dem Aufkommen des Bürgertums entstanden großartige Städte wie Hachenburg oder etwa Montabaur, deren Glanz sich bis heute an ihren zauberhaften Fachwerkbauten ablesen lässt. Handwerk, Industrie und Bergbau haben gleichermaßen auf die Region eingewirkt; am bekanntesten darunter die Tonindustrie aus dem *Kannenbäcker Land*. Längst hat der Tourismus als wichtiger Wirtschaftszweig Einzug in den Westerwald gehalten. Es entwickelten sich Ferienorte wie Bad Marienberg, Rengsdorf oder Waldbreitbach, die den Ausgangspunkt für ausgedehnte Exkursionen in den schönen Westerwald bilden, in seine Wälder, auf seine Höhen, in die *Kroppacher Schweiz* oder die *Westerwälder Seenplatte*. Vielfältig sind die Wandermöglichkeiten, neu ist der *WesterwaldSteig* (vgl. Seite 335) mit seinen Tages- und Rundtouren. Angeboten werden sportliche Aktivitäten wie Mountainbiking, Segelfliegen, Kanufahren, Reiten und der Wintersport mit Loipen und Liften. Qualitätvoll ist die kulturelle Szene des Westerwaldes mit Museen, Besucherbergwerken, Ausstellungen, Theater und Konzerten.

Der im Westerwald aufgewachsene und ihm bis heute verbundene Schriftsteller und Essayist Hanns-Josef Ortheil (*1951) beschreibt das Kennzeichnende seiner Heimat so: »Den Westerwald verstehen wir zunächst als einen Naturraum mit einer charakteristischen, extremen Verbindung von schmalen Tal- und

Flusslandschaften mit weiten Höhenplateaus. Er entfaltet seine besondere Wirkung gerade dann, wenn man seine Verhaltenheit […] aus sich selbst heraus zur Geltung kommen lässt. Dann kann er die Funktion eines Atemholens, aber auch eines Brückenschlages hin zu den angrenzenden größeren und historisch einprägsameren Räumen übernehmen.«

Es gibt also viele Gründe, den Westerwald aufzusuchen!

Rhein-Westerwald

Wald bei Asbach-Ütgenbach (Foto: Hans Otzen)

Der Rhein-Westerwald ist als nordöstlicher Teil des Westerwaldes eingebettet in den Niederwesterwald. Wie der Name schon sagt, bewegt man sich hier in seinen weniger hohen Gebietsteilen, die zum Westen hin teilweise schroff zur Rheinebene abfallen. Von Norden nach Süden umfasst das Gebiet die Asbach-Altenkirchener Hochflächen, das teilweise tief eingeschnittene Wiedtal mit seinen engen Nebentälern sowie die Dierdorfer Senke.

Asbacher Land

Die Verbandsgemeinde Asbach erstreckt sich auf der Asbacher Hochfläche, die ostwärts in die Altenkirchener Hochfläche übergeht. Sie stellt die nordwestliche, vorgelagerte Geländestufe des Westerwaldes dar, die sich auf knapp unter

Landschaft bei Asbach

Foto: Hans Otzen

Foto: Hans Otzen

Asbach, St. Laurentius

300 m Höhe ausbreitet. Ihre südliche Grenze findet sie im Tal der Wied mit seinen markanten Felskuppen und unberührten Aulandschaften, deren Nebenflüsse ein engmaschiges System von Seitentälern bilden und die Landschaft tief einfurchen. Die Hochfläche ist charakterisiert durch eine Gemengelage kleinparzelliger Acker- und Grünlandflächen mit eingestreuten Waldanteilen. Grünland überwiegt in den Talmulden, vor allem im breiten Talboden der Wied. An den Hängen dominiert der Wald. Einige Naturschutzgebiete weist das Gebiet auf, insbesondere Flächen in Gewässerbereichen. Das bedeutendste darunter ist das Moor- und Heidegebiet Kircheib.

Im Bereich der Asbacher Hochfläche befinden sich zahlreiche Abbauflächen von Basalt und Quarzit. Die vom Basaltabbau stammenden Seen bieten heute eine reizvolle Abwechslung im Landschaftsbild. Um ihren Abtransport zu erleichtern wurde ein Abstecher der Bröltalbahn bis Asbach verlegt.

Die Verwaltungsgemeinde Asbach besteht aus den Orten Asbach selbst, Buchholz, Neustadt (Wied) sowie Windhagen. Asbach kam durch die erbenlos verbliebene Gräfin Mechthild von Sayn an das Kurfürstentum Köln und wurde dem Amt Altenwied zugeordnet. Ebenfalls zur Gemeinde zählte übrigens

Museum der Bröltalbahn: 53567 Asbach, Bahnhofstraße 23, www.museum-asbach.de, geöffnet April bis Okt. 2. So im Monat 11–17 Uhr, Eintritt frei (vgl. nächste Doppelseite).

auch Ehrenstein mit Burg und Kloster.

Die Pfarrkirche von Asbach wird erstmals im Jahr 1237 erwähnt. Das romanische Gotteshaus war im 19. Jh. baufällig und auch zu klein für die gewachsene Gemeinde geworden. Der Kölner Architekt Vincenz Statz schuf ein neues Kirchenschiff unter Beibehaltung des alten Turms mit seinen Lisenen und Rundbogenfriesen. Das Schiff musste nach Bombenschäden nach

Kapelle bei Kalscheid

dem Zweiten Weltkrieg erneuert werden. In der Kapelle befindet sich im ersten Turmgeschoss ein Vesperbild vom Ende des 15. Jh., das wohl aus dem Kloster Altenberg stammt.

Asbach zugehörig ist die Wüstung Ütgenbach, beim heutigen Weiler Kalscheid gelegen. Geblieben ist nur die Kapelle von dem ehemaligen Ort mit Turmhügelburg und Ansiedlung. Hier hatten sich die Herren von Ütgenbach niedergelassen, die um 1330 nach Ehrenstein übersiedelten. Das Langhaus der Kapelle mit dem eingezogenen Chorjoch stammt aus dem 12. Jh. Um 1400 wurde das Schiff eingewölbt und der Chor mit einem 5/8-Schluss versehen. Von dem einst die Kapelle umgebenden Friedhof sind noch die Umfassungsmauern zu erkennen.

❶ Buchholz

Nördlich von Asbach, die Grenze zu Nordrhein-Westfalen bildend, liegt der kleine Ort Buchholz. Dem Ort hatte der Dreißigjährige Krieg so arg zugesetzt, dass nur noch eine

Exkurs: Bröltalbahn

Schön früh reifte der Gedanke, eine Eisenbahnverbindung von Köln über Kassel nach Berlin durch das Bröltal zu führen, weil die dortigen Erzlager dann besser erschlossen werden konnten. Der Streckenverlauf erwies sich als so schwierig, dass die Trasse durch das Siegtal bevorzugt wurde. So kam es zur Notlösung, den Abtransport der Erze mit Pferdefuhrwerken auf Schienen, die auf der neu nach Ruppichteroth gebauten Straße verlegt wurden, zu bewerkstelligen. Ab 1863 ersetzte man die Pferde durch Dampfloks, die nunmehr die Wagen zogen. Doch sehr ertragreich war das alles nicht, und so suchte die Bröltal-Eisenbahngesellschaft nach zusätzlichen Aufgaben und fand sie im Abtransport von Basalt aus dem vorderen Westerwald. Zu diesem Zweck wurde 1891 eine Strecke auf eigenständiger Trasse von Beuel nach Hennef

Exkurs: Bröltalbahn

verlegt, die 1892 bis Buchholz und noch im gleichen Jahr bis Asbach mit Abzweigen zu den Basaltbrüchen führte. Eine weitere Strecke entstand an der westlichen Westerwaldgrenze über Oberpleis zu den Basaltbrüchen von Himberg und Dachsberg. Während des Ersten Weltkriegs erhöhte sich der Schienenverkehr, um dann nach dem Krieg einen tiefen Einbruch zu erleben.

Ab 1925 wurden zusätzlich Autobusse zum Personentransport eingeführt. Der Güterverkehr nahm bis zum Ende des Zweiten Weltkriegs weiter ab, der Personenverkehr erlebte noch einmal einen Höhepunkt. Doch der Schienenverkehr wur-

de im Verhältnis zum Straßenverkehr immer unwirtschaftlicher, so dass man 1956 den Schienenverkehr nach Asbach einstellte. Im ehemaligen Lokschuppen ist seit dem Jahr 2000 das **Bröltal-Eisenbahnmuseum** (vgl. die Fotos auf dieser Doppelseite) untergebracht.

Der Bestand des Museums an historischen Loks, Güterwagen, Schuppen und Gleisanlagen bekam 2021 nochmals Zuwachs. Eine 1939 gebaute Schmalspur-Dampflok, die bis 1968 im Einsatz für den Steinbruch Willscheider Berg war und dort seither unbenutzt stand, wurde dem Museum übereignet.

Familie verblieben war. Erst seit dem 18. Jh. kann von dem Dorf Buchholz gesprochen werden. Im Folgejahrhundert beschloss das Erzbistum Köln die Loslösung der Pfarre von Asbach. So konnte eine neue, dem hl. Pantaleon geweihte Kirche in Buchholz gebaut werden. Das Schiff dieser Kirche musste 1970 abgebrochen und erneuert werden, weil beim Bau ungeeigneter Mörtel verwendet worden war.

Im Buchholzer Grenzbereich zu Nordrhein-Westfalen liegt der Segelflugplatz Eudenbach, 1930 für die Luftwaffe angelegt.

 Segelflugplatz Eudenbach: 53604 Bad Honnef, Am Flugplatz 1, Tel.: 02683-42488, www.flugplatzeudenbach.de, weist Genehmigungen für Segelflug, Ultraleicht, Motorsegler (Motor bis 2 t mit Schlepphaken) und Ballonstart auf.

❷ Neustadt / Wied

Das Kirchspiel Neustadt war seit dem Mittelalter mit der Abtei Heisterbach verbunden. 1254 übertrug Gräfin Mechthild von Sayn ihr Patronat der Abtei. Beim Ort wurde seit dem 17. Jh. Erzbau betrieben. Die Grube schloss aber 1902. Heute lebt Neustadt mit seiner neugotischen Bruchsteinkirche St. Margarita aus den Jahren 1869–73, überragt von der Autobahn- und Schnellbahntrasse, vom Fremdenverkehr.

Auf einer bei Neustadt steil abfallenden, von der Wied umflossenen Felszunge erhebt sich Burg Altenwied, deren Ursprün-

 Heimatmuseum »Bi et fröher wor«: 53577 Neustadt (Wied), Hauptstraße 21, Tel.: 02683-930510 (Gemeindebüro), http://www.neustadt-wied.de/öffentliche-einrichtungen/bücherei-museum/, die Ausstellung zeigt stilecht, wie die Menschen früher in Neustadt gelebt haben, geöffnet nach Vereinbarung, Eintritt frei • **Angeln in der Wied**: Fischerei Genossenschaft Neustadt/Wied, https://fischerei-neustadt-wied.jimdo.com.

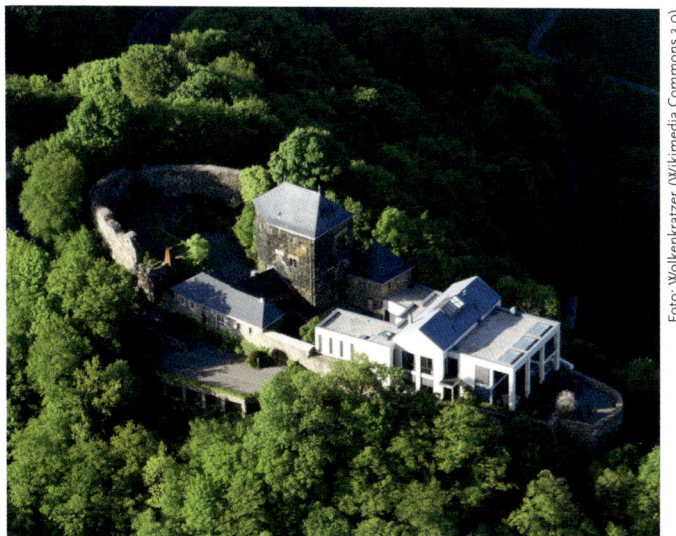

Burg Altenwied

ge in das frühe 12. Jh. zurückreichen. Als erster Besitzer wird 1113 Rukers von Wied genannt. Wenig später ging die Burg an die Landgrafen von Thüringen über und kam 1250 an das Kölner Erzstift. 1633 wurde die Burg von spanischen Truppen verwüstet. 1830 gelangte sie mit ihrem Umland in den Besitz der Fürsten zu Wied. 2003 wurde die Anlage in Privatbesitz überführt. Der neue Besitzer restaurierte die Anlage historisch fachgerecht, und errichtete anstelle der mittelalterlichen Nebengebäude ein Wohnhaus im Bauhausstil.

Markant erhebt sich der fünfeckige, aus Quadern erbaute 17 m hohe Bergfried über der Wied. Seine Spitze zeigt zur Angriffsseite und ist durch eine Vorburg geschützt. Die Ringmauer ist noch in beträchtlichen Teilen erhalten.

Burglahr, weiter oberhalb an der Wied gelegen, war seit dem 13. Jh. Sitz der vom Erzstift Köln hier eingesetzten Vögte. Ab 1325 bauten die Erzbischöfe diesen vorgeschobenen Stützpunkt weiter aus, der ihnen auch als Amt diente. Seit dem 18. Jh. war die Burg Lahr ruinös, geblieben ist allerdings der fünfgeschossige Bergfried, der sich malerisch über der Wied erhebt. Sehenswert im Ort ist die Kapelle St. Mariä Heimsuchung, ein zwischen den Fachwerkhäusern des Orts gelegener einschiffiger Bau mit dreiseitigem Schluss und schlichter barocker Ausstattung.

❸ Windhagen

An der Grenze zwischen drei fränkischen Gauen gelegen, gehörte Windhagen seit dem 13. Jh. zum Kurfürstentum Köln und unterstand dem Amt Altenwied. Das Bauensemble um die Ortspfarrkirche St. Bartholomäus gibt ein malerisches Bild ab. Die Kirche selbst wurde im neugotischen Stil nach reduzierten Plänen von Vincenz Statz 1870 errichtet. Der Turm stürzte schon 1871 ein und wurde 1908 neu gebaut. In der nach Kriegsschäden 1950 erneuerten Heimsuchungskapelle des Windhagener Ortsteils **Hüngsberg** findet man eine um 1470 entstandene kunstvolle Muttergottesfigur. Im Ort waren zu Beginn des 15. Jh. die Herren von Rennenberg ansässig, die ihren Burgsitz oberhalb von Linz bei St. Katharinen im Rennenberger Bachtal hatten.

Das Geschlecht der Herren von Rennenberg ist seit 1217 dokumentiert. Ihre auf einem 350 m hohen Basaltkegel errichtete Burg galt schon im 16. Jh. als verfallen. Sie wurde im 19. Jh. restauriert. Erhalten sind der bei dieser Renovierung mit einem schmaleren Aufsatz erneuerte Bergfried, Reste eines alten Wohnhauses sowie östlich Reste der Vorburg.

Als das nahe bei der Burg Rennenberg gelegene Damenstift 1201 abbrannte, stifteten Gerhard von Rennenberg und seine Gemahlin das Kloster St. Katharinen am Ort. Die Klosterkirche wurde 1238 in einem ersten Bauabschnitt fertiggestellt; der zweite Bauabschnitt erfolgte 1317–24. Nach Kriegsschäden kam

Windhagen, St. Bartholomäus

es 1676 zur Erneuerung und Einwölbung. Dabei wurden Teile der Mauern aus der ersten und zweiten Bauphase verwendet, die bis heute in der Kirche enthalten sind. Im Westteil ist noch die Empore erkennbar, auf der die Nonnen am Gottesdienst teilnahmen.

❹ Ehrenstein

Noch der Gemeinde Asbach zugehörig ist der Ortsteil Ehrenstein mit einem bemerkenswerten Bauensemble aus Burg und Kloster. Hier errichtete Rorich von Ütgenbach (1312–45), Lehensmann des Kölner Erzbischofs, auf einer *Liebfrauental* genannten Weitung des Mündungsbereichs des Mehrbaches um 1330 Burg Ehrenstein. Damit gab er seinen bisherigen Stammsitz auf Burg Ütgenbach bei Kalscheid auf. Durch Verkauf gelangte die Herrschaft Ehrenstein an die Herren von Nesselrode, die die unterhalb der Burg erbaute Kapelle zu einer Pfarrkirche erhoben und im Bereich der Vorburg 1486

Foto: Hans Otzen

Ehrenstein, Klosteranlage

ein Kreuzbrüderkloster gründeten. Im Dreißigjährigen Krieg zerstörten schwedische Truppen nicht nur große Teile der Burg, sondern plünderten auch das Kloster. Erst nach vielen Jahren wurde dann 1713 das Kloster zum ersten Mal restauriert. Das Kloster hatte bis zur Säkularisation Bestand, die Pfarrei Peterslahr verblieb sogar bis 1812 unter der Herrschaft des Klosters. Bis heute dient die Klosterkirche als der hl. Dreifaltigkeit geweihte Pfarrkirche. Erst 1893 konnten Mönche des Franziskanerordens das Kloster wieder neu beleben. Mangels Nachfolge zogen dann 1953 erneut Kreuzbrüder in das Gebäude ein, die bis 1976 die Klosterkirche und Klostergebäude grundlegend restaurierten. 2008 übernahmen Franziskanerinnen aus Waldbreitbach die Anlage und nutzen die Klostergebäude seither als Tagungsstätte.

Bei der Kirche handelt es sich um eine spätgotische Kirche, eine einschiffige Anlage mit angefügtem Chor. In der Kirche

Foto: Winrich C.-W. Clasen

Burg Ehrenstein

findet sich eine reiche Ausstattung mit spätgotischen und barocken Kunstschätzen. Besonders beachtenswert sind die original erhaltenen Glasmalereien der Kirche. Die drei Chorfenster stammen aus den Jahren 1470–80, die Malerei der beiden Kirchenschifffenster aus dem Jahr 1520. Burg Ehrenstein wurde nach dem Dreißigjährigen Krieg nicht wieder aufgebaut – seither erhebt sie sich als Ruine mit wieder eingedecktem Bergfried oberhalb des Klosters. Die Reste lassen noch die Mächtigkeit der Anlage erkennen, der mit zwei parallelen Satteldächern gedeckte Wohnbau aus der ersten Bauphase um 1330 wirkt dabei besonders imposant.

Kloster Ehrenstein: 53577 Neustadt / Wied, Kreuzbruderweg 1–2, Tel.: 02683-9375820, www.kloster-ehrenstein.de, bietet Messen, Seminare, Exerzitien an.

W indungsreich trennt die Wied in ihrem Übergang vom mittleren zum unteren Lauf den sich rheinseitig erstreckenden Rhein-Wied-Quarzitrücken von der Sayn-Wied-Hochfläche. Dieser firstartige Quarzitrücken erreicht Höhen von 300 bis 350 m, stellenweise überragt durch vulkanische Kuppen. Vielfach sind diese Kuppen durch Basaltabbau nur noch Ruinen ihrer selbst. Entwässert wird der Rücken sowohl zum Rhein als auch zur Wied hin und durch steilhängige Bachtäler strukturiert. Rodungsinseln kennzeichnen die bewaldete Hochfläche. Der bedeutendste Ort ist St. Katharinen.

Entlang der Südausläufer errichteten die Römer den Limes, ihre Grenzfestung, die bis zur Donau reichte. Bei Rheinbrohl setzte der Limes am Rhein an. Wenig oberhalb wurde ein Kleinkastell nachgebaut, ein touristischer Anziehungspunkt, aber wissenschaftlich nicht ganz korrekt, weder in der Konstruktion noch am Standort.

Das Waldbreitbacher Wiedtal zwischen Neustadt/Wied und Altwied bildet den Kern des Naturparks Rhein-Westerwald, der sich vom Rhein bis zur Dierdorfer Senke erstreckt. Das windungsreiche Tal ist bis zu 200 m tief eingeschnitten. Talengen und Talweitungen bis zu 500 m Sohlbreite wechseln sich ab. Die Hänge sind bewaldet, es kommen auch Gesteinshaldenwälder, Trockenwälder und Trockenrasen vor. Im Tal dominiert Grünlandnutzung.

Die Sayn-Wied-Hochfläche ähnelt in ihrem Erscheinungsbild der Asbach-Altenkirchener Hochfläche. Die waldreiche, wellige Schieferebene weist Höhen zwischen 300 und 400 m auf. Ostwärts geht sie in die Dierdorfer Senke über, südwärts in das Neuwieder Becken. Bis hierhin reicht die Bimsdecke aus dem Ausbruch des Laacher See-Vulkans in der Eifel vor 13.000 Jahren.

Foto: Godohart (Wikimedia Commons 4.0)

Kreuzkapelle bei Waldbreitbach

❺ Waldbreitbach

Die erste Nennung des Ortes mit der Schreibweise Bretaph (= Breitbach) ist für das Jahr 857 belegt. Im Mittelalter wechselten sich hier die Kölner Erzbischöfe mit den Grafen Sayn ab, bis das Breitbacher Land 1250 endgültig zu Köln kam. Viele Verpfändungen kennzeichnen die folgenden Jh.e, die erst unter Kurfürst Clemens August von Bayern Mitte des 18. Jh. ein Ende nahmen. Oberhalb der Hauptstraße erhebt sich die Pfarrkirche Mariä Himmelfahrt, deren Westturm mit den Doppelarkaden noch aus dem 13. Jh. stammt. Vom Deutschherren-Ordenshaus, das 1239 als Deutsches Huis zu Brettbach Erwähnung fand, besteht noch ein 1703 errichtetes Bauteil, das nach denkmalpflegerischen Gesichtspunkten zu einem privaten Wohn- und Geschäftshaus umgebaut wurde. Unterhalb von Waldbreitbach steht in Hausen am Wiedufer die Heilig-Kreuz-

Foto: Wolkenkratzer (Wikimedia Commons 3.0)

Kloster Marienhaus, Waldbreitbach

Kapelle vom Ende des 17. Jh. Von hier aus wurden Ende des 19. Jh. zwei Ordensgemeinschaften gegründet, deren Bauten in beherrschender Lage am Hang des Wiedtals stehen.

Weithin sichtbar ist die neugotische Kirche des Franziskanerinnenklosters Marienhaus mit seinen schlichten Klosterbauten und modern dazu gebauten Trakten. Ganz in der Nähe steht das St. Antonius-Krankenhaus, ein dreiflügeliger Bruchsteinbau mit ebenfalls neugotischer Kapelle.

Drei historische Mühlen säumen das Wiedtal bei Waldbreitbach: *Scheidsmühle* (Neuwieder Straße 61) ist eine ehemalige kurfürstliche Bann-Mühle Kurkölns aus dem 17. Jh. Ihr Fachwerkwohnhaus wird heute privat genutzt. Die *Ölmühle* (Am Wiedufer 10) daneben ist die älteste Mühle dieser Art im Rheinland, die ihre erste Konzession durch Kurköln bereits 1676 erhielt. *Nassen's Mühle* (Am Mühlenberg) wurde 1826 errichtet und als solche bis 1960 betrieben, danach zur Gaststätte mit

Pension ausgebaut. Zwei Museen weist Waldbreitbach auf. In der 300 Jahre alten Dorfschmiede (bis 1920 in Betrieb) wird historisches Werkzeug gezeigt. Das Handwerks- und Gewerbemuseum in einem translozierten, 300 Jahre alten Westerwaldhaus aus Bremscheid beinhaltet eine Ausstellung alter Handwerkseinrichtungen wie Schreinerei, Schneiderei und Schusterwerkstatt mit den alten Gerätschaften.

Touristik-Verband Wiedtal e. V.: 56588 Waldbreitbach, Neuwieder Straße 61, Tel.: 02638-4017, www.wiedtal.de • **Nassen's Mühle**: 56588 Waldbreitbach, Am Mühlenberg 2, Tel.: 02638-94357, www.nassensmuehle.de, Ausflugslokal und Restaurant • **Museum Alte Dorfschmiede**: 56588 Waldbreitbach, Marktstraße 4, Öffnungszeiten auf Anfrage • **Handwerks- und Gewerbemuseum**: 56588 Waldbreitbach, Am Wiedufer 6, www.rengsdorf-waldbreitbach.de, Sa und So mit Café geöffnet.

❻ Niederbreitbach

Der Ursprung des am Fockenbach gelegenen Ortes geht auf die Schenkung des »Rheindorfer Hofs« durch den kurkölnischen Erzbischof Arnold II. von Wied an das Benediktinerinnenkloster Schwarzrheindorf im Jahr 1173 zurück. Hier wurde im Mittelalter Wein angebaut. Als Kelterhof wird ein ehemaliger Herrenhof der Gräfin Sayn bezeichnet. Das Dorfmuseum befindet sich in einem noch vollständig erhaltenen, regionaltypischen kleinen Bauerngehöft, das im 19. Jh. drei Generationen unter einem Dach beherbergte. Zu sehen sind u. a. die Küche, eine »gute Stube«, eine Schusterwerkstatt, Grabungsfunde und Dokumente.

Weiter oberhalb auf einem Felsvorsprung über dem Fockenbachtal erhebt sich die Neuerburg, angelegt von einem Vasallen der Gräfin von Sayn und 1250 an das Erzbistum Köln vergeben.

Seit dem 17. Jh. ist die Burg ruinös. Erhalten geblieben sind der fünfeckige Bergfried, die Ringmauer und Teile der Vorburg.

 Dorfmuseum: 56589 Niederbreitbach, Herrenhofstraße 2 A, Tel.: 02638-5866, www.rengsdorf-waldbreitbach.de, geöffnet 1. So im Monat.

❼ St. Katharinen

St. Katharinen ist der Hauptort auf dem Rhein-Wied-Quarzitrücken. Hier erhebt sich der Hummelsberg, dessen Gipfel nach Basaltabbau noch 407 m Höhe beträgt. Auf dem Gipfel befand sich ein keltischer Ringwall aus dem Zeitraum von 600 bis 400 v. Chr. Der Steinbruch ist aufgelassen, markant zeigt sich der freigelegte Säulenbasalt.

Das bedeutendste Bauwerk des Ortes ist die Klosterkirche St. Katharina. Gerhard von Rennenberg stiftete an der Stelle eines aufgelassenen Kanonissenstifts ein Zisterzienserinnenkloster, dessen Kirche Anfang des 13. Jh. als schlichter einschiffiger Putzbau aus sechs Jochen mit 5/8-Chor errichtet wurde. Anstelle der nicht mehr existenten Klostergebäude erhielt die Kirche 1910 ein Seitenschiff.

St. Katharina, St. Katharinen

Foto: Chriso6 (Wikimedia Commons 4.0)

Im Rengsdorfer Land findet die Sayn-Wied-Hochfläche ihren südwestlichen Abschluss und geht in das untere Wiedtal über, bevor der Fluss in das Neuwieder Becken einmündet. Im Südosten schließt das Sayntal die Sayn-Wied-Hochfläche ab.

❽ Rengsdorf

Eine Urkunde aus dem Jahr 857 legt den Pfarrbezirk von *rengeresdorf* als Grundlage für die Zehnterhebung durch das Koblenzer Kastorstift als Landesherren fest. Das ist die älteste Nennung der Ortsgemeinde, die bis 1532 in der Hand des Stifts blieb. Das Stift errichtete im 12. Jh. die Pfarrkirche, deren Turm bis heute erhalten ist. In der Reformationszeit konnte die Zinserhebung durch die Grafen von Wied als Vögte des Stifts nicht mehr durchgesetzt werden. Das veranlasste die Stiftsherren, den Pfarrbezirk an das Erzbistum Trier abzutreten. Trier wiederum verkaufte dann mit einem Wertausgleich den Bezirk an die Grafen zu Wied, die seither Eigentümer von Rengsdorf waren. Die Grafen besetzten dann ab 1564 die Pfarrstelle mit einem reformierten Pastor.

Steigende Steuerlast, durchziehende Truppen, Einquartierungen und Plünderungen, Missernten ließen die Rengsdorfer Bevölkerung in der Folge verarmen, deren Landwirtschaftsflächen durch die Realteilung immer kleiner wurden. Die Situation besserte sich, als Ende des 19. Jh. der Fremdenverkehr einsetzte. Hotelbauten entstanden, das Kirchenschiff wurde erneuert, eine Badeanstalt gebaut, die Hauptstraße wurde zum Schmuckstück des Ortes. 1963 folgte die Anerkennung als »heilklimatischer Kurort«.

Heute ist der Fremdenverkehrsbetrieb bedeutungslos geworden; Hotels werden abgerissen oder bestenfalls umfunktioniert.

Foto: Hans Otzen

Rengsdorf, Bismarcksäule

Seit die Umgehungsstraße B 256 fertiggestellt worden ist, ist es im Ort ruhig geworden. Aber die 1902 errichtete Bismarcksäule in einem kleinen Park am Ortsrand erinnert noch an die »gute alte Zeit«. Im nördlich gelegenen Ort **Straßenhaus** mit seinen Ortsteilen Niederhonnefeld und Ellingen ist eine Reihe schöner alter Fachwerkhäuser zu sehen. Im südlich gelegenen **Melsbach**, wo bis in die 1950er Jahre Alaun abgebaut wurde, steht noch die malerische Ruine der Kreuzkirche. Die im 14. Jh. errichtete Kirche war Ziel von Wallfahrern. Nach der Reformationszeit verfiel sie. Nahe der Kirche befinden sich Reste der Limesmauer und einige römische Grenzsteine.

Touristik-Verband Wiedtal e. V.: 56579 Rengsdorf, Westerwaldstraße 32–34, Tel.: 02634-61113, www.wiedtal.de.

❾ Altwied

Altwied liegt in einer Schleife der Wied im Übergang zum Neuwieder Becken. Hier errichtete der Graf im Engersgau Burg Wied, nach der sich seine Nachfahren benannten. Das waren die Herren von Isenburg und die Herren von Runkel, die sich ebenfalls nach der Burg benannten. Als die Grafen 1653

Foto: Thomas HUmmel (Wikimedia Commons 4.0)

Antoniuskapelle, Altwied

Neuwied gründeten, verfiel die Burg, die heute als Ruine erhalten ist. Der älteste Teil ist der Bergfried. Die Burganlage besteht aus mehreren Befestigungsringen. Der äußere Ring aus dem 14. Jh. umschließt die ganze Stadt. Die Stadtmauer ist weitgehend erhalten. Der Zugang erfolgt unterhalb der Hauptburg durch einen vierseitigen Turm, von dem es noch drei Seiten gibt. Innerhalb des Berings steht die einschiffige evangelische Pfarrkirche mit gewölbtem Chor aus dem Ende des 15. Jh.

Südlich des Felsrückens von Altwied erstreckt sich das Naturschutzgebiet Auf der Hardt auf einem breiten Geländesporn, der im Norden und Osten zum Wiedtal und im Süden zum Moorbach, einem kleinen Zufluss zur Wied, abfällt. Hier gilt der Schutz einer mehrere hundert Jahre alten Kulturlandschaft aus Streuobstwiesen und Halbtrockenrasen, die durch die ehemalige Nutzung als Heuwiesen entstanden und durch eine typische Flora und Fauna gekennzeichnet ist.

An der Peripherie Neuwieds auf den Höhenlagen oberhalb des Sayntals befindet sich der Zoo Neuwied, hervorgegangen aus einem privaten Tierpark, heute durch einen Förderverein geführt. Der Zoo zeigt über 1500 Tiere von fast 200 Tierarten.

Tourist-Info: 56564 Neuwied, Marktstraße 59, Tel.: 02631-8025555, www.neuwied.de • **Zoo Neuwied**: 56566 Neuwied, Waldstraße 160, Tel.: 02622-90460, www.zooneuwied.de, ganzjährig geöffnet.

⑩ Isenburg

Tief schneidet sich der Saynbach an der Südostkante der Sayn-Wied-Hochfläche in das Schiefergebirge ein und gibt eines der reizvollsten Landschaftsbilder des Westerwaldes ab. Der Talraum ist hier weitgehend bewaldet. Dort, wo sich der Talgrund weitet, sind Weiden angelegt. Isenburg ist der Hauptort des mittleren Saynnachtals. Südlich von Isenburg querte der Limes, von dem hier noch Spuren vorhanden sind, das Sayntal. Der ganze Isenburger Bereich war bergbaulich aktiv. Hier wurde früher Eisen, Kupfer und Schiefer abgebaut. Über viele Jahrhunderte war man in Isenburg auf das Schmieden von Nägeln spezialisiert. Das Adelsgeschlecht der Herren von Isenburg reicht bis in das 11. Jh. zurück. Um 1100 errichteten sie ihre Stammburg an der Stelle im Sayntal, die heute ihren Namen trägt. Im Laufe der Jh.e konnten sie ihren Herrschaftsbereich erheblich ausweiten. Um ihren Stammsitz entstand ein Burgflecken, den sie im 14. Jh. befestigten. Die Ummauerung wies vier Tore auf. Zwei davon, die »Alte Porz« und die »Schildpforte«, sind erhalten. In der »Alten Porz« ist inzwischen das Heimatmuseum des Orts untergebracht.

Die Isenburg ist eine Höhenburg. Der Torturm der Vorburg steht auf einer Felsnase der Sayn. Auf der Südwestspitze des

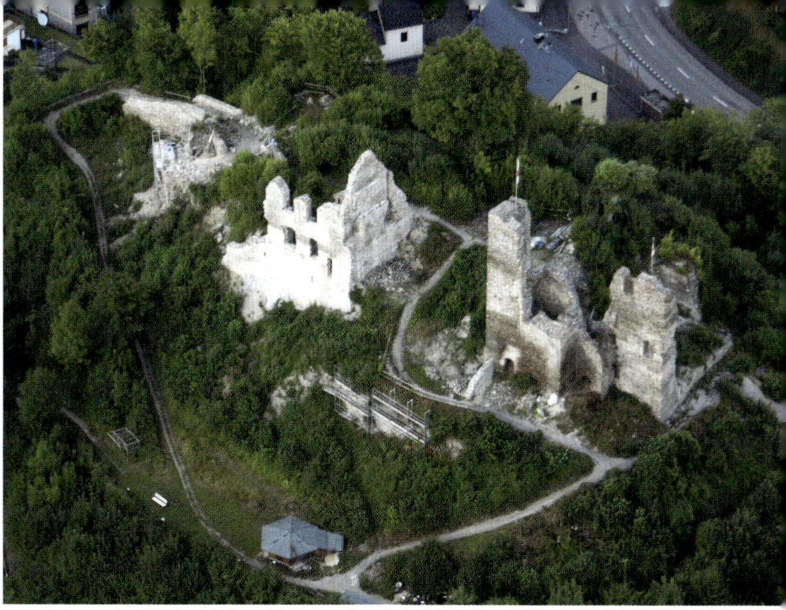

Foto: Wolkenkratzer (Wikimedia Commons 3.0)

Burg Isenburg

rechteckigen Burgareals befindet sich der Bergfried. Da sich die Adelsfamilie schon früh verzweigte, war die Burg von mehreren Familienteilen bewohnt und entwickelte sich so zur Ganerbenburg. Im 13. Jh. gab es auf dem Gelände vier Wohnhäuser, und zwar das *Isenburgische* oder *Alte Haus*, das *Kobernhaus*, das *Haus Wied* und das *Frauen- oder Runkelsche Haus*. Die Burg war bis ins frühe 17. Jh. bewohnt. Dann zerstörten schwedische Truppen während des Dreißigjährigen Kriegs die Anlage, die seither als Ruine verblieben ist. In unmittelbarer Nähe erhebt sich die Pfarrkirche St. Katharina aus dem 14. Jh., deren Langhaus neugotisch ersetzt wurde.

Nur wenig südwestlich des Orts stifteten die Herren von Isenburg im Wald eine Wallfahrtskapelle. Ziel der Pilger war eine Pietà. Ende des 18. Jh. war es mit den Wallfahrten vorbei. Die Kirche verfiel zur Ruine.

Heimatmuseum Isenburg: 56271 Isenburg, Hintertal 3, www.ortsgemeinde-isenburg.de, geöffnet auf Anfrage.

⓫ Sayn

Am Übergang des Saynbachs in das Neuwieder Becken erhebt sich die Stammburg der Grafen von Sayn auf dem Rücken des Kehrberges zwischen Brexbach und Saynbach. Ihre Burg wurde in einer Fehde mit dem Erzbistum Köln zerstört, aber 1157 wieder aufgebaut. Es gelang den Grafen im Laufe der Jh.e, sich ein Territorium anzueignen, das von der Mosel bis über den Westerwald hinaus reichte. Unterhalb des Burgberges errichteten sich die Burgmannen und Ministerialen ihre Wohnsitze. Burg, Burgmannenhäuser und Burgort wurden mit Mauer und Stadttoren gesichert. Im Dreißigjährigen Krieg zerstörten schwedische Truppen die Burganlage, die seither ruinös, aber gesichert ist. Heute lebt der Fürst zu Sayn-Wittgenstein-Sayn als Nachfahr der Burgerbauer im Ort.

Schloss Sayn am Fuß des Burgberges geht auf ein Burgmannenhaus des 14. Jh. zurück. Fürst Ludwig erwarb Mitte des 19. Jh. das Haus und baute es zu einem neugotischen Prachtbau aus. Einbezogen in die Anlage ist der Torturm der Ortsbefestigung, dem in den 1960er Jahren eine barocke Haube aufgesetzt wurde. Heute dient das Schloss Veranstaltungen, außerdem sind ein Restaurant und das Rheinische Eisenkunstgussmuseum darin untergebracht. Die an der Ostseite des Schlosses angebaute Kapelle dient als Grablege des Fürstenhauses. In dem vom Brexbach durchflossenen Schlosspark befindet sich der Garten der Schmetterlinge mit tropischen Faltern.

Ergiebige Erzvorkommen, viel Holz aus dem Westerwald und das Wasser des Saynbachs boten günstige Voraussetzungen für den 1769 erfolgten Bau einer Eisenhütte in Sayn. 1830 kam eine neue Gießhalle dazu, ein dreischiffiges Gebäude in filigraner Eisengussstruktur, die im Inneren von gegossenen Hohlsäulen mit dorischen Kapitellen getragen wird. Die Produktion ist

Gießhalle Sayner Hütte mit dem gusseisernen Tragwerk

längst eingestellt, die Gießhalle gilt als geschütztes Industriedenkmal von europäischer Bedeutung.

Im Jahr 1200 stifteten Graf Heinrich II. von Sayn und seine Gemahlin abseits im Brexbachtal eine Prämonstratenserabtei. Von der bis heute beeindruckenden Klosterkirche entstanden bis 1220 Chor, Querhaus und Vierungsturm, danach die Chorkapellen und der Kreuzgang. 1256 wurde das Langhaus um drei Joche erweitert. Im 18. Jh. gab es weitere Veränderungen am Baukörper, unter anderem wurde ein Querarm abgetragen und durch einen Glockenturm ersetzt. Seit der Säkularisation dient die Klosterkirche als Pfarrkirche. Von den ehemaligen Konvents- und Wirtschaftsgebäuden sind der Westflügel und die 1718 erbaute Prälatur erhalten.

Tourist-Information Bendorf: 56170 Bendorf-Sayn, In der Sayner Hütte 4, Tel.: 02622-9849550, www.bendorf.de • **Schloss Sayn**: 56170 Bendorf-Sayn, Schlossstraße 100, www.sayn.de • **Garten der Schmetterlinge**: 56170 Bendorf-Sayn, Im Fürstlichen Schlosspark, Tel.: 02622-15478, schmetterlinge@ sayn.de, geöffnet 1.3.–1.12., Dez. auf Anfrage • **Neues Museum Schloss Sayn**: Schlossstraße 100, 56170 Bendorf-Sayn Tel.: 02622-902424, museum@sayn.de • **Schlossrestaurant Saynerzeit**: Catering&Eventlocation, 56170 Bendorf-Sayn, Schlossstraße 100, info@ahsenmacher.de • **Sayner Hütte**: 56170 Bendorf-Sayn, In der Sayner Hütte 4, Tel.: 02622-9849550, www.saynerhuette.de, geöffnet März–Okt.

⑫ Puderbach

Puderbach liegt ganz im Süden der Altenkirchener Hochfläche am Holzbach, einem Zufluss zur Wied. Der Ort, beziehungsweise das Kirchspiel Puderbach, wurde 1256 erstmals erwähnt. Heute gehören zur Ortsgemeinde mehrere eingemeindete Ortsteile, so unter anderem Reichenstein. Im Jahr der Erstnennung von Puderbach wurden auch die Gerichtsrechte eines

Schloss Sayn

Adeligen, des Walpoden von Reichenstein-Neuerburg, an einem Berg bei Puderbach bezeugt. Dieser errichtete in Reichenstein eine erste Burganlage auf einem Bergsporn über der Mündung des Richertbaches in den Holzbach. Diese Anlage verfiel wahrscheinlich. Jedenfalls errichtete Ludwig III. aus dem Geschlecht der Walpoden 300 m westlich auf einem weiteren Bergsporn die Burg, von der heute noch die Reste in den Himmel ragen. Seither nannte er sich Herr zu Reichenstein. Er war es, der die Burg dem Grafen von Wied zu Lehen und als Offenhaus auftrug. Er oder sein Nachfolger schlossen ein Schutzbündnis mit dem Kurfürstentum Trier. In der Folge führte dies nach dem Erlöschen des Walpodengeschlechts zu Streitigkeiten, die aber 1527 zugunsten von Wied ausgingen. Die Burg war zu diesem Zeitpunkt schon ruinös. Endgültig legte der damalige Graf zu Wied die Burg 1618 nieder, als sie der Graf von Sayn in die Hand bekommen wollte. Heute ist die Burg in Privatbesitz, und

Foto: Hans Otzen

Burg Reichenstein

ein Förderverein kümmert sich um ihren Erhalt. Die Hauptburg von Reichenstein auf einer nach Süden ins Holzbachtal
abfallenden Hügelzunge setzt sich aus Wohnturm, Verliesturm
und Ringmauern zusammen. Unterhalb einer doppelten Zwin-
geranlage erstreckt sich die Vorburg mit einem dreiviertelrun-
den Schalenturm. Nach Norden schützen Gräben die Anlage.
Besondere Aufmerksamkeit verdient der 20 m hohe Wohnturm
mit seiner 3,50 m dicken, schildmauerartig verstärkten Außenwand. Für diese Burgenarchitektur gibt es Vorlagen, wie etwa in
Boppard, Altwied oder Gemünden. Die Erbauer der Burganlage
in Reichenstein mussten also über ein breit angelegtes architek-
tonisches Wissen verfügt haben.

 Tourist-Information »Puderbacher Land«: Hauptstraße 13,
Tel.: 02684-858160, www.burg-reichenstein.de.

Foto: Wolkenkratzer (Wikimedia Commons 4.0)

Urbach, Evangelische Kirche

⓭ Urbach

Wenige Kilometer südlich von Puderbach erstreckt sich der kleine Ort Urbach mit seinen Ortsteilen Kirchdorf und Überbach. Zwischen den Ortsteilen fließt der Urbach-Kirchdorfer Bach, der hier zu einem idyllischen Weiher aufgestaut wird. Bachaufwärts bietet das Freibad eine Attraktion für den Ort, seine Umgebung und Urlauber. Der Ortskern von Überdorf steht mit seinen stattlichen Fachwerkhäusern aus dem 18. Jahrhundert als Denkmalzone insgesamt unter Schutz. In **Kirchdorf** erhebt sich die evangelische Kirche auf erhöhtem Standort. Ihr Turm, der noch aus spätromanischer Zeit stammt, erhielt in der ersten Hälfte des 19. Jahrhunderts ein Rhombendach mit Zwillingsarkaden in den Giebeln. Im gleichen Zeitraum wurde das Langhaus durch einen Neubau ersetzt. Den Anstoß dazu gab der Einsturz des Chors aus der Erbauungszeit.

Foto: eL_tommo (Wikimedia Commons 1.0)

Pfarrhaus (2. Hälfte 19. Jh.), Urbach-Kirchdorf

Planer des neuen Langhauses war der Architekt und Landbau-
inspektor Ferdinand Nebel, der hier einen apsidenlosen Acht-
eckbau in Anlehnung an die Aachener Pfalzkapelle erstellte –
einmalig für den gesamten Westerwald! Zum Kirchensemble
gehört auch das Pfarrhaus, ein großzügiger, wohlproportionier-
ter Fachwerkbau aus der zweiten Hälfte des 19. Jh. Des Weiteren
gehört das Haus am Hochgericht dazu, ein im 18. Jh. gebautes
typisches Westerwälder Bauensemble aus Wohnhaus und Wirtschaftsgebäude. Durch einen an die dörfliche Struktur angepass-
ten Umbau entstand daraus das neue Dorfgemeinschaftshaus.
Übrigens: Urbach ist schon seit Jahren Austragungsort des Me-
tal-Festivals »Field Invasion«, das sich zunehmender Beliebtheit
erfreut. Neben heißer Metal-Musik gibt es ein reichhaltiges Ge-
tränke- und Essensangebot, Caravan-, Zelt- und PKW-Stell-
plätze, Grillplätze, Hygienebereich, Biergarten … Info: www.
field-invasion-festival.de.

Dierdorfer Senke

Am Ostrand des Niederwesterwaldes zeigt sich die Dierdorfer Senke als nach Südwesten von 325 m Höhe auf 275 m Höhe geneigte Eintiefung. Flache Hügel, teilweise vulkanischen Ursprungs, und flach ausgeformte Täler kennzeichnen die Senke. Auf der Vulkankuppe von Hartenfels erhebt sich weithin sichtbar eine Burg. An einigen Stellen wird Quarzit abgebaut und Basalt gebrochen; teilweise sind die Steinbrüche stillgelegt. Hier entstanden Abgrabungsgewässer. Die Talniederungen wurden schon früh land- und wasserwirtschaftlich genutzt. Fischteiche und Mühlenteiche sind allgegenwärtig. Feuchtwiesen sind noch weitläufig vertreten. Die Bachauen und geeignete Höhenlagen werden als Weidegründe genutzt. In den weniger staunassen Höhenlagen wird Ackerbau betrieben. Die Höhenrücken zwischen den Talmulden sind bewaldet. Die Fichtenforste werden zunehmend eingeschlagen und durch Mischwald ersetzt.

⑭ Dierdorf

Der 1204 erstmals als Dyrdorph genannte Ort liegt am Holzbach, einem Zufluss der Wied, und war im Besitz der Herren von Braunsberg und Isenburg. Ihr Nachfahre, Graf Wilhelm I. von Wied und Isenburg, verkaufte 1344 seine Besitzungen in Dierdorf an den Trierer Erzbischof und bekam sie 1355 als Lehen wieder zurück. Nur zwei Jahre später erhielt Dierdorf die Stadtrechte von Kaiser Karl IV. In der Folge wurde Dierdorf mit einer Stadtmauer und mehreren Türmen versehen; der Eulenturm und der Uhrturm sowie Teile der Mauer sind noch erhalten. 1556 führen die Grafen von Wied die Reformation in Dierdorf ein. Die Pfarrkirche wurde protestantisch, Einschlafen bei der Predigt galt damals als schweres Delikt. Der Neubau der Kirche in den Jahren 1902/03 enthält noch den romanischen

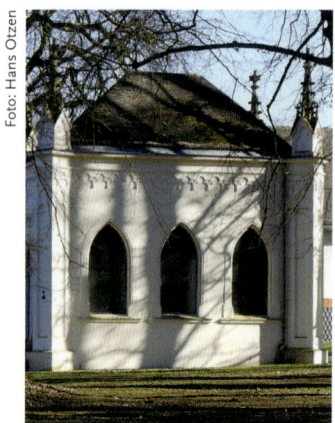

Dierdorf, Mausoleum   Rückeroth, Pfarrkirche

Turm des um 1200 errichteten Vorgängerbaus. Am Ende des 16.
Jh. wurde die Grafschaft Wied geteilt. Die Seitenlinie Wied-
Runkel erhielt Dierdorf. Der Dreißigjährige Krieg traf Dierdorf
hart. Einquartierungen und Plünderungen wechselten sich ab.
1701 errichteten sich die Grafen Wied-Runkel ein Schloss auf
einer Insel im Schlossweiher dort, wo früher eine Wasserburg
bestand. Das Schloss wurde 1902 abgerissen. In der nachnapoleonischen Zeit 1816–21 bauten sich die Grafen im Schlosspark
eine neugotisches Mausoleum, bis heute Wahrzeichen der Stadt.

⑮ Rückeroth

Rückeroth ist eine mittelalterliche Rodungssiedlung. Hier
richteten die Grafen von Wied Mitte des 14. Jh. ein Hochgericht ein. Die ehemals katholische, heute evangelische Pfarrkirche beherrscht das Ortsbild in seiner Mitte auf einem Hügel.
Sie wurde Mitte des 13. Jh. als romanische Pfeilerbasilika mit
Westturm errichtet. Umbauten im 19. Jh. führten zu starken Ver-

Herschbach, St. Anna

Herschbach, Laurentiuskapelle

änderungen, wobei man die Arkaden vermauerte und die Sei
tenschiffe abtrug. Die mächtige Linde am Kirchzugang soll über
500 Jahre alt sein.

⑯ Herschbach

D as Kurfüstentum Trier war unter dem Erzbischof und
Kurfürsten Balduin von Luxemburg mächtig geworden,
allzu mächtig, was seine Widersacher nach seinem Tod aufmüp-
fig machte. Besonders aktiv war der Graf von Isenburg, der allerdings von Kuno II. von Falkenstein, einem genauso machtorien-
tierten Nachfolger Balduins, in die Schranken verwiesen wurde.
Im Zuge dieser Auseinandersetzungen belagerte Kuno Herschbach 1367 und eroberte die Stadt. Schon 1343 war Herschbach
als oppidum bezeichnet worden und hatte von Kaiser Karl IV.
1353 die Stadtrechte erhalten. Erstmals erwähnt wurde Herschbach 1248 in einer Urkunde des Kölner Erzbischofs Konrad von
Hochstaden. Zu Beginn des 14. Jh. kam Hergyszbach als kurköl-

nisches Lehen an die Grafschaft Isenburg-Arenfels. Ab dem 15. Jh. wurde Herschbach mehrfach verpfändet, blieb im Dreißigjährigen Krieg weitgehend verschont und wurde dann mit dem Aussterben des Grafengeschlechts Isenburg-Grenzau endgültig kurtrierisch. Nach einem Brand im Jahr 1795 entstand die Stadt neu, was sich bis heute im rechteckigen Straßenmuster widerspiegelt. Das Zentrum bildet ein reizvoller Dorfplatz mit der verschont gebliebenen Pfarrkirche St. Anna und dem ansehnlichen Gemeindehaus aus dem dritten Viertel des 19. Jh. Am Ende des 19. Jh. brachte der Quarzabbau Herschbach neuen Wohlstand. Der Abbau wurde erst in den 1960er Jahren eingestellt. Hinterlassen hat er ein tiefgreifend verändertes Landschaftsbild aus Abraumhalden und wieder verwässerten stillgelegten Gruben, die teilweise als Fischteiche genutzt werden.

Über die mit 14 Kreuzwegstationen versehene Laurentiusallee erreicht man nördlich von Herschbach die Laurentiuskapelle, die einstige Kirche des seit dem Dreißigjährigen Krieg nicht wieder besiedelten Ortes Oberherschbach. Sie entstammt in ihrer spätromanischen Bauweise der zweiten Hälfte des 13. Jh. und wurde im 15. Jh. gotisch erneuert. Der die Kirche umgebende Friedhof wird als Ortsfriedhof von Herschbach genutzt.

⑰ Hartenfels

Oberhalb von Hartenfels thront eine Burgruine auf einer Bergkuppe. Der verbliebene runde Bergfried ähnelt in seiner Form einem Butterfass, weshalb er von der lokalen Bevölkerung im Ortsdialekt *Schmanddippe* genannt wird. Seine malerische Aussichtslage hat militärische Bedeutung: Von hier aus konnte man die Bewegungen auf der vorbeiführenden Aachen-Frankfurter Handelsstraße beobachten. Die Burg befand sich zunächst im gemeinsamen Besitz der Gräfin Mechthild von Sayn und des Grafen von Wied, wurde dann vom Trierer Erz-

Foto: Wolkenkratzer (Wikimed a Commons 4.0)

Hartenfels mit Burg Hartenfels

bischof übernommen. Dieser baute die Burg aus und befestigte den Ort. Die Burg brannte ab, wurde 1477 aber wieder hergestellt. Schon Ende des 16. Jh. galt sie als verfallen. Neben dem Bergfried gibt es nur noch Reste des unregelmäßigen Berings.

⑱ Roßbach

Roßbach liegt ganz im Norden der Dierdorfer Senke am Grenzbach, einem Seitenbach des Holzbaches (nicht zu verwechseln mit Roßbach/Wied). Der Ort war im Besitz der Trierer Abtei St. Maximin. Sie errichtete eine hölzerne Kirche, die der Trierer Erzbischof im Jahr 876 weihte. Um 1000 wurde diese durch eine erste steinerne Kirche ersetzt, die 150 Jahre ihren Dienst tat. Zwischen 1150 und 1160 erfolgte ein Neubau als dreischiffige Pfeilerbasilika. Östlich des Ortes fand man Reste mittelalterlicher Schmelzöfen. Von 1788 bis 1989 wurde hier in Stollenbauweise nach Erz geschürft. Einer dieser Stollen könnte der Kirche zum Verhängnis geworden sein. Jedenfalls war sie nach dem Zweiten Weltkrieg so baufällig, dass ihr Turm, später auch das Dach abgerissen werden mussten. So ist die Kirche bis heute als Ruine verblieben. So malerisch sie auch dasteht, ist ihr Betreten verboten. Die amtlichen Stellen können sich nicht einigen, wer für den Schaden aufzukommen hat.

⑲ Maxsain

Maxsain liegt am Südostrand der Dierdorfer Senke. Das Herrschaftsgebiet, der »Bann von Maxsain«, gehörte den Grafen von Sponheim, die ihn als Lehen an die Herren von Bolanden vergaben. 1336 wurde der Bann an Johann von Montabaur verpfändet. Schon 1340 löste Kurtrier das Pfand ein und übertrug es an die ältere Linie der Grafen von Sayn, die dem Haus Sponheim entstammten. Diese wurden 1589 von den Grafen von Wied abgelöst, die schon vorher Rechte am Bann geltend gemacht hatten. Beherrschendes Bauwerk von Maxsain ist die sich auf einem Felsvorsprung über dem Saynbach erhebende evangelische Kirche. In den Wirren der Religionsauseinandersetzungen erlitt die Kirche Schaden. Der Turm aus der Zeit vor 1500 blieb erhalten, 1786 ersetzte ein Querschiff als Saalbau in barocken Formen den bisherigen provisorischen Bau. Bemerkenswert ist Haus Sahm, errichtet am Zusammenfluss des Steinchenbachs mit dem Saynbach. Es handelt sich um ein außergewöhnliches Fachwerkhaus, dessen Obergeschoss mit starken Holzbalken und reichem Schnitzwerk ausgestattet ist.

Im Umfeld von Maxsain gab und gibt es Bergwerke, Eisenhütten und Mühlen. Am nahen Bittersberg wird das seltene kristalline Mineral Offretit gewonnen. Mehrere Steinbrüche boten Basalt-, Trachyt- und Andesitvorkommen, die überwiegend

Haus Sahm in Maxsain, das älteste Haus im Dorf, erbaut 1688

erschöpft sind. Die Erzverarbeitung fand im 18. Jh. statt. Von den Schneid-, Öl-, Mahl- und Gerbermühlen ist die Hammermühle noch in Betrieb. Das barocke Herrenhaus mit Fachwerkobergeschoss stammt aus dem frühen 18. Jh. Zunächst bestand hier eine Eisenhütte, dann eine Mahlmühle und seit 1901 ein Elektrizitätswerk, das bis heute Strom liefert.

⑳ Selters

Selters, nicht zu verwechseln mit dem gleichnamigen Ort im Taunus, dem das Selterswasser entspringt, liegt südwestlich von Maxsain. Als Teil des Banns von Maxsain teilte es dessen Geschichte. Besiedelt ist das Gebiet seit der Jungsteinzeit. Mittelalterliche Siedlungsbefunde liegen seit dem 10. Jh. vor. Auch hier wurde durch die Grafen von Wied die Reformation einge-

Foto: El tommo (Wikimedia Commons 1.0)

Marktplatz in Selters mit der um 1830 errichteten evangelischen Kirche

führt. In nachnapoleonischer Zeit wurde Selters Sitz des Amtes Grenzhausen des Herzogtums Nassau. Aus dem 19. Jh. stammen dann auch viele Bauten der Stadt, auch die evangelische Kirche. Der 1830 erstellte Saalbau am Marktplatz mit spitzem Dachreiter weist zwei querstehende zurückgesetzte Flügel auf, die auch das Gemeindehaus und die Volksschule beinhalteten. In den Räumen der Schule ist inzwischen das Stadtmuseum Selters »MU*SE« untergebracht. Es widmet sich den Lebensverhältnissen im ländlichen Westerwald, die Exponate sind zum Anfassen. Dabei handelt es sich um Gerätschaften aus dem frühen 20. Jh., die kein nostalgisches Bild vermitteln, sondern einen Einblick in frühere Lebens-, Arbeits- und Wohnformen geben sollen.

MU*SE Selters: 56242 Selters, Jahnstraße 10, Tel.: 0262-9784, www.stadt-selters.de, geöffnet Juni bis Okt. 1. So im Monat 14–17 Uhr und nach Vereinbarung.

Siegerländer Westerwald

Reinhartshof in Gieleroth (Foto: Hans Otzen)

D ie Asbacher Hochfläche setzt sich östlich in der Altenkirchener Hochfläche fort. Diese muldenförmige ausge-
prägte Fläche erstreckt sich in Höhen zwischen 280 und 330 m.
Nördlich breitet sich die Leuscheid zur Sieg hin aus.

Die sich südlich anschließenden Landschaftsräume sind
durch einen deutlichen Anstieg gekennzeichnet. Insgesamt ist
die Hochfläche wenig zerschnitten und zeigt sich flachhüge-
lig mit einem Mosaik aus Weiden, Äckern und Waldstücken.
Hauptgewässer sind der Mittellauf der Wied und der Holzbach
– beide sind noch in relativ naturnahem Zustand. Hauptort ist
Altenkirchen.

Von Bedeutung ist noch **Flammersfeld**. In den Ortschaften
der Region ist viel historische Bausubstanz, vor allem an Fachwerkhäusern, vorhanden. Zahlreiche mittelalterliche Dorfkirchen prägen das Landschaftsbild.

Raiffeisenmuseum, Flammersfeld

Foto: Hans Otzen

㉑ Flammersfeld

Im Jahr 1096 übertrug der Kölner Erzbischof Hermann III. von Hochstaden der Abtei Siegburg Güter zu Flammersfeld – dies ist die erste urkundliche Nennung des Orts. Die Ortspfarrkirche St. Michael, eine schlichte dreischiffige, vierjochige, flachgedeckte Pfeilerbasilika mit massivem Westturm, entstand um 1200. Sie erfuhr im Laufe der Jh.e viele Veränderungen. Eine grundlegende Renovierung erfolgte in den 1970er Jahren, die den romanischen Charakter der Kirche neu betonte. Die Altarplatte und der Taufstein stammen noch aus der Entstehungszeit. Leider haben Brände und vor allem der Zweite Weltkrieg schwere Schäden an der Altstadt verursacht. Einige Fachwerkhäuser sind noch vorhanden, so vor allem die alte Bürgermeisterei, in der Friedrich Wilhelm Raiffeisen sein Amt 1848–52 ausübte. In dem Haus ist heute das Raiffeisenmuseum untergebracht. Flammersfeld ist seit 2020 mit Altenkirchen zur Verbandsgemeinde Altenkirchen-Flammersfeld vereint.

㉒ Altenkirchen

Altenkirchen ist eine fränkische Gründung, die 1131 als im Besitz des Bonner Cassiusstifts beurkundet wird. Als Vögte des Stifts übernahmen die Grafen von Sayn Mitte des 12. Jh. den Besitz. 1314 erhielt Altenkirchen die Stadtrechte durch die Grafen, die 1357 durch Kaiser Karl IV. bestätigt wurden. Die Sayner Grafen nahmen den evangelischen Glauben an; die Pfarrkirche wurde protestantisch.

Nach längeren Auseinandersetzungen innerhalb verschiedener Linien des Hauses Sayn war es schon 1294 zu einer ersten Teilung der Sayn'schen Besitztümer gekommen. Die ältere Linie regierte danach in Sayn, Hachenburg und Altenkirchen. Diese Linie starb aber mit Graf Heinrich IV. von Sayn-Sayn im

Exkurs: Friedrich Wilhelm Raiffeisen

Friedrich Wilhelm Raiffeisen wurde am 30.3.1818 in Hamm an der Sieg geboren. Aus gesundheitlichen Gründen musste Friedrich Wilhelm Raiffeisen den Militärdienst 1843 quittieren. Er schlug daraufhin die Verwaltungslaufbahn ein und erhielt 1848 die Stelle als kommissarischer Bürgermeister in Weyerbusch. Zuvor hatte er 1845 Emilie Storck geheiratet. Die Eheleute Raiffeisen hatten sieben Kinder, von denen drei früh verstarben. Nach dem Tod seiner Frau im Jahr 1863 heiratete Raiffeisen erneut. Im März 1848 bis 1852 übernahm er das Bürgermeisteramt in Flammersfeld. Danach wurde Raiffeisen zum Bürgermeister von Heddesdorf ernannt. Während seiner Amtszeit sah sich Raiffeisen immer wieder mit der Armut der Bevölkerung konfrontiert: Eine Ursache war die mangelnde Schulbildung. Deshalb veranlasste er den Bau neuer Schulhäuser. Aufgrund der mangelhaften Infrastruktur konnten die Bauern ihre Waren nur in der unmittelbaren Umgebung anbieten. Daher setzte sich Raiffeisen auch für den ländlichen Straßenbau ein.

Foto: Public Domain

Doch am wichtigsten schien ihm die Überschuldung der Bauern zu sein, die deshalb bei den örtlichen Wucherern in Abhängigkeit standen. Raiffeisen konnte seinerzeit 60 wohlhabende Einwohner für den von ihm gegründeten »Hülfsverein zur Unterstützung unbemittelter Landwirte« gewinnen, mit dem Ziel, für die in Not geratenen Bauern Vieh zu beschaffen. Raiffeisen selbst bezeichnete das später als Gründungsidee des Genossenschaftsgedankens. Schnell verbreitete sich das Prinzip der Hilfe durch Selbsthilfe über ganz Deutschland. Heute gibt es in fast 100 Ländern auf der Erde 333.000 Genossenschaften, die im Sinne von Raiffeisen tätig sind.

Foto: Chris06 (Wikimedia Commons 4.0)

Christuskirche, Altenkirchen

Jahr 1606 im Mannesstamm aus. Dies führte zu erneuten Auseinandersetzungen innerhalb der Familie, die durch die Wirren des Dreißigjährigen Krieges erst mit dem Westfälischen Frieden 1648 geklärt werden konnten. Danach fiel die Grafschaft an Graf Heinrichs Enkelinnen Ernestine und Johanette, die mit Residenzen in Hachenburg und Altenkirchen zwei getrennte Grafschaften gründen. Johanette erhielt Altenkirchen. Ihr Besitz ging durch eine zweite Heirat an Sachsen-Eisenach, durch Erbfolge an Brandenburg-Ansbach, 1791 an Preußen und in nachnapoleonischer Zeit schließlich an das neu gegründete Herzogtum Nassau, das dann wiederum 1866 von Preußen annektiert wurde.

Das von den Grafen 1586 errichtete Schloss wurde 1862 abgerissen. Ein großes Stadtfeuer legte am 23. April 1893 die Innenstadt in Schutt und Asche, auch die Pfarrkirche, die 1822–1827 nach den Plänen von Karl Friedrich Schinkel anstelle des romanischen Vorgängerbaus errichtet worden war. Auch verbliebene historische Gebäude waren am Ende des Zweiten Weltkriegs zerstört. Zu den wenigen erhaltenen Gebäuden gehört die »Privilegierte Apotheke« in der Fußgängerzone der Wilhelmstraße, die sich in ihren Ursprüngen auf das Jahr 1699 zurückverfolgen lässt. 1717 erhielt ihr Apotheker Christian Scharff das Privileg, die Apotheke zu führen, was ihm auch Gebietsschutz garantierte.

Foto: Hans Otzen

Romanische Pfarrkirche, Kircheib

❷❸ Kircheib

Nur wenig mehr als 500 Einwohner hat Kircheib, ein Straßendorf, das sich unterhalb der Leuscheid entlang der Bundesstraße 8 erstreckt, der ehemaligen Aachen-Frankfurter Heerstraße, einem der bedeutendsten Handelswege im Römischen Reich Deutscher Nation. Hier verlief auch die Grenze der Territorien des Herzogtums Berg, der Grafschaft Sayn-Altenkirchen und des Kurfürstentums Köln. Diese Lage an strategisch wichtiger Stelle veranlasste alle drei Territorien, ihre Grenze durch Landwehren zu sichern. Diese reichten bis an die Dorfkirche von Kircheib heran.

Innerhalb dieses Landwehrsystems bestand auch noch die Motte **Broichhausen**, 1 km südlich von Kircheib in einem Waldstück gelegen, eine mittelalterliche Turmhügelburg. Zwei Schutzwälle und ein Wassergraben schützten die Burganlage, die bis 1350 noch von der Familie Ütgenbach bewohnt, aber um 1600 aufgegeben wurde.

Die erste urkundliche Erwähnung von Kircheib erfolgte 1268 als *Eype*. In dieser Zeit bestand auch schon die romanische Pfarrkirche, weithin sichtbar außerhalb des Dorfes am Landwehrsystem gelegen. Entsprechend war der Westturm als mächtiger Wehrturm angelegt. Er wurde im 18. Jh. aus Stabilitätsgründen ummantelt. Die Kirche selbst ist als Pfeilerbasilika mit kreuzgratgewölbtem Chorquadrat und Apsis angelegt. Chor und Apsis tragen Rundbogenfriese, die Apsis ist außerdem mit Lisenen versehen. Die Ausmalung der erneuerten Flachdecke erfolgte 1902.

Mit dem Ende der Feudalzeit erlangte Kircheib nochmals historische Bedeutung. Französische Revolutionstruppen unter General Jean-Baptiste Kléber drangen 1796 auf rechtsrheinischem Gebiet in den Westerwald entlang der Aachen-Frankfurter Heerstraße vor, wo sie ihr Lager in Jungeroth (bei Buchholz) aufschlugen. Dort wurden sie von den Österreichern in der Nacht angegriffen, aber bis Kircheib zurückgeschlagen. Ein Angriff der Österreicher vertrieb die französischen Truppen schließlich wieder auf linksrheinisches Gebiet. Dieser Vorfall ist als »Schlacht bei Kircheib« in die Geschichte eingegangen.

㉔ Mehren

Mehren zählt zu den schönsten Dörfern im Westerwald. Um die romanische Dorfkirche gruppiert sich ein Ensemble hervorragend restaurierter Fachwerkhäuser, die seit dem 15. Jh. entstanden sind. Der Ort ist seit der Frankenzeit besiedelt, in karolingischer Zeit bestand hier eine Grundherrschaft. Auch gibt es Reste von Landwehrgräben, die Kurköln gegen das Sayn'sche Territorium errichtet hatte. Die Pfarrkirche entstand im 12. Jh. als dreischiffige Basilika mit flach gedecktem

Der Dreiherrenstein an den Vier Winden

Die »Landwehr« ist ein Grenzsicherungswerk, das in der Feudalzeit der Einhegung ganzer Territorien diente. Dazu hob man parallele Gräben aus, errichtete aus dem Aushub einen Wall, den man mit einer Hecke bepflanzte. Manche von den Kölnern errichteten Wehre wurden dann auch »Kölsches Heck« genannt.

Dreiherrenstein in Meisenbach, Hennef (Sieg)

Foto: Olbertz (Wikimedia Commons 3.0)

Solche Wehre hielten einem militärischen Überfall kaum stand, dienten aber dazu, ungeliebten »Besuch« fernzuhalten, also Räubern das Eindringen und den Abtransport ihrer Beute zu erschweren. Dort, wo Straßen die Wehr kreuzten, bot sich zudem die Möglichkeit der Zollerhebung.

Dies war an der Aachen-Frankfurter Straße besonders attraktiv, wie auch in Kircheib, wo die Landwehre von drei Territorien zusammentrafen. Der Grenzpunkt Vier Winden war durch drei Grenzsteine, die Dreiherrensteine, kenntlich gemacht worden.

Als in dem Sayn'schen Territorium der Protestantismus Einzug hielt, wuchs das gegenseitige Misstrauen. Die Kölner verstärkten seither ihre Wehre gegen die vom Glauben Abtrünnigen, wobei ihnen die Grenzsteine an den Vier Winden im Weg waren. Sie wurden entfernt.

Das Herzogtum Berg ersetzte 1766 die zerstörten Steine durch einen Dreiherrenstein. Dieser längst verschwundene Dreiherrenstein wurde 1989 durch den Westerwald Verein Buchholz e.V. ganz in der Nähe in der Quellmulde des Krahbachs durch einen neuen Stein ersetzt, dessen Inschrift die historische Bedeutung dieses Platzes erläutert.

Foto: Hans Otzen

Fachwerkhof in Mehren

Schiff und gewölbtem Chor. Um Schiff und Chor unter ein Dach zu bringen, setzte man 1744 dem Chor ein Fachwerkdach auf. Diese eigenwillige Konstruktion ist einmalig im ganzen Westerwald.

Unter den alten Fachwerkhäusern sticht die *Ahl Schul* hervor, ein spätgotischer Fachwerkbau aus dem 16. Jh. Reetgedeckt ist Harteis Hof gegenüber der Kirche. Weitere Fachwerkhäuser ebenfalls aus dem 18. Jh. stellen Haus Koch und Haus Lichtenthäler dar.

Unterhalb der *Ahl Schul* befindet sich das 1547 erbaute ehemalige Verlies von Mehren, welches von den Dorfbewohnern *Bulles'Je* genannt wird. Reizvoll ist die 1990 erbaute Freilichtbühne, die sich wie ein kleines antikes Theater an den Hang des Mehrbaches schmiegt und die auch viele Vereine des Umlandes nutzen.

Im TAL

Verlässt man die Bundesstraße auf halbem Weg zwischen Kircheib und Altenkirchen, gelangt man nach **Hasselbach**. Hier hat der Bildhauer Erwin Wortelkamp (*1938) auf einem 10 ha großen Gelände einen Skulpturenpark geschaffen, in dem seine Werke und die von 40 mitbeteiligten Künstlern in der Landschaft ausgestellt werden. Sein Ziel ist es, auf diese Weise die Westerwälder Landschaft neu zu erschaffen. So sind die Wege zu den Kunstwerken vielfach nur über Mähwege, Waldwege und Trampelpfade zu erreichen. Sein künstlerisches Credo besteht darin, Raum und Umgebung einwirkend zu gestalten. Dies versucht er mit seinem Projekt »TAL« umzusetzen. Einer der beteiligten Künstler ist der Architekt Hanspeter Demenz, der einen speziellen Ausstellungsraum auf dem TAL-Gelände für den Fotografen August Sander (1876–1964) geschaffen hat. August Sander brachte es mit seiner neuen Sichtweise der Porträtfotografie vom Dorffotografen zu weltweiter Anerkennung. • **www.im-tal.de**

Foto: Haus.Landschaft.08 (www.im-tal.de)

Foto: Scribo (Wikimedia Commons 1.2)

Evangelische Pfarrkirche, Birnbach

㉕ Birnbach

B irnbach ist ein Ort von großer historischer Bedeutung. Hier tagte das Hohe Gericht des Auelgaus, des Vorläufers der Herrschaft Sayn. Von den frühen, mündlich geführten Beschlüssen gibt es keine schriftlichen Belege, aber 1248 wurde das Gericht erstmals als »officium de Byrenbag« benannt. Es besaß die Blutgerichtsbarkeit, die Todesstrafen wurden je nach Delikt unterschiedlich vollzogen. Diebe wurden gehenkt, Mörder gerädert, Notzüchter enthauptet, Sittlichkeitsverbrecher im Sumpf versenkt, Zauberer und Hexen verbrannt. Mit der Übernahme der Reformation endete die Hohe Gerichtsbarkeit, Birnbach verlor an Bedeutung. Geblieben ist die Pfarrkirche, die um 1200 einen hölzernen Vorgängerbau ersetzte. Es entstand eine typische romanische Landkirche des Westerwaldes, eine dreischiffige Pfeilerbasilika ohne Querhaus mit Westturm, Chor und

Foto: Hans Otzen

Pfarrkirche (2. Viertel 13. Jh.), Almersbach

halbrunder Apsis, außen durch Lisenen gegliedert. Beschuss am Ende des Zweiten Weltkriegs und ein Blitzschlag im Jahr 1982 richteten große Zerstörungen an. Der Wiederaufbau war 1973 abgeschlossen.

❷❻ Almersbach

Almersbach taucht 1199 in einer Steuerliste des Cassiusstiftes in Bonn auf. Im 13. Jh. lag das Pfarrbesetzungsrecht wohl bei der Abtei Marienstatt. Das Cassiusstift forderte das Patronats- und Besetzungsrecht wieder ein. Die Landesherrschaft übten die Grafen von Wied aus, die sie 1489 als Mitgift an die Grafen von Sayn abtraten. Damit erfolgte auch die spätere Übernahme des protestantischen Glaubens. Auch in der malerisch auf einem vorspringenden Bergrücken über dem Wiedtal gelegenen

Foto: Chriso6 (Wikimedia Copmmons 4.0)

Evangelische Pfarrkirche, Wahlrod

romanischen Ortspfarrkirche wurde nun der neue Glaube verkündet. Sie ist eine flachgedeckte vierjochige Pfeilerbasilika mit Westturm und barocker Haube. Der Chor ist gewölbt, die Apsis mit Lisenen verziert. Im Inneren konnten Fresken aus der Erbauungszeit freigelegt werden.

㉗ Gieleroth

Gieleroth zählt zu den frühen Rodungsorten im Westerwald, was auch der Standort unmittelbar an der Aachen-Frankfurter Handelsstraße vermuten lässt. Hier bestand im 17. Jh. am Reinhardshof eine Kaiserliche Poststation. Der heutige Reinhardshof, der nahe an der Bundesstraße B 9 liegt, entstand im 18. Jh. als typisches Westerwälder Einfirst-Fachwerkhaus mit einer großen Scheune. Im 19. Jh. wurde quer an das prächtige Haus ein Anbau angesetzt, in dem die damaligen Besitzer die Gastwirtschaft »Zur Tränke« betrieben.

㉘ Wahlrod

Unter den beachtenswerten Dorfkirchen auf der Altenkirchener Hochfläche sei nicht zuletzt noch die evangelische Pfarrkirche von Wahlrod genannt. Sie erhebt sich in markanter Lage über dem Ort. Sie ist allerdings nicht romanischen Ursprungs, sondern wurde 1851 als vierachsiger Saalbau in neoromanischen Formen mit schlankem Ostturm gebaut.

Die Leuscheid

D er Quarzit-Bergrücken der Leuscheid bildet als Westerwälder Randlandschaft den Übergang zum Siegtal. Hier
erstreckt er sich in West-Ost-Ausrichtung auf Höhen von 300
bis 400 m südlich des Siegtalabschnitts zwischen Eitorf und
Hamm. Von der Sieg steigt der Bergrücken steil an, der Übergang nach Süden zu den Asbach-Altenkirchener Hochflächen
ist eher sanft. Auf seinem Kamm verläuft die Wasserscheide
zwischen Sieg und Wied. Die Quellbäche der Leuscheid sind
weitgehend naturnah erhalten. Die zur Sieg ausgerichteten
Bachtäler sind tief eingekerbt, nach Süden zur Wied hin als
Muldentäler ausgebildet. Die Leuscheid ist weitgehend bewaldet, hier breiten sich noch überwiegend Fichtenforste aus. Die
Besiedlung des Höhenrückens ist nur dünn. Große Teile des
Geländes sind als Vogelschutzgebiet ausgewiesen, sein Leitvo
gel ist der Schwarzstorch. Der Hauptort der Region ist der Ort
Leuscheid im Osten der Region. Am Westrand ist Stadt Blan-
kenberg von großem kulturhistorischen Interesse.

Gipfelbereich des »Hohen Schaden« (388 m) bei Eitorf in der Leuscheid

Foto: Olbertz (Wikimedia Commons 1.2)

Foto: Olbertz (Wikimedia Commons 1.2)

Evang. Kirche, Leuscheid

㉙ Leuscheid

In einer Urkunde aus dem Jahr 1131 wurde *Liuuenskeit* als Besitz des Cassiusstifts in Bonn bestätigt, was auch die erste Erwähnung des Orts Leuscheid ist. Als Vögte waren die Grafen von Sayn eingesetzt. Nach häufigen Grenzstreitigkeiten mussten die Sayner Leuscheid an den Herzog von Jülich abtreten. Ab 1607 waren die Herzöge von Berg Landesherren über Leuscheid. 1640 wurde der Ort evangelisch. Trotzdem besetzten schwedische Truppen im Dreißigjährigen Krieg den Ort. Die verbliebenen Katholiken errichteten 1717 eine eigene Kirche.

Die ehemals katholische Marienkirche von Leuscheid war von vornherein als Wehrkirche angelegt, in der die Bewohner des Orts und der umliegenden Dörfer Schutz vor den häufigen kriegerischen Auseinandersetzungen in der Region suchten. Es ist eine dreischiffige verputzte Bruchsteinbasilika mit vorgesetztem massivem viergeschossigem Wehrturm, der von einer gotischen Schieferpyramide bekrönt ist. Im Obergeschoss des Turms ist der Kapellenraum über eine Wandtreppe erreichbar. Im 14. Jh. wurde der Bau um ein Querschiff mit fünfseitigem Chor erweitert. An die Südseite des Querschiffs ist die zweigeschossige Sakristei mit hohem Schieferdach angebaut.

Die katholische Kirche ist ein verputzter Bruchsteinsaal mit eingezogenem dreiseitigem Schluss und Chordachreiter. Die Ausstattung der Kirche stammt aus der Bauzeit.

Foto: Hans Otzen

Graventurm, Stadt Blankenberg

③⓪ Stadt Blankenberg

Malerisch stehen die Türme von Blankenberg auf einem Felsvorsprung über dem Siegtal. Die Ansiedlung der im 12. Jh. durch die Grafen von Sayn gegründeten Burg erhielt 1245 Stadtrechte und war in die Ummauerung mit einbezogen. So entstand eine Burganlage aus Hauptburg, Vorburg und so genannter Altstadt.

In Erweiterung der Anlage begann ab der ersten Hälfte des 13. Jh. die Anfügung der Neustadt. Über die Grafen von Heinsberg kam Blankenberg 1363 an die Grafen von Berg. Im Truchsessischen Krieg wurde die Stadt erobert und geplündert. Im Dreißigjährigen Krieg eroberten schwedische Truppen Blankenberg. Daraufhin schleifte man 1676 die Burg, um kein lohnenswertes Ziel mehr abzugeben. Heute bietet Blankenberg mit seiner Burgruine, den Türmen und der Stadtmauer das Bild einer kompakten Burganlage, die anstelle der im Dreißigjährigen Krieg aufgegebenen Altstadt mit einer Neustadt aus Fachwerkhäusern des 17. und 18. Jh. glänzt.

Am Rand der Neustadt erhebt sich die im Ursprung auf das 13. Jh. zurückgehende Ortspfarrkirche St. Katharina als verputzter Saalbau des 17. Jh. mit gotischem Chor im 5/8-Schluss.

Nach Beschuss im Dreißigjährigen Krieg wurde 1686 eine Erneuerung nötig. Dabei erhielt die Kirche an der Nordseite des Chores einen Treppenturm und einen neuen Dachreiter. Ein verheerender Brand 1983 machte eine weitere Erneuerung erforderlich. Leider wurde die barocke Ausstattung ein Opfer der Flammen.

Burg und Stadtummauerung sind zu wesentlichen Teilen noch erhalten. Von der Hauptburg ist die Ringmauer noch deutlich sichtbar. Dahinter ragt der wieder aufgestockte Bergfried empor. Vom Palas gibt es noch Fensteröffnungen, Reste der Kapelle und von der Vorburg Reste der Schildmauer.

Von der Ummauerung der Altstadt besteht noch die südliche Mauer mit zwei Halbtürmen und der rechteckige Torturm mit Querwalmdach. Die Ummauerung der Neustadt ist noch vollständig zu sehen. Von den zwei Stadttoren besteht noch

Touristinfo Hennef: 53773 Hennef, Frankfurter Str. 97, Tel.: 02242-19433, www.tourismus-hennef.de • **Weincafé Alt Blankenberg**: 53773 Hennef-Blankenberg, Markt 23, Tel.: 02248-1597, www.alt-blankenberg.de, am Durchgang zur Kirche, mit Weingarten, Do Ruhetag • **Haus Sonnenschein**: 53773 Hennef-Blankenberg, Mechthildisstr. 16, Tel.: 02248-9200, www.hotel-haus-sonnenschein.de, mit Außenterrasse, täglich geöffnet • **Turmmuseum**: Heimatmuseum der Stadt Blankenberg, 53773 Hennef-Blankenberg, Katharinenturm, Gerberstr. 10, Tel.: 02248-912076, www.hvv-stadt-blankenberg.de, geöffnet Mai–Okt. So nachm. • **Weinbaumuseum**: Im Runenhaus, 53773 Hennef-Blankenberg, Renteigasse 9, Tel.: 02248-2511, www.hvv-stadt-blankenberg.de, geöffnet Mai-Okt. So nachm.

Foto: Hans Otzen

Markt, Stadt Blankenberg

der rechteckige Katharinenturm unter einem Querwalmdach. Das Tor beherbergt heute das Stadtmuseum. Vom historischen Weinbau in Blankenberg erzählt das kleine Weinbaumuseum im so genannten Runenhaus, einem der prächtigen alten Fachwerkhäuser der Neustadt.

Der historische Ortskern der Neustadt zeigt seine alte Struktur aus schmalen Straßen und Gassen. Die meist zweigeschossige Fachwerkbebauung um den Marktplatz und entlang der Mechthildisstraße, Katharinenstraße, Renteigasse sowie in der Graf-Heinrich-Straße macht den ganzen Reiz der Stadt aus. Die meisten dieser Gebäude stehen unter Denkmalschutz.

Der Denkmalsatzungsbereich Stadt Blankenberg umfasst insgesamt die Neustadt mit der Stadtumwehrung, den mittelalterlichen Straßengrundriss und seine Parzellierung.

Basaltkuppe Eitorf-Stein

In der Eitorfer Schweiz am nordöstlichen Rand der Leuscheid bildet die Basaltkuppe bei Eitorf-Stein eine geologische Besonderheit. Die Kuppe ist durch einen inzwischen still gelegten Steinbruch aufgeschlossen. Vor 19 Mio Jahren drang über einen röhrenförmigen Schlot Magma empor, der durch den Druck zusammenbrach. Die Lava ergoss sich in eine darunter liegende Senke, wo sie zu fünf- bis sechskantigen Säulen von über 20 m Höhe erstarrte. Die Steinbruchsohle wird von Wänden aus Säulenbasalt und Blockhalden begrenzt. Die Säulen wurden weitgehend abgebaut, die verbliebenen Säulen durch Sprengungen durcheinander gewirbelt. Der besondere Schutz gilt den Kleinstgewässern im Steinbruch, in denen noch bedrohte Pflanzen- und Tierarten Lebensraum finden, darunter seltene Schmetterlingsarten wie der Russische Bär und die Gelbbauchunke (s.u.).

Foto: Kathy2408 (www.pixabay.com)

Kloster Marienthal

③ Hilgenroth und Marienthal

Im Osten der Leuscheid ist noch der Wallfahrtsort **Hilgen-roth** von Interesse. Der Ortsname entstand aus seiner früheren Bezeichnung *Heiligenrode*. Das im 15. Jh. niedergeschriebene *Hilgenrother Mirakelbuch* enthält eine Reihe von Wunderberichten, die sich auf die Ortspfarrkirche Unserer Lieben Frau beziehen. Als in der Grafschaft Sayn, zu der Hilgenroth zählte, die Reformation übernommen wurde, war dies das Ende der Wallfahrten. Ein Jh. später wurde dann die Kirche gemeinsam von Katholiken und Protestanten genutzt. Die Konfessionsgeschichte des Orts spiegelt sich auch im heutigen Erscheinungsbild der Ortspfarrkirche wider. Ihr romanischer Westturm steht übereck zum Kirchenschiff, das 1433 als Gnadenkapelle für ein Muttergottesbild errichtet wurde, denn ursprünglich war die Kirche mehrschiffig. Nach dem Ausbleiben der Wallfahrten wurde die Kirche baufällig. Das Hauptschiff musste abgerissen werden. Das gotische Seitenschiff mit Chor im 5/8-Schluss und Vorjoch ist seither das Kirchenschiff.

Klostergastronomie Marienthal: Am Kloster 15, Tel.: 02682-9660966, www.klostergastronomie-marienthal.de

Nur wenige Kilometer ostwärts findet man mit **Kloster Marienthal**, schon zu Seelbach/Sieg gehörig, eine weitere Wallfahrtsstätte. Ihre Geschichte beginnt legendär. Danach soll ein Hirte aus Hamm im Jahre 1423 ein Bildnis der Muttergottes, der »Schmerzhaften Mutter« geschnitzt und im Wald aufgestellt haben, das Pilger anzog. Für sie wurde 1494 eine Wallfahrtskirche errichtet. Auch hier stoppte die Reformation den Pilgerstrom. Erst 1664, nach dem Dreißigjährigen Krieg, wurde wieder eine Hl. Messe in Marienthal abgehalten. Zwei Jahre später begann man mit dem Bau eines Klosters bei der Wallfahrtskirche, das 1704 Franziskaner-Patres bezogen. Ein Neubau erfolgte 1756. Nach der Säkularisation wurden die Gebäude teilweise abgebrochen, nur der Ostteil blieb original. 1892 kehrten die Franziskaner ins Kloster zurück, konnten dies nach dem Zweiten Weltkrieg aber nicht mehr halten. 1969 rekonstruierte man noch die zwei Westjoche der Kirche und entdeckte dabei die alten Rankenfresken am Gewölbe der Kirche. 1974 verließen die letzten Franziskaner das Kloster. Das Erzbistum Köln übernahm die Gebäude als Tagungsstätte.

Kloster Marienthal

Foto: Wolkenkratzer (Wikimedia Commons 4.0)

Foto: Wolkenkratzer (Wikimedia Commons 4.0)

Eitorf – am Rand des Westerwalds

Die Gemeinde verdankt ihren Namen dem aus der Leuscheid herabfließenden Eipbach, der sie heute teilt. Eine erste Nennung der Villa Eidtorph erfolgte im Jahr 928 in einer Besitzurkunde des Stifts Vilich bei Bonn. Die Landesherrschaft lag bei den Grafen des Auelgaus. Die heute diagonal auf dem Marktplatz gelegene Pfarrkirche St. Pankratius wurde um 1170 vom Kölner Erzbischof Philipp von Heinsberg geweiht. Heute steht hier eine neugotische dreischiffige Bruchsteinbasilika, deren im 12. Jh. gefertigter Taufstein noch aus dem Vorgängerbau stammt. In der Landesherrschaft über Eitorf wechselten sich die Pfalzgrafen mit den Grafen von Sayn und den Herzögen von Berg ab. Im Dreißigjährigen Krieg litt Eitorf sehr, ein Drittel der Bevölkerung starb. Danach lag Eitorf im damals noch unerschlossenen Siegtal abseits. Das änderte sich erst Mitte des 19. Jh. mit dem Bau der Eisenbahnlinie durch das Siegtal. Doch am Ende des Zweiten Weltkriegs traf es Eitorf besonders hart.

1945 wurde Eitorf durch zwei Bombenangriffe zu drei Vierteln zerstört. Das heutige Erscheinungsbild des Ortes geht daher auf die Aufbauzeit der 1950/60er Jahre zurück.

Überregional bekannt ist Eitorf durch den Skulpturengarten von Giovanni Vetere, einem künstlerischen Autodidakten. Seine Werke können in seinem Ausstellungsgarten nördlich der Gemeindegrenze betrachtet werden.

Begibt man sich von Eitorf den Eipbach aufwärts in die Leuscheid hinein, trifft man auf **Burg Welterode** (Foto auf der Vorseite, mittelalterliche Darstellung unten). Sie fand erstmals 1249 in einer Schen-

kungsurkunde der Gräfin Mechthild von Sayn Erwähnung. Die Burg war dann im Besitz des Kölner Erzbischofs. 1404 wird ein Friedrich von Weltenrode als Vasall und Lehensnehmer des Herzogs von Berg erwähnt. Die heutige Anlage stammt aus dem 16. Jh. und war im Besitz der Grafen von Nesselrode-Ehreshoven. Sie besteht seither als ein von einem Wassergraben umgebenes, dreigeschossiges, wohnturmartiges Burghaus mit rechteckigem Grundriss unter einem Walmdach. In den folgenden Jh.en wechselten die Burgherren vielfach. 2018 wurde sie von einem Privatunternehmer erworben, der sie als Eventlocation nutzen will.

Touristik-Service Eitorf: 53783 Eitorf, Rathaus, Markt 1, Tel.: 02243-19433, www.eitorf-erleben.de • **Skulpturengarten Vetere**: 53783 Eitorf, Schümmerichstraße 1, Tel.: 02243-840086, www.giovanni-vetere.de, täglich (außer Mo + Di) geöffnet.

Kannenbäcker Land

Burg Grenzau, Höhr-Grenzhausen (Foto: Hans Otzen)

Foto: Clem Rutter (Wikimedia Commons 1.2)

Salzglasiertes Steinzeug aus dem Kannenbäcker Land

D as Kannenbäcker Land ist durch leicht hügelige Riedelflächen und schmale, lang gestreckte Geländerücken zwischen Bachtälern auf etwa 350 m Höhe gekennzeichnet. Die Bachtäler sind tief eingekerbt. Das Gelände fällt zum Rhein hin zur Ehrenbreitsteiner Randterrasse deutlich ab. Es bestehen großflächige Wälder, die in die Täler hineinreichen. In den offenen Flächen überwiegt Grünlandnutzung. Feuchtwiesen bestehen überwiegend im Tal des Brexbaches. Die dörflichen Siedlungen entstanden meist in den Bachmulden. Höhr-Grenzhausen ist ein Verdichtungsraum, der schon stark nach Koblenz orientiert ist. Große Tonvorkommen haben hier die Ansiedlung des Kannenbäckerhandwerks möglich gemacht. Steinzeuggeschirr, das in Öfen »gebacken« wird, hat der Region internationale Anerkennung und spätestens ab dem 17. Jh. wirtschaftlichen Wohlstand gebracht.

Im Kannenbäcker Land befinden sich nicht nur die größten zusammenhängenden Tonlagerstätten Deutschlands, der Ton ist auch durch seine feine Körnung besonders hochwertig, was eine außerordentliche Formbarkeit ermöglicht. Außerdem führte

auch eine historische Salzstraße durch die Region, auf der seit dem ausgehenden Mittelalter der für die Salzglasur benötigte Rohstoff herangeschafft wurde.

Schon in der Jungsteinzeit unter römischer Herrschaft wurde Ton im Kannenbäcker Land für Töpferwaren eingesetzt. Erste schriftliche Hinweise auf die mittelalterliche Kannenbäckerei gibt es seit dem frühen 15. Jh. Zunächst wurde einfache Gebrauchskeramik hergestellt. Durch Zuzug von Töpfern aus Siegburg und Raeren verfeinerte sich das Produktangebot. Doch in dem Maße, wie die aufkommenden Fayence- und Porzellanmanufakturen den Markt für hochwertige Erzeugnisse für sich eroberten, besannen sich die Westerwälder Kannenbäcker auf ihr eigentliches Können, nämlich die Herstellung einfacher, graublau salzglasierter Gebrauchskeramik, so vor allem Gebrauchsgeschirre zur Vorratshaltung – und konnten sich in Zeiten von Plastikgeschirr am Markt behaupten. Inzwischen spielt auch das Keramik-Kunsthandwerk eine zunehmende Rolle. Jedes Jahr schreibt das Keramikmuseum Westerwald in Höhr-Grenzhausen zum Museumsfest, das parallel zum Europäischen Keramikmarkt in Höhr-Grenzhausen im Juni stattfindet, einen Keramik-Wettbewerb aus.

❸❷ Höhr-Grenzhausen

Die Stadt Höhr-Grenzhausen wurde am 1. April 1936 aus den vorher eigenständigen Gemeinden Höhr, Grenzhausen und Grenzau gebildet. Höhr war ursprünglich Teil der Herrschaft Vallendar und gehörte damit zur Grafschaft Sayn, später zum Kurfürstentum Trier. Grenzhausen gehörte zu Isen-

Foto: Hans Otzen

Keramik-Werkstatt, Höhr-Grenzhausen

burg, später zur Grafschaft Wied. In Grenzhausen bestand das frühe Zentrum der Kannenbäckerei des Westerwaldes, das sich bis zum 17. Jh. zu einem Hauptort der rheinischen Steinzeugherstellung entwickelte. Durch neue Produkte der Fayence- und Porzellanherstellung verlor Grenzhausen an Bedeutung. Es blieb den Kannenbäckern aber weiterhin die Gebrauchskeramik und die Tonpfeifenherstellung. Im 19. Jh. industrialisierte das Gewerbe. Bis heute sind neben Keramik-Manufakturen einige große Betriebe der Tonwarenindustrie in Höhr-Grenzhausen angesiedelt, die in technischen Produkten ein zusätzliches Aufgabenfeld gefunden haben. Das »Keramikmuseum Westerwald« in Grenzhausen bezeichnet sich selbst als das größte seiner Art

 Keramikmuseum Westerwald: 56203 Höhr-Grenzhausen, Lindenstr. 13, Tel.: 02624-946010, www.keramikmuseum.de, Mo geschlossen.

Evangelische Kirche, Höhr-Grenzhausen

in Europa. Es stellt die Verbindung von Regionalgeschichte, Kunst und Kunsthandwerk dieses für den Westerwald so prägenden Wirtschaftszweiges her.

Die evangelische Kirche von Grenzhausen steht auf einem Plateau über dem tiefen Taleinschnitt des Ferbachs. An diesem strategisch wichtigen Punkt errichteten die Wieder Grafen Anfang des 13. Jh. einen mächtigen Wehrturm. Nach der Überlieferung soll auf diesem Plateau auch schon eine Kapelle gestanden haben.

Als in der Grafschaft Neuwied die Reformation eingeführt wurde, gründeten die Bewohner von Grenzhausen eine eigene evangelische Kirchengemeinde, die das Gotteshaus übernahm. In der Barockzeit setzten sie dem Kirchturm eine Laterne auf. Angesichts der Vergrößerung der Gemeinde ersetzte man dann im 19. Jh. den Chor und das Langhaus durch ein neues Kirchenschiff.

Foto: Hans Otzen

Altes Gasthaus am Brexbach, Grenzau

③③ Grenzau

Als die Isenburger die Herren von Grenzhausen waren, errichteten sie zu Beginn des 13. Jh. in Grenzau, dem heutigen dritten Ortsteil von Höhr-Grenzhausen, eine Burg über dem Brexbach. Französische Truppen zerstörten die Anlage im Dreißigjährigen Krieg, die aber bis 1676 noch teilweise bewohnt werden konnte. Der heutige private Besitzer bemüht sich um den Erhalt der ruinösen Anlage. Architektonisch interessant ist der dreieckige Grundriss des Bergfrieds, der auf der Seite des im Norden gelegenen Halsgrabens Angreifern seine Spitze entgegensetzt. Die nordöstliche Seite beherrscht ein wuchtiger Torbau mit vorspringendem Rundturm. Der mandelförmige Bering weist eine Mauerstärke von bis zu 3,50 m auf. Von der erneuten Befestigung der Burg im 17. Jh. verblieb nur eine Bastion im Südosten.

Der kleine Ort Grenzau am Fuß des Burgbergs besitzt eine Reihe schöner Fachwerkhäuser. Hervorzuheben ist das 1631 errichtete, reich geschnitzte Zollhaus an der Brücke über den Brexbach. Es weist an der Langseite einen breiten Erker im Obergeschoss mit geschweiftem Giebel auf. Die Eichentür stammt noch aus der Erbauungszeit, durch die man heute das Haus betritt, das mittlerweile als Landgasthof »Burg Grenzau« geführt wird.

 Zur Burg Grenzau: 56203 Höhr-Grenzhausen, Burgstraße 13, Tel.: 02624-949130, www.landgasthof-grenzau.com, bietet saisonale Landhausküche bevorzugt mit Produkten aus der Region.

㉞ Alsbach

Die Kirche des kleinen Orts Alsbach wenige Kilometer nördlich von Grenzau wurde im 13. Jh. vom Haus Isenburg gestiftet. Später gehörte das Kirchspiel zur Grafschaft Wied, in der ab 1564 die Reformation galt. Die evangelische Pfarrkirche des Orts weist einen querrechteckigen romanischen Turm auf, an den Mitte des 19. Jh. ein neues Kirchenschiff in neoromanischen Formen mit 5/8-Apsis angesetzt wurde.

Durch den Erz-, Wasser- und Waldreichtum des Westerwaldes siedelten sich dort viele Eisenhütten an, so auch bei **Hundsdorf** am Messelbach östlich von Alsbach. Die Hütte prosperierte im 17. Jh. und zog viele Hüttenarbeiter an, so auch aus Wallonien. Wegen ihres katholischen Glaubens nahmen diese ihren Wohnsitz im kurtrierischen Nachbarort Kammerforst. Im 18. Jh. lohnte der Betrieb nicht mehr. Die Hütte wurde 1747 schließlich in eine Mühle umgewandelt.

Foto: rs-foto (Wikimedia Commons 4.0)

Wanderung (16,5 km) durchs Brexbachtal

Der 22 km lange Brexbach entspringt im Stadtwald von Höhr Grenzhausen. Von dort fließt er zum historischen Bahnhof Grenzau und bildet, abwärts an der Burgruine Grenzau vorbei, eine tiefe Schlucht. Durch diese Schlucht entlang der ehemaligen Trasse der Brexbachtalbahn schlängelt er sich südwestwärts bis zur Mündung in den Saynbach im Schlosspark Sayn.

Der vielseitige Brexbachschluchtweg führt im südlichen Teil durch das Brexbachtal und im nördlichen Teil über die Anhöhen bei Nauort und Alsbach zurück in das Tal. Ausgangspunkt ist die Brexbachbrücke in Grenzau. Von hier steigt man zur Burgruine hinauf, ge-nießt den Rundblick und folgt einem Pfad in das Brexbachtal. Man wandert die romantische Schlucht talabwärts, teilweise entlang ihrer Hänge, und nimmt am Südwestende der Wanderung den Aufstieg auf den Teufelsberg. Von dort aus wandert man weiter auf den Anhöhen von Nauort und Alsbach entlang. Hier reicht der Blick bis ins Siebengebirge. Nun geht es zurück in das Tal bei Kammerforst, wo man der Bahntrasse, die hier noch von Museumszügen befahren wird, zum Bahnhof Grenzau und weiter zum Ausgangspunkt folgt.

Schwierigkeitsgrad: überwiegend mittel, etwas schwierigere An- und Abstiege; Tief-/Hochpunkt: 155 m / 342 m

㉟ Nauort

Nauort liegt auf 300 m Höhe zwischen dem Brexbach- und Saynbachtal. Es ist eine alte Waldrodung, wie sein mittelalterlicher Name *Nuenrohde* besagt. Im 13. Jh. gehörte der Ort zu Isenburg, ab 1664 zum Kurfürstentum Trier. Wirtschaftlich spielte neben der Bimsverarbeitung die Kannenbäckerei eine wichtige Rolle. Einige schöne Fachwerkhäuser zeugen noch von dieser Zeit. Die Pfarrkirche St. Johann erhebt sich mitten im Ort. Prägnant zeigt sich der romanische Turm, dessen Glockengeschoss aus dem 19. Jh. stammt. Das abseitige Kirchenschiff ersetzte 1955 eine kleinere Saalkirche aus dem Jahr 1738.

㊱ Ransbach-Baumbach

Die 1969 aus den Ortsteilen zusammengelegte Stadt Ransbach-Baumbach hat ihre Wurzeln im Mittelalter. Ransbach wurde bereits im Jahr 959 in der Montabaurer Zehntliste erwähnt, Baumbach als *Babenbach* im Jahr 1373. In dem Maße, wie die Tonlagerstätten bei Höhr-Grenzhausen nicht mehr stärker ausgebeutet werden konnten, verlagerte sich die Kannenbäckerei nach Ransbach-Baumbach. Im 18. und 19. Jh. war der überwiegende Teil der Bevölkerung mit Keramik beschäftigt. Viele von ihnen gingen als so genannte Landgänger bis nach Süddeutschland oder bis in die Niederlande, um Töpferwaren anzubieten.

In Ransbach-Baumbach hat sich die Tonverarbeitung inzwischen am stärksten industrialisiert. Hergestellt werden Ge-

Töpfermarkt: 1. Oktoberwochenende • **Gemeinnütziges Skulpturen- und Miniaturen-Museum**: 56235 Ransbach-Baumbach, Sälzerstr. 16, Tel.: 02623-9288343, www.museum-kaus.de, Mo geschlossen.

Evangelische Kirche, Ransbach-Baumbach

brauchs- und Zierkeramik, Industrie- und Baukeramik sowie die bekannten »Römertöpfe«. So nennt sich Ransbach-Baumbach selbst »Zentrum der Keramik«. Auf dem alljährlichen Töpfermarkt in Ransbach-Baumbach bieten über 130 Aussteller ihre Waren feil.

Das Ortsbild von Ransbach-Baumbach wird wie das von **Ransbach** von den beiden Kirchen beherrscht. Die evangelische Pfarrkirche ist ein barocker Saalbau mit romanischem Westturm. In der Sakristei gibt es eine gotische Sakramentsnische. Die katholische Pfarrkirche St. Markus entstand 1950 in Quadermauerwerk. Ein reich geschnitzter Altaraufsatz, der von der Gemeinde 1770 von den Kapuzinern aus Dierdorf erworben wurde, dient heute als Verkleidung eines Beichtstuhls. Sehenswert an der katholischen Pfarrkirche St. Antonius in **Baumbach** ist der Kreuzweg aus Aluminiumguss-Plastiken der Textil- und Metallkünstlerin Gudrun Müsse-Florin.

2016 eröffnete der Kunstsammler und Mäzen Peter Kaus in Ransbach-Baumbach in einer eigens dafür erworbenen ehemaligen Fabrikhalle sein »Skulpturen- und Miniaturen-Museum«. Hier bietet er eine einzigartige Sammlung von Skulpturen aus Terrakotta, Steingut, Porzellan, Marmor und Bronze mit dem Schwerpunkt auf der Tonverarbeitung an, womit er den besonderen Bezug zur Region herstellt. Dazu gibt es eine ebenso einzigartige Miniaturenausstellung, die geschichtliche Szenen von den Römern, Kelten und Germanen darstellt.

Hohen Freizeitwert hat der östlich vom Stadtgebiet in den 1970er Jahren angelegte **Erlenhofsee**. Um den von Wohnhäusern, Villen und einem Seniorenzentrum gesäumten, 14 m tiefen See führt ein Rundweg. Die aus dem 18. Jh. stammende Erlenhofkapelle gehörte zu dem einstigen Erlenhof. Die Kapelle ist nach wie vor Ziel von Wallfahrten, die von der Feuerwehr organisiert werden.

Erlenhofkapelle, Ransbach-Baumbach

Foto: Hans Otzen

㊲ Breitenau

B reitenau liegt nördlich von Ransbach-Baumbach im Saynbachtal. Der Ort wird erstmals im Jahr 1265 als *Bredenowe*
genannt.

Zunächst unterstand der Ort den Herren von Isenburg und
wurde dann 1664 nach dem Aussterben dieses Geschlechts kurtrierisch bis zum Ende der Feudalzeit. So gab es auch keinen
Wechsel der Religionszugehörigkeit wie in den angrenzenden
Wied'schen Gebieten. Und so blieb die Pfarrkirche St. Georg
katholisch.

Der Sakralbau weist einen imposanten, seitlich in der Mitte
ansetzenden Westturm mit achteckig geknickter Spitzpyramide
auf. Das schlichte klassizistische Kirchenschiff wurde 1809 als
Saalbau vollendet. Im Inneren steht ein prächtiger Beichtstuhl
vom Ende des 17. Jh.

Katholische Kirche, Breitenau

Foto: Hans Otzen

Foto: Wolkenkratzer (Wikimedia Commons 4.0)

Hofgut Adenroth, Breitenau

Wenige Windungen den Saynbach abwärts findet man in einer Schleife zwischen angestauten Seen **Hof Adenroth**. Dieser Hof gehörte dem Kloster Schönstatt. Die heutigen Gebäude stammen aus dem 19. Jh.

In diese Gebäude ist in vorbildlicher Weise die für den Hof 1268 errichtet Kapelle für Wohnzwecke integriert. Die Anlagen gehören seit langem den Fürsten von Wied.

Ganz im Süden von Breitenau, im Quellgebiet eines Baches, der beim Hof Adenroth in den Saynbach mündet, steht das 1883 erbaute **Forsthaus Rembserhof**. In diesem Fachwerkjuwel ist heute eine Keramik-Werkstatt eingerichtet, die sich ganz auf Kachelöfen-Unikate spezialisiert hat.

 Kachelofenwerkstatt Forsthaus Rembserhof: 56235 Ransbach-Baumbach, Tel.: 02623-2648, www.rembserhof.de.

Foto: Hans Otzen

Limesturm, Hillscheid

⮥ Hillscheid

In dem südlich von Höhr-Grenzhausen in waldreicher Umgebung gelegenen Ort sind die ersten Euler, wie die Kannenbäcker hier genannt wurden, seit dem 16. Jh. bekannt. Im Laufe der Zeit ließen sich auch Nachfahren der aus Siegburg und Raeren nach Höhr ausgewanderten Kannenbäcker in Hillscheid nieder. So wurde der Ort zu einem bekannten Krugherstellungsort. Abnehmer waren unter anderem Mineralbrunnen, die ihr Wasser in Krügen aus Hillscheid abfüllten. Aus der frühen Kannenbäckerzeit stammt die Friedhofskapelle, die vormalige Pfarrkirche St. Peter und Paul. Sie wurde im Jahr 1683 errichtet, das verlängerte Kirchenschiff ist mit 1756 datiert.

Auch auf Hillscheider Gebiet haben die Römer Spuren hinterlassen. Auf halbem Weg nach Höhr trennte der Limes das heutige Kannenbäcker Land. Spuren eines Kleinkastells, eines Wachturms und von Mauern wie auch Palisadengräben wurden gefunden. Den Wachturm (Foto auf der Vorseite) rekonstruierte man 150 m von seinem ursprünglichen Standort, der beim Straßenbau entdeckt wurde. Beim Kastell handelt es sich um eine Doppelanlage aus einem größeren Außen- und einem kleineren Innenkastell, das immerhin 15.000 qm bedeckte.

Südlicher Westerwald

Burg Nassau, Nassau / Lahn
(Foto: Johannes Robalotoff, Wikimedia Commons 3.0)

Schloss Montabaur

D er südliche Westerwald öffnet sich als abwechslungsrei che Mittelgebirgslandschaft zum unteren Lahntal hin. Es ist eine Region mit ganz unterschiedlichen Landschaftsbildern, mit Höhen und Senken, Bergrücken und eingeschnittenen Tä- lern – aber vor allem mit langer und interessanter Geschichte, mit vielfältigen Zeugnissen aus Kunst und Kultur. Sein Zentrum bildet die alte kurtrierische Amtsstadt Montabaur.

Montabaurer Höhe

D ie Montabaurer Höhe stellt das landschaftliche Verbin- dungsglied zwischen der Kannenbäcker Hochfläche und der Montabaurer Senke dar. Im Kern besteht dieser bewaldete, 10 bis 15 km lange Höhenzug aus zwei Quarzitzügen. Er glie- dert sich in die eigentliche Montabaurer Höhe im Süden mit der 546 m hohen Alarmstange als höchster Erhebung und den Staatsforst Neuhäusel als nördlichen Höhenzug mit dem 394 m hohen Hölzberg. Dazwischen erstreckt sich die mit Tonen gefüllte Ransbacher Mulde auf einer Höhe von 280 m. Durch den Tonabbau und die daran hängende Kannenbäckerei wird diese Mulde kulturgeografisch dem Kannenbäcker Land zugeordnet.

Vom Rhein her gesehen steigt das Gelände der Montabaurer Höhe stark an, so dass sich hier zusammen mit der südwestlich anwinkelnden Horchheimer Höhe ein Windstau ergibt, der die jährlichen Niederschläge auf bis zu 900 mm im Jahr ansteigen lässt. So ist die Montabaurer Höhe auch ein bedeutendes Quellgebiet. Die Bachoberläufe verlaufen hier noch weitgehend naturnah. Sie entwässern überwiegend zur Lahn und zum Rhein, im Norden auch zur Sayn.

Die ausgedehnten Wälder der Montabaurer Höhe sind hauptsächlich von Fichtenforsten geprägt. Naturnahe Waldbilder gibt es nur inselartig. Solche Bruchwaldinseln findet man beispielsweise am Brexbach, der in seinem Oberlauf zu einer Serie von Fischteichen aufgestaut ist.

Das große Waldareal der Montabaurer Höhe ist weitgehend unbesiedelt. Ortschaften gibt es in der Ransbacher Senke, die aber dem Kannenbäcker Land zugehörig sind, und am Rand der Hochfläche. Viele dieser Orte sind gleichfalls benachbarten Landschaftsräumen zuzuordnen.

Montabaurer Senke

Im Gegensatz zur dünn besiedelten Montabaurer Höhe weist die Montabaurer Senke eine dichte Besiedlung auf. Dies liegt zweifelsohne auch an der klimatisch geschützten Lage im Windschatten der Senke zwischen der Montabaurer Höhe im Westen und den Ausläufern des Oberwesterwaldes im Osten. Sie reicht im Norden bis an Selters heran und im Süden bis Dreikirchen. In der Senke überwiegen Tertiärgesteine und Tone. Tongruben liegen verstreut in der gesamten Senke, die Grundlage für die weit verbreitete Keramikindustrie ist – sozusagen in

Blick über die B 49 bei Neuhäusel zur Montabaurer Höhe

östlicher Fortsetzung des Kannenbäcker Landes. Ihre Schwerpunkte liegen in Wirges und Siershahn.

Die Senke wird überwiegend von Flüssen aus dem Oberwesterwald gespeist. Die Bergrücken zwischen den Flüssen überragen die Talsohlen kaum mehr als 50 m. Allerorten wird die Landschaft von eher flachen Vulkankuppen durchsetzt. Ganz im Gegensatz dazu zeigt sich der 422 m hohe Phonolithkegel des Malbergs als markante Erhebung, ein Felsenmeer mit zahlreichen Spalten, Höhen und Felsstürzen. Das ganze Areal steht seit 1971 unter Naturschutz. Der Waldanteil der Montabaurer Senke nimmt ein Drittel ihrer Fläche ein; ein weiteres Viertel beanspruchen Verkehrs- und Siedlungsflächen. Das Offenland auf den Bergrücken wird überwiegend ackerbaulich genutzt. Grünland herrscht in den Bachniederungen vor. Rund um den Malberg gibt es noch Streuobstbestände. Die Quellgebiete der Bäche sind durch Feuchtwiesen geprägt.

Die dichte Besiedlung der Montabaurer Senke hat ihr Zentrum in der Residenzstadt Montabaur, deren Schloss (vgl. S. 99) die Stadt weit überragt. Die rundum verstreuten Siedlungen neigen als Zuzugsgebiet von Montabaur zur Verdichtung. Insgesamt ist die Landschaft der Montabaurer Senke stark durch Menschenhand geprägt.

Neben der Besiedlung sind es vor allem die Abbauflächen der Tongruben, die Wunden in die Landschaft gerissen haben. Doch ihre Renaturierung hat auch neue Lebensräume geschaffen. Der Abbau machte zusätzlich Eingriffe in die Fließgewässer erforderlich. Insgesamt gesehen hat aber die freie Landschaft ihren Charme und durch stellenweise Kleinräumlichkeit ihren parkartigen Charakter bewahrt.

❸❾ Montabaur

Dort, wo die Via Publica, die mittelalterliche »Altstraße«, den Gelbach quert, genau auf halber Strecke zwischen Koblenz und Limburg, hatte Herzog Hermann von Schwaben seine Burg *Castellum Humbacense,* so benannt nach einem hier herrschenden fränkischen Ritter Huno, errichtet. Unterhalb der Burg bildete sich zum Gelbach hin zu Beginn des 10. Jh. eine Ansiedlung, der der Herzog eine Holzkirche errichtete. Diese übertrug er dem Marienkloster in Koblenz, dem späteren St. Florinsstift, das an dieser Stelle eine steinerne Kirche baute, die im Jahr 959 dem Apostel Petrus und dem hl. Georg geweiht wurde.

Als Kaiser Heinrich II. 1018 dem Trierer Erzbischof Koblenz mit dem dazugehörigen Reichsgut übertrug, kam auch Humbach unter kurtrierische Herrschaft. Die Trierer bauten das herzogliche Kastell zur Trutzburg gegen die hier feindlich gesonnen Grafen von Nassau aus. Als diese 1212 in einer Feldschlacht die Trierer besiegten und Erzbischof Dietrich II. gefan-

Foto: Hans Otzen

Altstadt von Montabaur

gen nahmen, zerstörten sie die Trutzburg. Nachdem Dietrich II.
freigelassen worden war, nahm er an einem Kreuzzug teil. Nach
seiner Rückkehr erinnerte ihn der Humbacher Burgberg an
den Berg *Tabor* im Heiligen Land. Er ließ die zerstörte Burg ab
1217 wieder aufbauen und nannte den Burgberg *Mons Tabor*. Im
Volksmund wurde daraus *Montabur* und heute Montabaur. Seit
seinem Nachfolger Arnold II. von Isenburg nutzten die Trierer
Erzbischöfe Schloss Montabaur häufig als ihre Residenz. Hier
bestand auch das Verwaltungszentrum des Unteren Erzstiftes
Trier, der rechtsrheinischen Besitzungen des Erzbistums Trier.
Dazu war die Burg mit einem Hauptmann und Soldaten besetzt,
auch mit Verwaltungsbeamten, denen der Burggraf vorstand, der
später als Amtmann bezeichnet wurde.

 1291 erhielt Montabaur Stadtrechte. Um diese Zeit war
Montabaur auch schon von einer Mauer mit 13 Toren versehen,
die den Stadtkern unterhalb des Burghügels über den Kleinen

Foto: Hans Otzen

Altstadt von Montabaur

und Großen Markt bis hin zur Pfarrkirche umschloss. Der Neubau der alten Kirche des St. Florinsstift war da schon in vollem Gange, der 1350 fertiggestellt wurde. Seither ist es die Stadtpfarrkirche St. Peter in Ketten. Zum späten Mittelalter hin entwickelte sich Montabaur zu einer wohlhabenden Händlerstadt mit umfangreichem Tuch- und Ledergewerbe. Drei große Stadtbrände der Jahre 1491, 1534 und 1667 bedeuteten mit Unterbrechungen dazwischen das Ende dieser Entwicklung. Die meisten Gebäude der Stadt wie auch der überwiegende Teil der Ummauerung wurden dabei zerstört. Auch der Dreißigjährige Krieg hatte verheerende Auswirkungen. Montabaur erholte sich nur langsam von diesen Ereignissen. Heute zeigt sich die Stadt als ein Mittelzentrum im Westerwald mit einer nachhaltigen Restaurierung des historischen Kerns und einer weit über die Stadt hinaus sichtbaren Burg als ihrem Wahrzeichen.

Das **Schloss von Montabaur** geht auf den Neubau der 1212 von den Nassauern zerstörten Anlage zurück. Der älteste Teil ist der Bergfried aus dem 13. Jh. Ab 1520 begann der Ausbau zum Renaissanceschloss, das durch den Trierer Kurfürsten Johann Hugo von Orsbeck durch seinen Hofbaumeister Johann Christoph Sebastian in den Jahren von 1687 bis 1709 sein heutiges barockes Erscheinungsbild erhielt. Die Innenausstattung ließ Kurfürst Franz Georg von Schönborn Mitte des 18. Jh. anfertigen, die leider weitgehend verloren ist. Heute stellt sich die Burg

Foto: Wilfried Mohr

Neugotisches Rathaus, Montabaur

mit ihrem gelben Anstrich als ein von einer Ringmauer einge-
grenztes Areal mit Vorburg und Hauptburg dar. Die Hauptburg besteht als zweigeschossiges vierflügeliges Schloss, das von
einem fast quadratischen Innenhof umschlossen wird. An den
vier Gebäudeecken ragen jeweils dreigeschossige Rundtürme
empor. Die Innenecken sind mit rechteckig vortretenden Treppentürmen versehen. Die vierte Ecke wird von dem im Kern
erhaltenen mittelalterlichen Hauptturm eingenommen. Zwei
spätmittelalterliche Türme sind zusätzlich an der Nordfront angebracht. Alle Türme tragen glockenförmige Hauben. An der
Südseite ist das Hauptportal mit Quaderpilastern versehen. Der
Brunnen im Innenhof trägt die Jahreszahl 1608. Innerhalb der
Ringmauer bestehen noch weitere Gebäude, so der Zwinger,
der Marstall und die Vorburg. Diese bietet als 1588 errichteter
dreigeschossiger Torbau den Zugang zur Anlage. In nachnapoleonischer Zeit kam Montabaur an das neue Herzogtum

Nassau, dessen Herzöge die Anlage noch lange als Jagdschloss nutzten. Danach gab es wechselnde Besitzer, bis die Anlage von der Deutschen Genossenschaftsbank erworben wurde. Heute betreibt die Akademie Deutsche Genossenschaftsbanken e.V. im Schloss das Schulungszentrum der Raiffeisen- und Volksbanken und ein Hotel.

Von der alten Stadtmauer von Montabaur sind noch Reste erhalten, so an der Judengasse mit dem Schiffchen-Turm, in den Delinquenten kleinerer Vergehen eingekerkert wurden. Hinter der Kirche steht noch der Schwedenturm. Am verbliebenen Stadtmauerstück lädt ein kleiner Park mit dem Fröschbrunnen zum Verweilen ein. Mächtig erhebt sich noch der Wolfsturm in der Grünfläche an der Lahnstraße. Er entstammt der Mitte des 14. Jh. und ist der größte Turm der alten Stadtbefestigung. Um 1630 wurden hier Hexenprozesse abgehalten und die Beschuldigten inhaftiert.

Am Südende der Altstadt erhebt sich die 1350 fertig gestellte Stadtpfarrkirche St. Peter in Ketten. Es ist eine gotische Hallenkirche, erbaut als Emporenbasilika mit Querhaus und Doppelturmfassade. Zwei kleinere Treppentürme sind noch an den Ecken des Querhauses angebracht. Drei Seitenschiffe unterschiedlicher Breite, eines davon im Norden und zwei im Süden, geben dem Bau eine eigenwillige Asymmetrie. Spitzbogenarkaden trennen das siebenjochige kreuzrippengewölbte Mittelschiff von den Seitenschiffen.

Nahebei steht die alte Totenkapelle des früheren Kirchhofs, die in eine Zeile von Fachwerkhäusern eingebaut ist. Sie wurde gegen 1300 errichtet und wird auch Annakapelle genannt. Die Stadtmauer bildet die Außenmauer der Kapelle und der angrenzenden Häuser. Über der Kapelle befand sich die Wohnung des Vikars. In der Gebäudezeile war die Knabenschule untergebracht.

Die Altstadt Montabaurs ist in vielerlei Hinsicht von kulturgeschichtlichem Interesse. Das Rathaus am heutigen Adenauer-

Platz ist ein Symbol für das Streben der Bürger nach Eigen-
ständigkeit gegenüber der kurtrierischen Obrigkeit. Nach der
Zerstörung durch den großen Stadtbrand 1534 entstand es neu.
Im 19. Jh. war es so verfallen, dass es 1866 durch den heutigen
dreigeschossigen neogotischen Backsteinbau ersetzt wurde.

Bemerkenswert ist die Zahl der dreistöckigen verputzten
oder verschieferten Fachwerkhäuser in der Kirchstraße, der
Werbhausgasse, am Rebstock und am Kleinen und Großen
Markt aus dem 17. und 18. Jh. Vielgestaltig sind ihre geschweiften
und geschnitzten Giebel, die das abwechslungsreiche Straßen-
bild der Stadt kennzeichnen. Das kleinste dieser Häuser steht
am Kleiner Markt 1.

Interessant ist vor allem auch das ehemalige Salzlagerhaus
am Großen Markt 16/18 aus dem Jahr 1560, ein dreigeschossiges Eckwohnhaus, teilweise massiv, mit überkragenden Ecktürmchen. Das Fachwerkdoppelhaus Kirchstraße 38/40 ist im
Unterbau massiv und mit 1686 bezeichnet. Das Fachwerkhaus
Kirchstraße 44/46 ist ebenfalls ein Doppelhaus und fällt durch
seine Giebelgestaltung auf. Gleichfalls ansehnlich mit Mittel-
giebel ist das Fachwerkdoppelhaus in der Kirchstraße 50/52 auf
steinernem Erdgeschoss. Stumpfwinklig geknickt ist das ehemalige jüdische Fachwerk-Bethaus aus dem 18. Jh. am Vorderen
Rebstock 26.

Nicht zuletzt sei noch das Fachwerkhaus Vorderer Rebstock
33 genannt, das durch seine Bauweise als Haus mit Querhaus
auffällt.

 Tourist-Information Verbandsgemeinde Montabaur: 56410
Montabaur, Großer Markt 12, Tel.: 02602-9502780, www.
montabaur.de • **Akademie Deutscher Genossenschaften
ADG**: Schloss Montabaur, 56410 Montabaur, Tel.: 02602.14–
0, www.adgonline.de • **Hotel Schloss Montabaur**, Schloss
Montabaur, 56410 Montabaur, Tel.: 02602-14300, www.ho-
tel-schloss-montabaur.de, mit Veranstaltungs-Gastronomie.

I m Übergang zum Oberwesterwald lässt sich ostwärts von Montabaur eine Reihe interessanter Punkte aufsuchen. Nahebei findet man in **Heiligenroth** noch einige Fachwerkhäuser aus dem 18. Jh. Die Pfarrkirche des 1211 erstmals erwähnten Orts weist noch einen romanischen Westturm auf. 1781 stürzte das Kirchenschiff ein, so dass es drei Jahre später erneuert werden musste. 1933 kam ein Seitenschiff als moderner Anbau hinzu. Aus der Barockzeit stammt die Inneneinrichtung mit Altären, Beichtstuhl, Empore und das Gestühl. Wertvoll ist das kleine Vesperbild, eine schlichte Arbeit aus dem 15. Jh.

In **Großholbach** war das Adelsgeschlecht der Ritter von Holenbach bis etwa 1400 ansässig. 1564 kam Großholbach an Kurtrier. Durch die Vereinigung der Kirchengemeinde mit Kleinholbach und Girod wurde 1738 eine neue Kirche als Saalbau errichtet. Die Kirche wurde im Laufe der Zeit durch Verschiebung des Chors nach Osten und durch querhausartige Anbauten erweitert. Auf dem Dach thront ein Dachreiter mit Haube und spitzem Helm. Sehenswert ist der Hochaltar mit kunstvoll geschnitzten Figuren. Diese Arbeit stammt aus der Hadamarer Bildhauerschule, die in der Barockzeit überregionale Bedeutung fand. An der Kirche steht ein auffälliges Fachwerkhaus aus dem 18. Jh. teilweise verputzt, mit Fachwerknebengebäuden aus der gleichen Zeit. Das Pfarrhaus an der Kirche ist ein verputzter Krüppelwalmdachbau aus Fachwerk von 1800. Nach der Zusammenlegung der Pfarreien verblieb für Kleinholbach nur eine kleine, 1771 errichtete Kapelle. Auch hier entstammt die Innenausstattung der Hadamarer Bildhauerschule.

Die Orte **Ruppach** und **Goldhausen**, deren Entstehung auf die Zeit um 1000 zurückgeht, wuchsen im Lauf des 19. Jh. zusammen, so dass sie heute eine gemeinsame Gemeinde bilden. In der katholischen Kirche von **Ruppach** befindet sich eine Muttergottes-Figur aus dem 17. Jh. Für Goldhausen ist eine Mühle

Foto: Public Domain

Hofgut Langwiesen (nach Ferdinand Luthmer; vor 1910)

am Ahrbach seit 1525 belegt. Das heutige Mühlengebäude steht auf einem Bruchstein-Untergeschoss mit Fachwerkaufbau aus den Jahren 1721 bzw. 1788. Das Mühlrad ist defekt, die Mühlentechnik noch vorhanden.

In Ruppach-Goldhausen befindet man sich schon im Süden des Zentrums des Tonabbaus in der Montabaurer Senke. Der Ort wird von drei Tongruben umgeben. Dazwischen liegt das **Hofgut Langwiesen**, eine ehemalige Wasserburg aus dem 16. Jh. 1608 entstand der rechteckige Bau, dessen Ecken von mächtigen Rundtürmen flankiert werden. Das Fachwerkobergeschoss ist verputzt und verschiefert. Scheune und Stallungen stammen aus dem Jahr 1750. 1837 erwarb Carl Wilderich Graf von Walderdorff, der spätere Staatsminister des Herzogtums Nassau, das gesamte Hofgut Langwiesen, hauptsächlich wegen der Tonvorkommen auf dem Grundstück. Er ließ die Wassergräben des Schlosses zuschütten. Die Anlage befindet sich heute

St. Laurentius, Dernbach

in renovierungsbedürftigem Zustand. Die Tongrube auf dem Gelände firmiert immer noch unter dem Namen Walderdorff'sche Tongruben & Herz GmbH & Co.

Im Norden der Montabaurer Senke

Der Norden der Montabaurer Senke ist stark vom Tonabbau und der Tonverarbeitung in der Keramikindustrie geprägt. An die 20 Tongruben werden noch betrieben. Insgesamt gab es 32 Schächte, denn der Ton wird auch untertage abgebaut. Die Schwerpunkte des Abbaus liegen bei Wirges und Siershahn. Einige stillgelegte Tongruben sind schon renaturiert worden. Der Silbersee südlich von Siershahn ist ein Zeugnis dieser Bemühungen, die der Natur beigebrachten Wunden wieder zu heilen.

⓵ Dernbach

Die Rundtour durch den Norden der Montabaurer Senke beginnt im kleinen Residenzort Dernbach. Die Ritter von Derenbach waren Ministeriale der Herren von Isenburg und Sayn sowie Lehensnehmer der Trierer Bischöfe. Als Ältester seines Geschlechts wurde 1213 Gerardo de Derenbach genannt, der seine Stammburg um 1200 am Rand des heutigen Ortes Dernbach als Wasserburg errichtet hatte. Diese ging nach dem

Foto: Hans Otzen

Burg Dernbach

Aussterben derer von Dernbach in wechselnde Hände über. 1746 fiel sie als Lehen an den Kurfürsten von Trier. Nach der Säkularisation eignete sich bis 1866 das neue Herzogtum Nassau die Burg an. In dieser Zeit wurden grundlegende Veränderungen an der Burg vorgenommen, und sie wurde in einen landwirtschaftlichen Vierkantgutshof umgewandelt, der heute wegen seiner Bauweise unter Denkmalschutz steht. Von der alten Burg sind nur noch Reste zweier Ecktürme erhalten.

Die Kapelle am Heilborn auf dem Weg zum Nachbarort **Elgendorf** war eine Stiftung der Burgherren. Der Chor des kleinen Saalbaus mit 5/8-Apsis stammt von 1692, das Kirchenschiff von 1875. Das Zentrum des Ortes wird von der 1901 fertiggestellten Pfarrkirche St. Laurentius und den Bauten des Klosters Maria Hilf geprägt. Das Kloster geht auf die Ordensgründung der hier geborenen und heiliggesprochenen Maria Katharina Kasper (1820–1898) der »Armen Dienstmägde Jesu Christi« zurück.

④ Rund um den Malberg

Der Malberg liegt geografisch im Zentrum der Montabaurer Senke. Er ist mit 422 m Höhe auch gleichzeitig ihre höchste Erhebung. Entstanden ist seine vulkanische Kuppe vor 18 bis 25 Mio. Jahren. Schon von den Kelten wurde er kultisch genutzt. Hier fanden sich die Reste von drei Ringwällen ihrer Kulturepoche. Ab 100 v. Chr. gabe es eine germanische Besiedlung. In vormittelalterlicher Zeit wurde die Kuppe als Opferstätte und Thingplatz genutzt. Die phonolithische Lava der Vulkankuppe fand Verwendung in der Glasindustrie. Frühere Abbauspuren sind noch am Westhang erkennbar. Seit 1892 steht östlich des Gipfels die kleine Malbergkapelle.

Die Orte im Zentrum des Tonabbaus sind stark industriell geprägt. In **Wirges** ist dies auch die Glasindustrie. Der Ort geht auf einen Königshof zurück, der Anfang des 13. Jh. als kurtrierischer Fronhof aufgeführt wurde. Ein Ritter *Conradus de Widergis* war hier ansässig, der zur Burgmannschaft von Montabaur gehörte. Die neugotische Ortspfarrkirche St. Bonifatius von Wirges steht im Zentrum der Stadt und wird wegen ihres mächtigen und hohen Turms auch als »Westerwälder Dom« bezeichnet.

In **Siershahn** bestand seit dem Eisenbahnbau ein Verkehrsknotenpunkt für den Abtransport des Tons und der Ton-Erzeugnisse. Für die Brexbachtalbahn (1884–1989) gibt es inzwischen einen Freundeskreis, wie auch bei den Tagesanlagen des Tonbergwerks »Gute Hoffnung«, das 1961 abgeteuft und 1980 stillgelegt wurde. Hier hat ein Freundeskreis dafür gesorgt, dass die Anlagen der Grube mit Fördermaschinenhaus, Schachthalle, Fördergerüst, Tonbühne mit Hängebank und Tonbunker eine neue museale Verwendung fanden.

Tonbergbauverein Westerwald: 56427 Siershahn, Poststraße 39–41, Tel.: 02623.951363, www.tonbergbaumuseum.de, geöffnet April bis Nov. Mi nachmittags.

Die Brexbachtalbahn

Fast 22 km lang ist die Eisenbahntrasse, die von Engers am Rhein durch das Brexbachtal nach Siershahn führt. Dazu muss sie einen Höhenunterschied von 230 m bewältigen. 36 Brücken, sieben Tunnel und mehrere Dämme mussten dafür angelegt werden. Im Laufe der Zeit nach dem Zweiten Weltkrieg wurde der Straßenverkehr immer attraktiver als der Bahnverkehr. So musste 1989 die Personenbeförderung auf der Strecke eingestellt werden. 1994 folgte die weitgehende Einstellung des Güterverkehrs. Die Strecke wurde bis 2001 nochmals als Zubringer für die Schnellbahntrasse Köln-Frankfurt aktiviert. Dann folgte 2004 die endgültige Stilllegung. Um einem Abbau der Trasse zuvorzukommen, gründete sich 2007 in Bendorf der »Verein Brexbachtalbahn e.V.« mit dem Ziel, die Bahn für den Tourismus wieder in Betrieb zu nehmen. Dies gelang ab Februar 2009. Am 30. Mai 2009 und den folgenden Tagen befuhr ein Dampfzug die Teilstrecke Siershahn-Grenzau. Ab 2010 folgten touristische Zugfahrten. 2013 lief die Betriebsgenehmigung allerdings aus, die aber dann 2019 für die Abschnitte Grenzau–Höhr-Grenzhausen und Grenzau–Siershahn für 25 Jahre erteilt wurde. Danach folgte die Genehmigung für den Abschnitt Engers–Sayn.

Foto: A. Savin (Wikimedia Commons 3.0)

Dorfmuseum, Helferskirchen

Ganz im Norden der Rundreise durch das Malberger Land gelangt man nach **Helferskirchen**, nahe am Kleinen Saynbach gelegen. Die Ursprünge des Orts gehen auf das frühe Mittelalter zurück.

Im Jahr 939 tauchte der Ortsname *Helperich/Helperici* in einer Urkunde auf. 959 ging es in einer weiteren Urkunde um die Grenze des Besitztums der Freigrafen Helperich. Die Grafen errichteten 1222 einen Wehrturm, an den eine erste hölzerne Kirche angebaut wurde, die als Kirche von *Helperskirchen* Erwähnung fand. Nachdem diese Kirche abgebrannt war, stiftete die Familie von Steinebach 1311 eine neue hölzerne Kirche. Auch diese brannte ab.

1769 erfolgte der Neubau der heute noch bestehenden Saalkirche an dem romanischen Westturm, der einen spätgotischen Aufbau und einen achteckigen Spitzhelm trägt. Die noch erhaltene barocke Ausstattung aus einem kunstvollen Hochaltaraufsatz, zwei Seitenaltären, der Kanzel, der Orgel und Gemälden macht sie zu einer der schönsten Barockkirchen des Westerwaldes. Hinzu kommt, das man 1947 die Rocaillemalereien entdeckte und nach dem vorgefundenen Befund erneuerte, so dass sie wieder in originaler Farbfassung zu betrachten sind.

Helferskirchen weist zusätzlich noch einige bemerkenswerte Fachwerkhäuser auf. In einem dieser Häuser mit steinernem Erdgeschoss aus dem 17. Jh. befindet sich das Dorfmuseum. Hier werden Gegenstände und Werkzeuge aus früherer Zeit, wie man

Foto: Hans Otzen

Wehrkirche, Pütschbach (Kapelle St. Antonius Abbas und Barbara)

sie im Haushalt, aber auch in der Landwirtschaft benutzte, präsentiert.

Am östlichen Ende der Montabaurer Senke liegt **Dreikirchen**, zusammengesetzt aus den Ortsteilen Pütschbach und Oberhausen. In Pütschbach steht eine bemerkenswerte kleine Wehrkirche. Ihr Entstehungszeitraum ist die zweite Hälfte des 13. Jh. Dem frühgotischen Kirchenschiff ist ein schmalerer Chor angefügt, der in einem unregelmäßigen Achteck als Turm hochgeführt wird. Die Fensternischen im Chor sind stumpf spitzbogig, die Fenster im Schiff wurden 1866 in ihre jetzige Form vergrößert. Von Interesse ist auch die Fachwerk-Hofanlage in der Hauptstraße, die um 1700 entstand. Nach der Renovierung wird sie als Wohnhaus genutzt.

⓸ Steinefrenzer Platte

D ie Steinefrenzer Platte gehört landschaftsgeografisch noch der Montabaurer Senke an und bildet ihren östlichen Übergang zum Oberwesterwälder Kuppenland. Ihr Plateau ist von vielen kleinen Basaltkuppen gekennzeichnet, die wie Maulwurfshügel im Gelände zu finden sind. Auch hier gibt es noch eine Reihe von Tongruben.

Es überwiegt die landwirtschaftliche Nutzung; entsprechend kleiner fallen die Waldstücke aus. Entwässert wird das Gelände weitgehend vom Eisenbach, der noch naturnahe Röhrichte und Seggenflächen bildet und in den Gelbach mündet. Ein Teil entwässert auch über den Ahrbach. Hauptorte sind Meudt, Steinefrenz und Weroth.

Meudt war im 11. Jh. eine Grundherrschaft im Lahngau, die 1097 dem Stift St. Georg in Limburg übereignet wurde. Die Gerichtshoheit ging im 13. Jh. an die Grafen von Diez über, von diesen an die Isenburger als trierisches Lehen und war ab 1564 ganz kurtrierisch bis zum Ende der Feudalzeit.

Das Rathaus des Orts stammt aus der frühen rein trierischen Zeit und ist mit der Jahreszahl 1596 versehen. Es gilt als das älteste erhaltene Rathaus des Westerwaldes. Unübersehbar ist seine mit einem geschweiften Zwerchhaus versehene Dachkonstruktion. Heute beherbergt das Haus ein Restaurant. Die Ortspfarrkirche weist noch ihren alten romanischen Turm auf. Ihr Kirchenschiff wurde 1910 erneuert. Wertvoll ist die Innenausstattung. Dazu gehören barocke Bildwerke und ein Vesperbild aus dem 18. Jh.

Südöstlich liegt **Berod**, auch Teil der Verbandsgemeinde Wallmerod. In Berod ist die Pfarrkirche St. Aegidius von kul-

Hedy's Rathausstuben: 56414 Meudt, Gangolfusstraße 2, Tel.: 06435-5480410, www.hedys-rathausstuben.de, geöffnet Fr–So.

Rathaus, Moudt

turhistorischem Interesse. Sie wurde ursprünglich Ende des 12. Jh. errichtet. Ihr Turm stammt noch aus dieser Zeit. Eine barocke Vergrößerung erfolgte 1729 mit dreiseitig geschlossenem Chor. Kurz vor der Wende zum 20. Jh. wurde die Kirche durch ein südlich quergelegtes Schiff in neuromanischen Formen mit Chor erweitert.

Zu der beachtenswerten Innenausstattung zählen die barocke Kanzel, der Hochaltar mit Gemälde, weitere Gemälde an den Seitenaltären und eine fast lebensgroße Figur der hl. Katharina aus dem 15. Jh. Aber am bedeutendsten sind die Skulpturen der Hadamarer Schule, die hl. Johanna und den hl. Joseph darstellend.

Wallmerod selbst ist ein geschichtsträchtiger Ort. In Wallmerode trafen sich am 4. Februar 1276 die Erzbischöfe von Trier und Köln, Graf Gerhard von Diez, Heinrich von Sponheim und Diether von Molsberg, um die schwelende Auseinander-

Foto: Wilfried Mohr

Schloss Molsberg

setzung zwischen den Herren von Molsberg und dem Kloster Marienstatt zu beschwichtigen. Sehr viel später erlangte Wallmerod als Verwaltungsort Bedeutung – hierher war nämlich 1831 der Amtssitz der vormaligen Verbandsgemeinde Meudt verlegt worden.

Damals entstand das rechteckige Ortszentrum neu, umstanden von der Forstverwaltung, der Amtsverwaltung, dem Gefängnis und der Post. Doch von Interesse sind auch Bauten aus früheren Zeiten, so vor allem das spätgotische Haus mit Fachwerkobergeschoss und Treppenturm aus dem 16. Jh. und einigen Fachwerkhofanlagen aus den Folgejahrhunderten.

In der Zeit der Salierkaiser entstand in **Molsberg** eine 1116 erstmals erwähnte Reichsburg zur Sicherung der Köln-Frankfurter Straße. Hier hatte das edelfreie Geschlecht der Herren von Molsberg seinen Sitz. 1365 erwarb das Kurfürstentum Trier die Burg und Herrschaft Molsberg.

Foto: Karsten Ratzke (Wikimedia Commons 1.0)

Hauptstraße, Molsberg

Seit 1567 war Molsberg als kurtrierische Unterherrschaft im Besitz der Freiherren von Walderdorff, die 1767 zu Grafen erhoben wurden. Johann IX. Philipp von Walderdorff begann als Kurfürst von Trier anstelle der 1760 abgerissenen Burg Molsberg einen Schlossneubau, der aber 1768 nach seinem Tod nicht zu Ende geführt wurde. Entstanden sind ein Teil vom Mittelbau, ein Seitenflügel sowie das Ehrenhofgitter mit zwei Wachhäusern. Eingefasst ist die Anlage von einem englischen Landschaftsgarten, der inzwischen durch die Schlossherren wieder hergerichtet wird.

Am Kopf des Seitenflügels befindet sich die Kapelle mit Rokokostuckdecke und geschwungener dreiseitiger Empore. Die zum Schloss führende Lindenallee steht inzwischen unter Naturschutz. Im Ort selbst findet man noch einige sehenswerte Fachwerkhäuser, so ein Haus mit fränkischem Erker, das 1668 für den Schultheißen errichtet wurde.

Naturschutzstation Molsberg

Die 1992 von Dr. Liselott Masgeik in Molsberg im Westerwaldkreis gegründete »Will und Liselott Masgeik-Stiftung für Natur- und Landschaftsschutz« hat ihren Sitz in der von ihr geschaffenen Naturschutzstation Molsberg. Der zentrale Zweck der Masgeik-Stiftung ist die Förderung von Natur- und Landschaftsschutz im Westerwald durch Erhalt und Pflege des Lebensraums der einheimischen Fauna und Flora. Dazu führt die Stiftung wissenschaftliche Forschungs-, Lehr- und Betreuungsprojekte im Natur- und Artenschutz durch. Die Stiftung verfügt über 18 ha eigene Flächen, die sie im Sinn des Natur- und Landschaftsschutzes bewirtschaftet und pflegt. Ihr Herzstück bildet das 14,7 ha große Naturschutzgebiet »Hartenberg/Steincheswiese«. Es besteht aus einem größeren Schutzgebietsteil »Hartenberg«, der zwischen den Ortschaften Wallmerod und Molsberg verortet ist, und dem kleineren Gebietsteil »Steincheswiese«, der sich östlich von Molsberg unmittelbar an der rheinland-pfälzisch-hessischen Grenze befindet. Im Schutzgebietsteil »Hartenberg« wechseln sich Hecken, Streuobstbestände sowie Eichen-Hainbuchenwälder mit nährstoffreichen Feucht- und Glatthaferwiesen ab. Ein großer Teil dieses Schutzgebietsteiles ist durch einen naturnahen Landschaftspark gestaltet, in dem sich verschiedene heimische und nicht-heimische Baum- und Straucharten zu einem stufenartigen Mosaik zusammenfügen. Der Schutzgebietsteil »Steincheswiese« liegt im Offenland und ist durch magere Feuchtwiesen, linienartige Heckensäume, ein Stillgewässer und artenreiche Hochstaudenfluren geprägt.

Im Aufgabenbereich »Öffentlichkeitsarbeit und Umweltpädagogik« bietet die Masgeik-Stiftung Vorträge und Freilandexkursionen für Vereine, Schulklassen und Kinder-

Tagpfauenauge

gartengruppen an. Sie richtet jedes Jahr zahlreiche umwelt-
pädagogische Veranstaltungen für naturinteressierte Teilneh-
mer aus. Darüber hinaus ist die Stiftung Ansprechpartner in
Natur- und Umweltfragen und arbeitet mit den etablierten
Organisationen des Natur- und Landschaftsschutzes ebenso
wie mit den dafür zuständigen Behörden zusammen.

Im Aufgabenbereich »Fortbildung« führt die Stiftung
ganzjährig Lehrveranstaltungen für Multiplikatoren für die
Bereiche Sachkunde- bzw. naturwissenschaftlichen Unter-
richt und Umweltpädagogik sowie generell zu naturschutz-
fachlichen Themen durch.

Im Bereich der wissenschaftlichen Projekte werden im
stiftungseigenen Naturschutzgebiet »Hartenberg/Steinches-
wiese« die Bestandsentwicklungen von Blütenpflanzen, Libellen, Heuschrecken, Tagfaltern, Reptilien und Vögeln in
einem langjährigen Monitoring dokumentiert. Mit Hilfe

dieser kontinuierlichen Erfassungsarbeit über mehrere Jahre hinweg können durch die Stiftungsarbeit langfristige Veränderungen in den Artenzusammensetzungen der erfassten Tier- und Pflanzengruppen festgestellt werden. Darüber hinaus führt die Stiftung verschiedene wissenschaftliche Erfassungen im gesamten geographischen Westerwald durch. Die Stiftung betreut Studienarbeiten, in denen die Studenten neben dem Einblick in die praktische Naturschutzarbeit ein eigenständiges Erfassungsprojekt durchführen und umsetzen.

Ein großes Anliegen der Stiftung ist es, ihre wissenschaftlich erarbeiteten Erkenntnisse in konkrete Natur- und Artenschutzmaßnahmen umzusetzen. Hier engagiert sich die Stiftung seit langem in der Pflege und Neuanlage von Streuobstwiesen, begründet und renaturiert Stillgewässer und engagiert sich in der traditionellen Bewirtschaftung von Wiesenlebensräumen. Darüber hinaus leistet die Stiftung durch die Pflege des stiftungseigenen Naturschutzgebietes einen dauerhaften Beitrag im Arten- und Lebensraumschutz in diesem Gebiet.

Die Masgeik-Stiftung versteht sich als Partner für die im Westerwald aktiven Naturschutzorganisationen und Behörden des Naturschutzes. Die Stiftung möchte ergänzen und nicht ersetzen, und so arbeitet sie in vielen der wissenschaftlichen Erfassungsprojekte als Kooperationspartner eng mit wissenschaftlichen Forschungseinrichtungen und den Naturschutzorganisationen wie NABU, BUND und GNOR etc. zusammen.

Philipp Schiefenhövel

Naturschutzstation der Will u. Liselott Masgeik-Stiftung für Natur- und Landschaftsschutz: 56414 Molsberg, Am Hartenberg 1, www.masgeik-stiftung.de, Tel.: 06435-1368. Ansprechpartner: Dipl.-Biol. Philipp Schiefenhövel.

Foto: Hans Otzen

Dorfidylle in Bilkheim

Kaum 500 Einwohner zählt der Ort **Bilkheim**, nahe Mols-
berg in einer sich nach Süden öffnenden Talsenkung gelegen.
In seiner Gemarkung »Auf der Heide« ergrub man am kleinen
Schafbach, der im Ort entspringt, 2.500 Jahre alte Urengrä-
ber aus der Zeit der Hallstattkultur. Die Endung *-heim* lässt auf
eine Besiedlung in der Frankenzeit schließen. 1664 erbauten die
Herren von Brambach am Ortsrand ein Wasserschloss als ein-
ziges seiner Art im Westerwald. Es wurde 1682 von Wilhelm
Reinhard Freiherr von Walderdorff übernommen – es sollte dem
Adelsgeschlecht als Witwensitz dienen. Es ist ein fast quadratischer zweistöckiger Bau unter Mansarddach, dessen eine Ecke
später turmartig um zwei Geschosse erhöht wurde. Der heute
idyllisch von hohen Bäumen gesäumte Herrensitz befindet sich
weiterhin im Besitz der Familie Walderdorff.

Von Interesse in Bilkheim ist auch noch das 1684 erbaute
Fachwerkhaus mit seinen gut erhaltenen Wandverzierungen als

letztes noch erhaltenes Zeugnis des alten Dorfmittelpunktes, den einst viele Fachwerkhäuser und Scheunen zierten. Darin ist heute ein Museum als »Lernort Historischen Wohnraums« eingerichtet. Ziel des Museums ist es, die Besucher und vor allem Kinder anzuregen, durch praktisches Tun etwas über das Leben ihrer Ahnen zu erfahren – frei nach dem Motto: Wer kann noch buttern oder dengeln?

 Lernort Historischer Wohnraum: 56414 Bilkheim, St. Barbarastraße 5, www.lernort-historischer-wohnraum.de, geöffnet nach Vereinbarung.

Steinefrenz, nach dem die gesamte Landschaftsregion benannt ist, hat kaum 1.000 Einwohner. Zu sehen sind im Ort einige Fachwerkhäuser. Die neuromanische Ortspfarrkirche stammt aus dem Jahr 1914. Sie birgt einige sehenswerte Schnitzfiguren. Die Friedhofskapelle stammt aus dem Jahr 1746.

Östlich von Steinefrenz liegt **Weroth**. Unter den Fachwerkhäusern des Orts ist der teilweise massive Dreiseithof aus der ersten Hälfte des 18. Jh. mit seinen Fachwerk-Wirtschaftsgebäuden aus dem Jahr 1860 zu nennen. Die Ortskapelle St. Sebastian ist ein kleiner neugotischer Saalbau mit Dachreiter von 1860.

Ganz im Süden der Landschaftsregion wurde *Hundeszagel* 1096 als Besitz der Herren von Katzenelnbogen genannt. Im 13. Jh. übernahmen die Grafen von Diez die Herrschaft, die mit der Teilung der Grafschaft an das kurtrierische Amt Montabaur überging. Schon unter den Grafen bildete **Hundsangen** den Mittelpunkt eines größeren Kirchspiels. Von entsprechender Bedeutung war die Ortspfarrkirche, die dem Schutzpatron Goar, dem Heiligen vom Mittelrhein, der Heimat der Herren von Katzenelnbogen, geweiht ist. Von der Ursprungskirche ist der Westturm erhalten. Das vierjochige Schiff entstand in den Jahren 1722–26, Chor und Querhaus 1966. Von der Innenausstattung findet man noch Bildwerke der Hadamarer Schule vor.

Südwesterwälder Höhenrücken

Die Südwesterwälder Hochflächen erstrecken sich nördlich des unteren Lahntals. Von West nach Ost sind dies die Horchheimer Höhe, die Hochfläche von Welschneudorf und die Eppenröder Hochflächen. Unterbrochen werden die Hochflächen vom Emsbachtal und vom Gelbachtal.

Die **Horchheimer Höhe** erstreckt sich auf Höhen zwischen 350 bis 390 m als schmaler Rücken südwestwärts zum Rhein hin. Leichte Wellungen im Rücken wurden durch Bachquellmulden verursacht. Im Übergang zur Rheinterrasse haben diese Bäche Kerben eingeschnitten, wie dies etwa beim Mühlenbachtal der Fall ist. Der Rücken ist überwiegend bewaldet, unterbrochen von einigen Rodungsinseln, einem Militärgelände und von Grünland. Magerwiesen bestehen an den Waldrändern. Durch die Nähe zu Koblenz sind die Ortschaften teilweise zusammengewachsen.

Östlich schließt sich das **Emsbachtal** an. Der Bach entspringt auf der Montabaurer Höhe, richtet sich in einem tief und steil eingeschnittenen Tal südwärts und mündet bei Bad Ems in die Lahn. Die Talebene wird als Grünland genutzt. Die Hänge sind mit Laubholz bedeckt. Stollen und Abraumhalden zeugen von der bergbaulichen Geschichte des Tals, das von der Sporkenburg südlich von Eitelborn überwacht wurde.

Die sich weiter östlich anschließende **Hochfläche von Welschneudorf** zeigt sich in ihrem oberen Teil mit ihren Bachursprungsmulden ähnlich wie die Horchheimer Höhe. Weiter zur Lahn hin spülten die Bäche gewundene Kerben in das Gelände. Spuren des Limes sind auch hier noch zu finden.

Im Gegensatz zum Emsbachtal weist das sich anschließende **Gelbachtal** einen bis zu 200 m tiefen Einschnitt in das umgebende Gelände und eine breitere Sohle mit steilen Hängen auf. Erst im Unterlauf verengt sich das Tal wieder. Der Bereich des Oberlaufs wird eher landwirtschaftlich genutzt, die Ränder des

Unterlaufs sind bewaldet. Der Talgrund wird von Wiesen eingenommen. Auch hier hat es bergbauliche Aktivitäten gegeben.
Die Südwesterwälder Hochflächen werden ostwärts durch
das Limburger Becken begrenzt. Hier neigen sich die nur sanft
gewellten Höhen der **Eppenroder Hochflächen** von 300 auf
200 m herunter.

⓺ Horchheimer Höhe

Die Horchheimer Höhe ist ein etwa 11 km langer und 3 km
breiter Quarzitrücken, der sich entsprechend der Ausrichtung des Schiefergebirges von der Lahnmündung in den
Rhein nordostwärts erstreckt. Der Rücken ist durch mehrere
Mulden aus Bachquellen nur leicht gewellt.

Der im Norden der Höhe gelegene Ort **Neuhäusel** entwickelte sich aufgrund seiner Lage zwischen Lahn und Rhein
aus einer Raststation für Fuhrleute, worauf auch der 1675 genannte *Wirt beym Creutz* hinweist. In der katholischen Pfarrkirche St. Anna befindet sich ein bedeutender, 1674 vom Bildhauer
Johann Heinrich Neuß geschaffener Altaraufsatz aus Marmor,
der aus der Festungskirche des nahe gelegenen Ehrenbreitstein
stammt.

Neuhäusel und das nahe gelegene **Eitelborn** sind Zeugen
der kurtrierischen Machtausdehnung über den Rhein hinaus.
Hier gelangten die Herren von Helfenstein als kurtrierische Ministeriale in den Besitz des Hofes *Denzinrode*. 1310 baute Heinrich II. von Helfenstein für die Trierer zum Schutz der Emser
Silberminen hoch über dem Emsbachtal die **Sporkenburg** auf
den Resten einer zuvor von den Herren von Lahnstein und Andernach errichteten und später vom Grafen von Nassau als Vogt
von Trier zerstörten Burg. Heinrich II. von Helfenstein trug die
Sporkenburg dann dem Erzstift Trier zu Lehen auf. Die Sporkenburg ist baugeschichtlich von großem Interesse. Denn statt

Foto: Wolkenkratzer (Wikimedia Commons 3.0)

Sporkenburg bei Eitelborn

eines Bergfrieds schützte eine stumpfwinklige Schildmauer die fast fünfeckige Kernburg. Die fünf Eckpunkte wurden zudem nach französischem Vorbild mit kleinen Ecktürmen (»Tourellen«) verstärkt. Doch hielt sie trotzdem französischen Truppen im Dreißigjährigen Krieg nicht stand. Seither ist sie als malerische Ruine verblieben.

Je weiter man sich südwestlich auf der Höhe in Richtung Rhein bewegt, desto näher kommt man an die städtische Agglomeration von Koblenz und in das militärische Einzugsgebiet von Ehrenbreitstein. Auch in **Arenberg** waren die Helfensteiner aktiv. Hier errichtete Heinrich II. von Helfenstein die Burg Mühlenbach, die mit dem Hauptsitz der Burg Helfenstein unter der kurtrierischen Burg Ehrenbreitstein und der Sporkenburg später sogar eine kleine reichsunmittelbare Herrschaft bildete. Auch die Burg Mühlenbach wurde im Dreißigjährigen Krieg zerstört, danach wieder aufgebaut und 1692 während des Pfälzischen Erbfolgekriegs endgültig durch französische Truppen zerstört. Erhalten ist der fünfstöckige Hauptturm, der offensichtlich einmal als Wohnturm gedient hat und bis ins 20. Jh. als Getreidespeicher genutzt wurde.

In **Arenberg** steht das Mutterhaus der Arenberger Dominikanerinnen. Mit dem Bau der Klosteranlagen wurde zu Beginn der zweiten Hälfte des 19. Jh. begonnen. Heute ist das Kloster ein Ort der Einkehr mit Bildungs- und Erholungsangeboten. Der Westteil der Anlage wird von einem Park mit Kräutergarten eingenommen.

Der Koblenzer Ortsteil **Arzheim**, am Westrand der Horchheimer Höhe gelegen, befindet sich schon im Außenbereich der Ehrenbreitsteiner Festungsanlagen. Die meisten davon wurden 1927 geschleift, nur ein Rest der Arzheimer Außenschanze ist verblieben.

Südlich von Arzheim breitet sich der Standortübungsplatz **Schmidtenhöhe** aus, der für die auf dem Ehrenbreitstein stationierten Soldaten als Übungsplatz diente. Teile der Fläche stehen heute unter Naturschutz, seit 1992 das Panzerbataillon aufgelöst wurde. Die von den Panzern hinterlassene vegetationsarme Landschaft hat im Lauf der Zeit einer speziellen Lebensgemeinschaft seltenerer Pflanzen und Tiere Rückzugsräume geboten. So entwickelte sich hier eine halboffene Landschaft, deren Verbuschung vermieden werden soll. Dazu setzt man Konikpferde und Taurusrinder ein, die die Flächen frei grasen und durch ihr Gewicht Pfützen in den Panzerspuren und Gewässerränder im Gelände als Biotop für Amphibien und Insekten erhalten. Hier besteht ein Jagdrevier für Fledermäuse, Lebensraum für Vögel wie den Raubwürger und die Feldlerche, für Gelbbauchunken und Wechselkröten, für Libellen und Schmetterlinge und für Pflanzen wie etwa Orchideen.

 https://rlp.nabu.de/natur-und-landschaft/beweidungsprojekte/schmidtenhoehe/index.html.

Taurusrinder und Konikpferde auf der Schmidtenhöhe

Die urtümlichen Taurusrinder und die wilden Konikpferde leisten das ganze Jahr über ihre Arbeit auf der Schmidtenhöhe als Landschaftspfleger für den Naturschutz. Obwohl sie frei in der Natur leben, bedarf es doch der Obhut für diese Tiere, was der NABU Rheinland-Pfalz übernommen hat. Der Elektrozaun, der die Tiere in ihrem Gelände hält, muss laufend überprüft werden. Impfungen sind trotz der freien Haltung alljährlich durchzuführen. Heu ist als Notfütterung im Winter zu lagern. Der Bestand muss mit 50 Rindern und 15 Pferden konstant gehalten werden.

Taurusrinder sind eine Rückzüchtung aus dem Heckrind mit südeuropäischen Rinderrassen, um so eine größere Ähnlichkeit mit dem ausgerotteten Auerochsen herbeizuführen. Der größte Bestand lebt heute im Naturschutzgebiet der Lippeauen, die sich in den Kreisen Soest und Warendorf erstrecken.

Ob es sich bei Konikpferden um Nachkommen echter osteuropäischer Wildpferde, um verwilderte Pferde oder um Hybride handelt, ist bis heute unklar. Auf jeden Fall ist es eine robuste Ponyart, die zur Haltung keine Ställe benötigt. Deshalb lassen sie sich leicht für den Naturschutz einsetzen, wo sie in freier Wildbahn leben und überleben können.

Foto: Bodow (Wikimedia Commons 4.0)

Foto: Hans Otzen

Gemeindehaus, Arzbach

⑭ Emsbachtal

Der Emsbach entspringt in den Montabaurer Höhen und mündet bei **Bad Ems** in die Lahn. Auf seinem Weg von den Höhen bildet er südwärts ein immer tiefer eingeschnittenes Tal. Ansonsten überwiegen Laubholzbestände. Stollen, Gruben und Abraumhalden zeugen vom früheren Erzbergbau der Region. Am linken Talrand erhebt sich die Ruine der Sporkenburg auf einem nahezu viereckigen Bergsporn, dessen Hänge steil nach Westen, Osten und Süden abfallen und der Burg ihre Form vorgeben. Südwärts nimmt die Besiedlung zu. Hauptort im Mittellauf ist Arzbach.

An Kadenbach und Eitelborn vorbei querte der Limes den Emsbach bei **Arzbach**. Auf dem 422 m hohen Kopf südöstlich von Arzbach steht der Stefansturm als Rekonstruktion eines römischen Wachturms in kombinierter Stein- und Holzbauweise. In Arzbach selbst bestand ein römisches Kastell, das 1860 bei Bauarbeiten an der Ortspfarrkirche St. Peter und Paul entdeckt wurde. Dieses Kastell hatte Ausmaße von 100 × 80 m. Die umgebende Mauer war 1,40 m hoch und mit vier Toren versehen, die jeweils von zwei Türmen flankiert waren.

Unmittelbar südlich des Kannenbäcker Landes gelegen, gab es in Arzbach seit der Mitte des 18. Jh. auch eine handwerkliche Tonwarenherstellung. Schwerpunkt der Erzeugung waren Tonkrüge zur Abfüllung von Mineralwasser. Das Krugbäckerhandwerk geriet in Schwierigkeiten, als die kurtrierische Quelle

Foto: Tugendhueter (Wikimedia Commons 4.0)

Kurhaus, Bad Ems

in Niederselters die von ihr benötigten Krüge in eigener Regie industriell herstellte. Erst als man sich preislich einigte, wurde die Fabrik geschlossen. Daraufhin weitete sich die Produktion in Arzbach aus. 1847 bestanden in Arzbach 24 Krugbäckerbetriebe. Danach nahm die handwerkliche Produktion ab; moderne Industriebetriebe arbeiteten rationeller. An die »gute alte Zeit« von Arzbach erinnert noch das Gemeindehaus im Zentrum, ein stattlicher, teilweise massiver Fachwerkbau aus dem Jahr 1710.

❹❺ Bad Ems

W o die Hänge des südlichen Westerwaldes direkt an das Lahntal heranreichen, liegt an der Mündung des Emsbaches in die Lahn der Kurort Bad Ems. Hier hatten schon die Römer an der Querung des Limes über die Lahn ein Kastell errichtet. Das mittelalterliche Dorf Ems entwickelte sich ab dem 6. Jh. entlang des Emsbaches bis zu seiner Mündung. Die um 1100 gebaute Pfarrkirche St. Martin war zunächst im Besitz des Stiftes St. Kastor in Koblenz. Die nach dem Brand wieder hergestellte Kirche ist eine Pfeilerbasilika ohne Querhaus mit Seitenschiffemporen und Westturm mit spätbarocker Haube. 1186 erteilte Kaiser Friedrich I. das Recht zum örtlichen Silberabbau. Hier hatten schon die Römer nach Erz geschürft. 1324 erhielt das Dorf Stadtrechte.

Östlich des Dorfes entstand ab dem 14. Jh. am Austritt der Thermalquellen das Emser Bad. Die möglicherweise früher als *Thermae Emptzianae* bezeichneten Emser Thermen wurden schon als *warm bayt by Eumetze* urkundlich erwähnt. 1361 führte Graf Johann von Nassau-Hadamar sie als *unnser Badt zu Embs* in einem Güterverzeichnis auf. Ab dem 17. Jh. entwickelte sich Ems zu einem führenden Thermalbadeort, der in seiner Glanzzeit im 19. Jh. die Herrscher Europas anzog. Weltpolitische Bedeutung erlangte Ems, das sich ab 1913 Bad Ems nennen durfte, mit der *Emser Depesche* im Juli 1870, die den Deutsch-Französischen Krieg 1870/71 auslöste.

Die mondäne Bäderarchitektur der Gründerzeit erreichte ebenfalls im 19. Jh. mit Wohnbauten entlang der Römerstraße und der Lahnstraße ihren Höhepunkt. Bis heute macht die Bebauung an der Lahn einen prächtigen Eindruck. Begonnen hatte die Bäderarchitektur mit der Karlsburg, den »Vier Türmen«, die 1696 als Stadtschloss für Johann Karl von Thüringen mit späterem Badehaus errichtet wurde. Der dreistöckige Rechteckbau mit neun zu vier Achsen erhielt seinen Namen von seinen vier Ecktürmen. Das Kurhaus entstand 1715 als Nassauer Badehaus. Der Barockbau bekam 1912 einen zusätzlichen Laubengang. Heute beherbergt das Kurhaus das Häcker's Grandhotel. Das Kursaalgebäude aus den 1830er Jahren ist mit Kolonnaden versehen und 1913 um das westliche Theater erweitert worden.

Foto: LigaDue (Wikimedia Commons 4.0)

Kurfürstenhalle, Welschneudorf

④⑥ Hochfläche von Welschneudorf

Z wischen Emsbach und Gelbach erstreckt sich die Hochfläche von Welschneudorf. Der stark bewaldete Höhenrücken ist im Norden und in seinem Zentrum nur leicht gewellt. Weiter nach Süden schneiden sich die Bachläufe teilweise stark gewunden in das Gelände ein und zergliedern die Hochfläche. Die Ortschaften sind weit verstreut im Gelände und oft aus Straßendörfern entstanden. Auch hier wurde früher Erzabbau betrieben, den eine Reihe verbliebener Stollen noch bezeugen. Bei Hübingen befindet sich sogar noch die Ruine einer früheren Schmelzhütte.

Der nördlichste Ort auf der Hochfläche ist **Holler**, der noch eine Reihe von Fachwerkhäusern aus dem 18. Jh. aufweist. Die Ortspfarrkirche St. Margaretha ist ein Saalbau mit Dachreiter, dessen Langhaus im 19. Jh. verlängert wurde. Eigenwillig ist im nahe gelegenen **Untershausen** das Gemeindehaus, ein Teilfachwerkbau mit Walmdach und Glockenturm.

Nahebei in **Oberelbert** ist die Pfarrkirche St. Jakob ebenfalls ein Saalbau, der im frühen 19. Jh. entstand. In der Kirche findet man eine Figur des hl. Michael und ein Vesperbild aus dem 15. Jh., das einst für die Kapelle des Schlosses in Montabaur gedacht war.

Auch **Niederelbert** weist, neben einigen ansehnlichen Fachwerkbauten, ein eigenwilliges Gemeindehaus auf. Das 1833 errichtete Gebäude beherbergte alle wichtigen Einrichtungen des Dorfes, das Gemeindehaus, die Kapelle, die Schule und das Backhaus. Der Bau selbst ist lang gestreckt, zweigeschossig und besitzt einen Dachreiter mit aufgesetzter Zeltlaterne.

Im Zentrum der Hochfläche liegt **Welschneudorf**, wonach sie auch benannt ist. Der Ort geht auf wallonische Zuwanderer zurück, die hier nach dem Dreißigjährigen Krieg siedelten. Auch sind nahebei noch Spuren des Limes vorhanden. Im Ort steht das bemerkenswerte kurtrierische Jagdzeughaus aus dem Jahr 1705. Der 13-achsige Bau unter einem Mansarddach mit Haubendachreiter trägt das Wappen des Trierer Erzbischofs Johann Philipp von Walderdorff über dem Mittelportal. Seit 1829 ist hier die Pfarrkirche St. Johann und die Bürgermeisterwohnung eingerichtet.

In **Gackenbach** auf dem östlichen Teil der Hochfläche, einem Ort mit einigen Fachwerkhäusern aus dem 18. Jh. und einer neugotischen Pfarrkirche, befindet sich der Wild- und Freizeitpark Westerwald. Hier werden dem Besucher auf ca. 60 ha Fläche einheimische Tierarten in ihrem natürlichen Lebensraum gezeigt. Darüber hinaus gibt es ein Wisentgehege, ein Bärengehege, eine Sommerrodelbahn und einen Streichelzoo.

Wild- und Freizeitpark Westerwald: 56412 Gackenbach, Wildparkstraße 1, Tel.: 06439-233, www.wild-freizeitpark-westerwald.de, ganzjährig geöffnet.

Foto: Wolkenkratzer (Wikimedia Commons 3.0)

Dausenau

❹ Ausflüge nach Dausenau und Nassau

Malerisch zeigt sich dem Betrachter die lahnseitige Kulisse von **Dausenau**, überragt von der St. Kastorkirche aus dem frühen 14. Jh. Hier an der Mündung des von der Hochfläche von Welschneudorf herabfließenden Unterbachs in die Lahn entwickelte sich der 1254 als *Duzenowe* bezeichnete Ort, zunächst als Trierer Lehen, seit 1255 in gemeinsamem Besitz der Grafen Walram II. und Otto I. von Nassau. Schon 1324 war der Ort befestigt, Stadtrechte sind aber erst seit 1348 dokumentiert. Zu dieser Zeit war Dausenau mit einer starken Befestigung aus neun Türmen und Toren ausgestattet. Heute sind noch der sich in das Unterbachtal hinaufziehende dreieckige Mauerbering sowie zwei von neun Türmen und Toren erhalten. Der Schiefe Turm am Ortsausgang nach Nassau mit einer Neigung von weit über fünf Grad (mehr als der Schiefe Turm von Pisa) verdankt

Foto: Hans Otzen

Nassau

seine Schräglage neueren Baumaßnahmen, die sein Fundament schwächten.

In den winkligen Gassen der Altstadt steht noch eine Reihe bemerkenswerter, teilweise verputzter Fachwerkhäuser aus dem 17. Jh., darunter das Fachwerkhaus neben dem Untertor mit schöner Balkenanordnung und das alte Wirtshaus an der Lahn, angeblich der Ursprung der *Wirtinnenverse*. Außergewöhnlich ist das Alte Rathaus an der Hauptstraße, dendrodatiert ca. 1430, das rückwärtig an der Lahnfront steht und in die lahnseitige Stadtmauer integriert ist – der Wehrgang führt durch das massive Untergeschoss des Baus hindurch.

Die dreischiffige spätgotische Hallenkirche mit ins Mittelschiff eingezogenem Westturm und drei 5/8-Chören stammt aus der ersten Hälfte des 14. Jh. Reste der Ausmalung konnten restauriert werden. Von der Innenausstattung fällt vor allem der spätgotische Flügelaltar auf.

Foto: Hans Otzen

Rathaus, Nassau

Ausgangspunkt von **Nassau** ist ein 915 als *Villa Nassova* bezeichneter Fronhof des Erzstifts Worms, für den die Herren von Laurenburg als Vögte eingesetzt waren. Um 1100 gründeten die Herren von Laurenburg auf einem ihrem Grundherren gehörenden Bergsporn auf der Nassau gegenüberliegenden Lahnseite ihre Stammburg, was zu Auseinandersetzungen mit Worms führte. Der Streit wurde erst beigelegt, nachdem der Trierer Erzbischof Hillin im Jahr 1159 den Burgberg erwarb und anschließend die Laurenburger damit belehnte. Sie nannten sich fortan Herren und später Grafen von Nassau. Ihre Nachfahren regieren heute noch in den Niederlanden und in Luxemburg. Im Jahr 1255 teilten die beiden Brüder Otto I. und Walram II. den nassauischen Besitz unter sich in eine walramische Linie (südlich der Lahn) und eine ottonische Linie (nördlich der Lahn) auf. Die Burg Nassau blieb aber im gemeinsamen Eigentum beider Familienzweige. Spätestens seit dem Ende des 15. Jh. spielte die Burg keine Rolle mehr als Residenz. Anfang des 16. Jh. war die Burgkapelle noch mit einem Kaplan besetzt. Ab dem 18. Jh. diente sie als Steinbruch. Ende des Zweiten Weltkriegs fielen noch Bomben auf die Stadt und die Burg. Seit 1965 ist die Anlage in Landesbesitz; sie wurde 1980 grundlegend saniert und in dem erneuerten Palas ein Restaurant eingerichtet. Einem Stich (1655) von Merian wurde der Bergfried mit seinen vier Ecktürmchen und dem Treppenturm (Abb. s.u.) nachempfunden.

Die Bombenangriffe am Ende des Zweiten Weltkriegs haben auch in der Stadt große Schäden angerichtet und den historischen Baubestand weitgehend vernichtet. Wieder hergestellt ist der prächtige dreigeschossige Fachwerkbau des Adolzheimer Hofs mit Erdgeschosslaube aus den Jahren 1607–09. Von der Stadtumwehrung nach dem 1323 erteilten Befestigungsrecht aus fünf Türmen und Erdwällen, die 1546 in Mauern ausgebaut wurde, stehen noch der Eimelsturm und der Graue Turm. Von der Mühlpforte sind Teile in einem Wohnhaus als Sichtmauerwerk erhalten. Nicht zuletzt sei noch auf das Stein'sche Schloss, den Gutshof der Herren vom und zum Stein, hingewiesen. Der im Kern mittelalterliche Gutshof ist ein 1621 gebauter Massivbau mit Säulenportal, Treppenturm und Querflügel sowie Seitenflügeln, der einen achteckigen neugotischen Turm erhielt.

Public Domain

Foto: Hans Otzen

Landschaft bei Ettersbach am Gelbach

❽ Gelbachtal

Die Verbindung zwischen Obernhof im unteren Lahntal und Montabaur wird durch den Gelbach gebildet. Hier entsteht er aus zwei Quellbächen und strebt in 40 km langem Lauf südwärts bis zur Lahn. Auf seinem Lauf bildet dieser bis zu 200 m tief in das Umland eingeschnittene Bach ein Kastental mit breiter Sohle und steilen Hängen. Dabei windet er sich weitgehend naturnah durch den Wiesengrund des Tals. Im Mittellauf um Isselbach bestehen noch Restflächen von Nasswiesen. Größere Siedlungen befinden sich im Nordteil des Flusslaufs, weiter im Süden ist das Gelände weitgehend bewaldet, auch noch mit größeren Nadelholzbeständen. Hier weisen ehemalige Hüttenwerke mit Halden auf die frühere Bedeutung des Bergbaus hin.

Nur wenig südlich von Montabaur liegt die Wallfahrtskapelle von **Wirzenborn** auf einem Felsvorsprung am Waldhang

Wallfahrtskapelle, Wirzenborn

des Gelbachs. Der historisch gewachsene Ortsmittelpunkt um die Wallfahrtskirche mit ummauertem Kirchhof, Pfarrhaus, Fachwerkbauten aus dem 18. Jh., Stationenweg, Kriegergedächtnis und Laufbrunnen ist als Denkmalzone ausgewiesen. Die Marienwallfahrt hat ihre Tradition seit dem 15. Jh. Ziel ist das Gnadenbild, eine stehende Muttergottes mit Kind aus dem 14. Jh., in der vom Maurermeister This aus Koblenz bis 1502 errichteten Kapelle mit Chor im 3/8-Schluss und Dachreiter mit Spitzhelm. Ihre drei Altäre wurden 1510 geweiht. Der überdeckte Zugang vor dem Westportal ist mit einem geschweiften Giebel versehen. Der sterngewölbte Chor trägt im Schlussstein das Wappen des Trierer Erzbischofs Johann II. Einer der Fachwerkbauten der Denkmalzone beherbergt die urige Landgaststätte »Wirzenborner Liss«, benannt nach der schlagfertigen Großmutter des Gastronomen.

In **Isselbach** besteht noch ein gepflegtes Bauensemble aus der kleinen Filialkirche (14. Jh.) mit dem leicht schiefen Dachreiter und dem Pfarrhaus mit Bruchsteinuntergeschoss.

Landgasthaus WirzenbornerLiss: 56410 Montabaur-Wirzenborn, Kapellenstraße 8, Tel.: 02602-4327, www.wirzenborner-liss.de, Mi Ruhetag • **Motorrad-Museum Montabaur** (mit bis zu sieben Jahrzehnte alten Maschinen): www.motorrad-museum-montabaur.de, täglich nachm. geöffnet, Mi Ruhetag.

Filialkirche mit Pfarrhaus, Isselbach

Skulpturenwanderweg Gelbachtal

Zwischen Wirzenborn, Recken-thal und Bladenheim wurde beiderseits des Gelbachtals 2009–2011 ein Skulpturenweg »Rundwanderweg der Holz-bildhauer-Kunst« eingerichtet. 27 Holzskulpturen säumen den Wanderweg, geschaffen im Rahmen von Holzbildhauer-Symposien von Künstlern aus dem In- und Ausland. Bei je-dem Exemplar informiert eine Tafel über das Kunstwerk, den Bildhauer und die Sponsoren.

Streckenlänge: 10,6 km
Gehzeit: 3,5 Std.
Schweregrad: leicht/mittel
Ausrüstung: festes Schuhwerk
Höhenmeter: ↑ 391m ↓ 391m

Bachabwärts folgt auf Wirzenborn der kleine Ort **Recken-thal**, dessen Ortskern mit Fachwerkbauten aus dem 17. und 18. Jh., einem Laufbrunnen und einem Pumpenbrunnen genauso als Denkmalzone ausgewiesen ist. **Isselbach**s Name geht wohl auf eine Adelsfamilie von Usselbach zurück (1355 erstmals erwähnt). Auch hier übte Kurtrier die Landesherrschaft aus. Die kleine Ortskapelle mit gotischem Chor, frühbarockem Langhaus und spitzem, leicht schiefem Turm ist seit 1500 nachgewiesen. 1643 erwarb der im Dreißigjährigen Krieg in kaiserlichen Diensten stehende Feldmarschall Peter Melander von Holzappel die Grundherrschaft Esterau auf der Eppenröder Hochfläche zusammen mit der Vogtei Isselburg. Kaiser Ferdinand III. erhob in Anerkennung seiner Dienste die Esterau zur Reichsgrafschaft Holzappel. Seine Nachfolger traten zum protestantischen Glauben über; somit wurde Isselburg auch evangelisch.

Wo sich der Gelbach zum Unterlauf verengt, liegt **Kirchähr**, Zentrum eines ehemaligen Kirchspiels der umliegenden Ortschaften. Der Ortsname geht, wie auch der vom südlicher gelegenen Weinähr, auf Anara, den alten Namen des Gelbachs zurück. Die Pfarrkirche von Kirchähr weist ein kleines romanisches Schiff mit einem romanischen, durch Rundbogenfriese und Blendbögen gegliederten Turm, einen spätgotischen einjöchigen Chor mit 3/6-Schluss unter Netzgewölbe und ein südliches Seitenschiff auf. Die Wandmalereien im Inneren mit Passionsszenen stammen aus der Zeit um 1500. 1682 wurde ein Pfarrhaus als Ersatz des älteren Vorgängergebäudes errichtet. Der teilweise massive und verschieferte Fachwerkbau dient heute als Jugendbegegnungsstätte des Bistums Limburg.

Weingut und Weinstube im Arnsteiner Hof: 56379 Weinähr, Bornstr. 9, Tel.: 02604-1471, www.arnsteiner-hof.de • **Weinkeller Giebelhöll**: 56379 Weinähr, Hinterwiesen 7, Tel.: 02604-7292, www.giebelhoell.de • **Landhotel Weinhaus Treis**: 56379 Weinähr, Hauptstr. 1–3, Tel.: 02604-9750, www.landhotel-treis.de

Foto: LigaDue (Wikimedia Commons 4.0)

Pfarrkirche St. Bartholomäus und St. Sebastian, Kirchähr

Am Ende des Gelbachs kurz vor seiner Mündung bei **Obernhof** im unteren Lahntal befindet man sich schon in einem traditionellen Weinbaugebiet, dessen Ursprünge auf das 12. Jh. zurückgehen. Hier werden an den Südhängen des Westerwaldes zum Lahntal hin in der Weinlage Giebelhöll Weißweinreben gezogen, vor allem Riesling, der nach Äpfeln und Birnen duftet. Inzwischen ist der Erdbeeranbau vorherrschend. Bedeutendster Wirtschaftsfaktor in **Weinähr** ist längst der Fremdenverkehr, der auch vom romantischen Ortsbild aus Wohnbauten des 17. und 18. Jahrhunderts und dem etwas abgerückt von der Straße gelegenen alten Rathaus aus der Mitte des 16. Jh.s angezogen wird.

49 Eppenroder Hochflächen

Die sich auf den Eppenroder Hochflächen erstreckende, um 950 erstmals erwähnte Esterau war eine eigenständige Grundherrschaft im Engersgau, der zu den Besitzungen des Hauses Nassau gehörte. Diese Eppenroder Hochflächen breiten sich zwischen dem Gelbach und dem Limburger Becken aus. Auf den Höhen wechseln sich Waldareale und und überwiegend ackerbaulich genutztes Offenland miteinander ab. Die höchste Erhebung der Region ist der 443 m hohe Höchst im Schaumburgischen Forst zwischen Hirschberg und Holzappel. Von hier streben die Fließgewässer in alle Richtungen. Bergbau spielte früher eine wichtige Rolle in der Region. Alte Stollen und die längst bewaldeten Abraumhalden sowie größere Grubenteiche weisen noch darauf hin.

Hauptort der Eppenroder Hochflächen ist **Holzappel** als Zentrum der Esterau. Der frühere Name des Orts war Esten. Die Umbenennung erfolgte, weil Peter Melander von Holzappel, kaiserlicher Feldmarschall im Dreißigjährigen Krieg, die Grundherrschaft Esterau 1643 vom hoch verschuldeten Fürsten Johann Ludwig von Nassau-Hadamar erwarb. Wenig später erhob der Kaiser die Grundherrschaft zur »Freien Reichsunmittelbaren Grafschaft Holzappel« und belehnte sie mit den Abbaurechten der dort vorkommenden Bodenschätze. Die Stadtrechte erhielt Esten 1688 unter dem Namen *Holzappel*. Auch durch Zuzug von Religionsflüchtlingen aus Frankreich nahm Holzappel im 18. und 19. Jh. vor allem durch Bergbau wirtschaftlichen Aufschwung. Hier schürfte die »Grube Holzappel« nach Blei-,

Weinwirtschaft Deutsches Haus: 56379 Holzappel, Hauptstr. 84, Tel.: 06439-929620 • **Heimatmuseum Esterau:** Verkehrs- und Verschönerungsverein Holzappel, 56379 Holzappel, Esteraustr. 40, Tel.: 06439-6798, www.verkehrs-undverschönerungsverein-holzappel.de • **Herthasee:** www.holzappel-herthasee.de.

Gasthaus an der Brunnengasse, Holzappel

Silber- und Zinkerzen. Ihre seit 1751 in die Erde getriebenen Stollen und Schächte erstreckten sich zwischen Holzappel und Dörnberg/Laurenburg. Die Grube war so bedeutend, dass sie sogar von Johann Wolfgang von Goethe im Jahr 1815 aufgesucht wurde. Er übernachtete im Haus des Bergkommissärs Schneider, ein heute unter Denkmalschutz stehendes Haus am unteren Marktplatz.

Das Verwaltungshaus der Grube, ein Mansarddachbau, teilweise massiv und verschiefert, mit Fachwerk des 18. Jh., wurde 1866 von einem Gastronomen erworben und wird bis heute als Weinwirtschaft »Deutsches Haus« betrieben. Die Grube selbst war mit Unterbrechungen bis 1952 aktiv. Danach riss man die Übertageanlagen ab und ebnete das Gelände ein.

Im Rathaus von Holzappel ist das Heimat- und Bergbau-Museum eingerichtet, das sich mit der Geschichte von Holzappel, seinem Bergbau und der Lebensweise seiner Bürger befasst.

Die »guten Tage« des Orts sind auch noch an der Bausubstanz mit repräsentativen, meist ganz oder teilweise verputzten Häusern am Marktplatz und in der Hauptstraße im Umfeld der klassizistischen Johanneskirche zu erkennen.

Übrigens geht die reizvolle Teichlandschaft um Holzappel auch auf den Bergbau zurück. Diese Stauweiher wurden speziell zur Betriebswasserversorgung der Grubenanlagen angelegt. Einer dieser Seen, der Herthasee, ist sogar ein Badesee.

Die kleineren Orte der Eppenroder Hochfläche weisen einige sehenswerte Fachwerkhäuser und Kirchen aus den unterschiedlichen Kulturepochen auf. So hat die neuromanische zweischiffige Pfarrkirche in **Niedererbach** noch einen romanischen Westturm. In der Pfarrkirche von **Nomborn** ist der romanische Chor noch als Seitenkapelle erhalten.

In **Nentershausen** gibt es neben der dreischiffigen neugotischen Pfarrkirche auch eine Wegekapelle. Dieser quadratische Bau stammt vom Ende des 17. Jh. und birgt eine Muttergottesfigur aus dem 15. Jh. Die bemerkenswerte Pfarrkirche vom namengebenden Ort **Eppenrod** weist einen auf das Jahr 1192 datierten romanischen Westturm und ein spätromanisches Chorjoch mit dreiseitigem Schluss unter sechsteiligem Kreuzrippengewölbe auf. Das im Dreißigjährigen Krieg in Mitleidenschaft gezogene Kirchenschiff musste 1650 in barocker Form erneuert werden.

Schließlich sei noch auf die kleine Kapelle in **Dörnberg** ganz im Süden der Eppenroder Hochfläche oberhalb der Lahn hingewiesen. Sie ist ein Neubau aus den Jahren 1739–41, der eine ältere Kapelle aus dem 16. Jh. ersetzte. Der Saalbau trägt ein Mansarddach mit Haubendachreiter. Durch das Innere führen dreiseitig Emporen herum.

Bekannt geworden ist Dörnberg durch sein »Volxtheater« und seine »Dörnberger Festspiele«. Diese fanden in einem Tanzsaal aus den 1920er Jahren statt. Neben eigenen Inszenierungen kamen auch Gastspiele zur Aufführung. Doch ließ sich ein sol-

Foto: Karsten Ratzke (Wikimedia Commons 1.0)

Pfarrkirche St. Andreas, Eppenrod

ches Theater auf dem Dorf nicht aufrecht erhalten. 2018 war mit dem Tod des Initiators Schluss.

Am Südrand der Eppenroder Hochfläche erhebt sich über dem Lahntal die **Laurenburg**, der Ursprungssitz der Nassauer Grafen. Überliefert ist die Burg seit 1093.

Als ihr Erbauer gilt Dudo von Laurenburg (* um 1060, † um 1123), der vom Bistum Worms das Gebiet um Nassau als Lehen erhielt. In Nassau errichteten er und seine Söhne bis 1124 ihre neue Stammburg und nannten sich ab 1159 Grafen von Nassau. Dudo ist somit der Stammvater der Grafen von Nassau, die über den Westerwald hinaus weit überregionale Bedeutung erhielten. Bei der Teilung der Grafschaft unter den Brüdern in einen ottonischen und einen walramischen Zweig im Jahr 1255 blieb die Laurenburg im gemeinsamen Besitz, war aber längst für die Nassauer uninteressant geworden. Sie wurde von nassauischen Burgmannen bewohnt. Die Nassauer verpfändeten die Burg

Foto: LigaDue (Wikimedia Commons 4.0)

Bergfried der Laurenburg

mehrfach und verkauften sie schließlich 1643 an Reichsgraf Peter Melander von Holzappel. Da war sie schon ruinös.

Erhalten ist der weithin sichtbare fünfeckige Bergfried der Hangburg, der einer Bauphase des 14. Jh. entstammt. Seine fünfte Ecke ist gegen den Berghang als einzig möglicher Angriffsseite gerichtet und durch einen immer noch sichtbaren Halsgraben verstärkt.

Im Turminneren kann ein kleines Militärmuseum mit Helmen, Schusswaffen und Säbeln, Pistolen und Karabinern, Offiziers- und Reitersäbeln besichtigt werden. Auch Reste der Umfassungsmauer gibt es noch.

 Museum Burg Laurenburg: 56379 Laurenburg, Burg Laurenburg, Scheidter Straße, Tel.: 06439-6601, www.burg-laurenburg.de, Di geschlossen.

George Clarkson Stanfield (1828–1878), Limburg seen from the west, 1862;
63 × 90 cm, Öl auf Leinwand

➎ Ausflug zum Limburger Dom

Südlich des Westerwaldes bilden die Tallandschaften der Lahn den Übergang zum Taunus. Hier ist der für den Westerwald typische Schiefer überlagert von tertiären Lockersedimenten auf unter- und mitteldevonischen Tonschiefern, Kalksteinen und Grauwacken, die von mächtigen quartären Löss-Deckschichten überdeckt sind. Zwischen dem unteren Lahntal und dem Weilburger Lahngebiet weitet sich das Tal zum Limburger Becken aus, dessen zentraler Ort Limburg kulturgeschichtlich weit in den Westerwald ausstrahlt – die Grenzen des Limburger Bistums reichen im Norden in den Westerwald bis Hachenburg und Dillenfeld. Der fruchtbare Boden der Limburger Beckenlandschaft hat schon in vorgeschichtlicher

Zeit die Menschen angezogen, die eine Furt vorfanden, die
zunehmende verkehrsgeographische Bedeutung erlangte. Hier
bestand eine keltische Siedlung, deren Zentrum sich auf dem
heutigen Domplatz befand. Im 8. Jh. befestigten die Merowin-
ger den Domberg zur Überwachung der strategisch so wichtigen
Furt. Hier regierten die Gaugrafen im Auftrag der Könige, die
dann von den Konradinern abgelöst wurde. Später übernahmen die Konradiner die Herrschaft. An der Furt wurde erstmals für das Jahr 910 eine Siedlung mit Namen *Lintpurc* belegt.
Der Konradiner Konrad Kurzbold gründete in diesem Jahr auf
dem Domberg, der steilen Kalkklippe über dem linken Lahn-
ufer, ein Kollegiatstift mit einer Stiftskirche. Um 940 wird die
erste, vorromanische Kirche fertiggestellt gewesen sein. Im 11.
Jh. folgte dann an gleicher Stelle der Bau einer frühromanischen
Pfeilerbasilika, in der das Langhaus des Vorgängerbaus erhalten
blieb. Gleichzeitig entwickelte sich vor dem westlichen Tor des
Stiftsbezirks eine an wirtschaftlicher Bedeutung zunehmende
Siedlung, die um 1130 einen ersten Mauerring erhielt. 1180 wurde dem Ort das Münzrecht verliehen, 1214 kamen Stadtrechte
und Stadtsiegel dazu. Als Nachfolger der Konradiner hatten die
Herren von Isenburg an der Stiftskirche ihre Festung errichtet,
deren ältester Teil der Wohnturm aus dem Jahr 1220 ist.

Noch vor 1190 begann der Umbau der frühromanischen
Kirche zu der dem hl. Georg gewidmeten Stiftskirche, der der
heutige Limburger Dom seine Gestalt verdankt. Um 1230 war
der Bau fertiggestellt, die Weihe erfolgte 1235 durch den Trierer Erzbischof. Heute bietet der Limburger Dom in seiner ursprünglichen polychromen Farbgebung aus Weiß, Rot, Ocker
und Schwarz ein malerisches Bild über der Lahn, das vor allem
von der Autobahn A 3 aus gesehen immer wieder tief beein-
druckt. Der Baukörper des Doms mit seinen eher bescheidenen,
durch die Lage auf dem Domfelsen bedingten Ausmaßen von

Bischofshaus (vormals: Domküsterhaus) gegenüber dem Dom

Foto: Beckstet (Wikimedia Commons 3.0)

Detail des Hauptportals

55 × 34 m ist reich gegliedert und mit sieben Türmen versehen – symbolisch für die sieben Sakramente. Imposant ist die
Doppelturmfassade zur Westseite. Im Mittelbau dazwischen
weist das Rosettenfenster in den Ecken die Symbole und Köpfe
der vier Evangelisten auf. Über der Vierung ragt der zentrale
Turm 66 m in die Höhe und überragt damit alle anderen Türme
des Doms. Das Innere des Doms ist architektonisch kunstvoll
und gleichermaßen schlicht gehalten. Schmucklos ist das Stre-
bewerk mit seinen bis zur Decke reichenden Säulen, die das
Gewölbe tragen. Nicht nur an den Außenfenstern sind schon
gotische Elemente ersichtlich, auch im Inneren ist dies nach-
vollziehbar. So zeigen die Triforien über den Arkaden der Emporen des Mittelschiffs einen gotischen Aufbau, die rundbogigen Kreuzgratgewölbe sind noch romanisch. Insgesamt stellt
sich so der Limburger Dom als Meisterwerk des Rheinischen
Übergangsstils dar.

Foto: Winrich C.-W. Clasen

Ehemalige Stiftskirche St. Lubentius, Dietkirchen

⁶¹ Dietkirchen und der Heilige Lubentius

W ie herausgewachsen aus grauem Kalksteinfelsen ragt die Kirche des hl. Lubentius über das Westufer der Lahn und den Limburger Stadtteil Dietkirchen. Ihre raue Optik verdankt sie ästhetischen Vorstellungen des 19. Jh., nach denen der historische Verputz entfernt und darunter der blanke Kalk- und Schalstein freigelegt wurde. An dem sichtbaren Mauerwerk lassen sich die vielen großen und kleinen Baumaßnahmen und -phasen ihrer mittelalterlichen Geschichte ablesen. Schon in der frühen Karolingerzeit stand hier eine steinerne Saalkirche. Sie wurde erweitert, als um das Jahr 840 Reliquien des hl. Lubentius aus dem Moselland nach Dietkirchen gelangten. Über den Fundamenten dieses ersten Baus wurde dann ab etwa 1000 um die Gruft mit dem Lubentiusgrab eine romanische Basilika errichtet. Erweiterungen und Umbauten gaben ihr bis ins 13. Jh.

im Wesentlichen ihre heutige Gestalt als dreischiffige Emporenbasilika mit kurzem Querhaus, Apsiden im Osten und einer
Doppelturmfassade im Westen.

Die rege Bautätigkeit ging demnach von einem Ereignis aus,
das auch sonst die Geschichte und Bedeutung der Kirche ent-
scheidend prägte und ihr den heutigen Namen gab: die Überführung der Gebeine des Lubentius von Kobern an der Mosel
nach Dietkirchen, veranlasst und öffentlich inszeniert durch
den Trierer Erzbischof Hetti. Dieser Akt muss vor der schriftlichen Ersterwähnung der Lubentiuskirche in Dietkirchen im
Jahr 841 erfolgt sein – und sehr wahrscheinlich kurz nach der
Überführung der Reliquien des hl. Kastor von Karden nach
Koblenz im Jahr 836 durch denselben Erzbischof. Diese vom
Trierer Metropoliten ausgehenden Reliquientranslationen waren programmatisch: Beide Heilige waren der Legende nach von
dem spätantiken Trierer Bischof Maximin zu Priestern geweiht
und ausgeschickt worden – und im Zuge der Umbettungen wurden an ihren Zielorten Chorherrenstifte als »Außenposten« des
Trierer Erzbistums gegründet. Das dem hl. Lubentius geweihte
Kollegiatstift in Dietkirchen wurde zu einem geistlichen Zentrum des Lahngebiets. Aber nicht nur der Sakralbau in Dietkirchen, der nun als Stiftskirche fungierte, veränderte sich durch
den neuen Patron, sondern gleichsam auch der Heilige durch
seinen neuen Ort. In der noch vor der Translation entstandenen
Vita des hl. Maximin galt Lubentius als Zögling und Schüler
des hl. Martin von Tours, der dann von Maximin als Bekenner
an die Mosel gesandt wurde. Nach der Translation entwickelten
sich in den folgenden Jh.en Überlieferungen wie jene der *Gesta
Treverorum*, laut der Lubentius schon zu Lebzeiten selbst an der
Lahn Kirchen gegründet und missioniert haben soll. Eine solche
Legendenbildung förderte nicht nur die Identifikation mit dem
Heiligen; sie passte auch zum Selbstverständnis der Kanoniker
des St. Lubentius-Stifts, das im frühen und hohen Mittelalter
eine wichtige Rolle bei der kirchlichen Erschließung des Lahn-

Foto: Winrich C.-W. Clasen

St. Lubentius, Südseite; rechts der Eingang zur Dreifaltigkeitskapelle

gebiets spielte. Im Kreis der Dietkirchener Stiftsherren entstand im späten 12. Jh. vermutlich auch die Lubentiusvita mit einer Translationslegende, die den Weg des Leichnams von Kobern nach Dietkirchen als wundersame Schifffahrt beschrieb, die die Mosel abwärts, dann aber den Rhein und die Lahn aufwärts bis zum Felsen seiner Kirche geführt haben soll. Wohl auch deswegen machte die volkstümliche Verehrung in der Region Lubentius zum Schutzpatron der Lahnschiffer. Der Kult des Heiligen blieb regional verankert und wurde vor allem dort gepflegt, wohin einzelne Reliquien gelangten: außer in Dietkirchen auch in Limburg, Lahnstein, Kell (Andernach), Kobern (seinem Sterbeort) und Trier.

In der Lubentiuskirche finden sich heute noch vor allem zwei Zeugnisse der mittelalterlichen Heiligenverehrung: der Sarkophag des Lubentius und ein gotisches Büstenreliquiar. Der Sarkophag aus Trierer Sandstein hat antike Vorbilder, wurde aber erst in karolingischer Zeit für die Überführung der Gebeine geschaffen, von denen einige noch immer darin verwahrt sind. Auf seinem beschädigten Deckel befindet sich als Inschrift derselbe lateinische Text wie auf einem gleichzeitig beschrifteten Bleitäfelchen, das einst in dem Sarg an den Gebeinen selbst angebracht war (und nun als Teil des Domschatzes im Limburger Diözesanmuseum liegt): HIC REQVIESCIT CORPVS SANCTI LVBENTII CONFESSORIS – »Hier ruht der Leib des hl. Lubentius, des Bekenners«. Der Sarkophag steht gegenwärtig in der Lubentiuskapelle, die westlich an das nördliche Seitenschiff der Kirche anschließt. Über ihm befindet sich ein moderner Altar, in dessen Aufsatz hinter einem Gitter das Büstenreliquiar aus vergoldetem Silber steht. In seinem ältesten Teil, einem im späten 13. Jh. wohl in Mainz hergestellten Kopfreliquiar, befindet sich der größte Teil des Schädels des Heiligen. Später wurde es um eine mit Emaille, Edelsteinen und Blüten reichverzierte Büste mit einer figürlichen Darstellung des Lubentius ergänzt, die 1477 von dem Dietkirchener Kanoniker Johannes Schrepgin gestiftet wurde. Durch die öffentliche Ausstellung dieses Reliquiars wurde der Heilige bis ins 19. Jh. jährlich an seinem Festtag (13. Oktober) in den Blick und in die Gegenwart der Gläubigen geholt. Seine Faszination hat es bis heute nicht verloren.

Raoul Hippchen

Beinhaus im Keller der Michaelskapelle

Foto: Winrich C.-W. Clasen

Nisterbergland und Dreifelder Weiherland

Große Nisterbrücke bei Kloster Marienstatt
(Foto: Hans Otzen)

»Deutsches Eck« bei Heimborn in der Kroppacher Schweiz

Das verbindende Element der Kroppacher Schweiz und des Dreifelder Weiherlandes wird von der Nister gebildet. Sie entspringt im Hohen Westerwald nahe der Fuchskaute und mündet nach 64 km langem Lauf unterhalb von Wissen in die Sieg. Nach zunächst südlichem Verlauf durch hoch gelegenes Offenland der Westerwälder Basalthochfläche wendet sie sich bei Emmerichhain westwärts und bildet ein enger werdendes Tal, oft auch in Waldstücke eingebettet. Beim Ort Nistertal südlich von Bad Marienberg beginnt die endgültige Fließrichtung nordwestwärts. Hinter Hachenburg tritt sie in die Kroppacher Schweiz ein. Hier hat sie sich im Laufe der Zeit tief in die wellige Landschaft eingegraben mit einer grandiosen Felsenlandschaft an ihren steil eingeschnittenen Talbegrenzungen.

Nisterbergland

Das Nisterbergland stellt die ostwärtige Fortsetzung der Niederwesterländer Hochmulde dar. Im Gegensatz zu dieser muldenförmig ausgeprägten Fläche in Höhen zwischen

280 und 330 m zeigt das Nisterbergland beträchtliche Höhen-
unterschiede von 330 bis 440 m. Im Westteil hat sich die Nister
windungsreich tief eingeschnitten. An ihren Steilhängen mit
widerstandsfähigem Gesteinsmaterial bildete sie hervortreten-
de Felsformationen, die diesem Teil des Nisterberglandes die
Bezeichnung »Kroppacher Schweiz« einbrachten. In anderen
Bereichen der Region mit weniger widerstandsfähigen Gestei-
nen bildeten die Fließgewässer Talweitungen aus. So zeigt das
östliche Nisterbergland eher Oberflächenformen in welliger
Ausprägung.

Die unterschiedlichen Strukturmerkmale zeigen einen fort-
während Wechsel von Wald und Offenland im Nisterbergland. Ackerland und Weideland überwiegen in lebhaftem Wechsel auf den Höhenrücken. Die dazwischen eingebetteten Wälder
bestehen noch überwiegend aus Fichtenforsten. Nur vereinzelt
gibt es verbliebene Bruch- und Sumpfwälder, extensiv genutztes
Weideland und Feuchtwiesen vor allem auf dem Talgrund der
Bäche. Im Nordteil zur Sieg hin verdichtet sich die Besiedlung
als Einzugsgebiet von Hamm, Wissen und Betzdorf. Ansonsten
ist die Besiedlung eher dörflich geprägt. In der Region haben
sich Gerhardshain und Steinebach zu Standorten für Industrie
und Gewerbe entwickelt. Verbliebene Stollen im Nordwesten
der Region verweisen auf den einst auch hier regen Bergbau.

Am Südende der Kroppacher Schweiz erhebt sich an der
Nister Kloster Marienstatt, dessen Klosterkirche das wohl be-
eindruckendste Bauwerk des Westerwaldes ist.

52 Entlang der Nister

Folgt man der Nister flussaufwärts von der Mündung, so
ist **Helmeroth** der erst größere Ort im engen Flusstal.
Hier stehen einige Fachwerkhäuser aus dem 17. und 18. Jh.
Doch die eigentliche Sehenswürdigkeit ist die Helmerother

Mühle nahe dem flussaufwärts gelegenen Ortsteil **Flögert**. Die urkundlich 1492 erwähnte Bannmühle der Grafen Sayn, die hier die Landeshoheit ausübten, wurde als Öl- und Getreidemühle genutzt. Die heutigen Fachwerkgebäude stammen von 1871 und 1920. Eine 1920 erstellte Hängebrücke erleichterte den Landwirten den Weg zur Mühle. Nachdem der Betrieb im Jahre 1959 eingestellt wurde, nutzten nur noch Wanderer die zunehmend marode Brücke, die 1964 unter dem Gewicht einer Schulklasse einbrach – die Schulkinder, der Lehrer und fast die komplette Brückenkonstruktion landeten in der Nister. Die 2010 neu errichtete Seilhängebrücke ist für ein Gewicht von 18 t zugelassen und gilt nunmehr als Teil der schönsten Etappe des Westerwaldsteigs zwischen den Klöstern Marienstatt und Marienthal.

Über Stein-Wingert geht es weiter nach **Heimborn**. Hier befindet sich das »Deutsche Eck« des Westerwaldes (Abb. S. 159). Gemeint ist die Einmündung der Kleinen Nister in die (Große) Nister, deren Landzunge in ihrer Form an das Deutsche Eck in Koblenz erinnert. Kurz vor der Mündung der Kleinen Nister steht die historische Lützelauer Ölmühle, die heute der Stromerzeugung dient. Spätgotische Fresken im Inneren konnten freigelegt werden. Die mächtige, über 150 Jahre alte Weymouthskiefer an der Mühle steht unter Naturschutz. Die Dicke Eiche mit einem Umfang von 5 m, 800 m nordöstlich auf dem Weg nach Mörsbach gelegen, soll sogar 400 Jahre alt sein.

Kroppach, der Namen gebende Ort für die Region, liegt etwas westlich der Nister. Die längst evangelische Ortspfarrkirche, auf einem Hügel am Rand gelegen, geht als einschiffiger Raum mit Westturm in ihren Ursprüngen auf das 11. Jh. zurück. Im 13. Jh. entstanden der kreuzgratgewölbte Chor mit 3/6-Schluss und das südliche Seitenschiff. Erst später kam das nördliche Seitenschiff hinzu. Der Turm musste nach Blitzeinschlag 1831 erneuert werden. Zu Spekulationen reizt der Steinerne Pfeiler mit der eingeritzten Jahreszahl 1595 südlich von Kroppach im Wald nahe

Foto: STYX69 (Wikimedia Commons 4.0)

Steinerner Pfeiler bei Kroppach

der B 414. Ist es ein Sühnestein wegen begangener Untaten, oder gar Hexerei? Er ist wohl eher ein Wegweiser an der früher so wichtigen Köln-Leipziger Straße. Bis heute erhaltene Fahrspuren weisen darauf hin.

53 Im Nisterbergland

Im Zentrum des sich östlich der Nister erstreckenden Nisterberglandes liegt **Gebhardshain**. Kurios ist die Kirchengeschichte des Ortes. Bis 1859 benutzten die größere katholische Gemeinde und die kleinere evangelische Gemeinde die romanische Kirche St. Maria Magdalena gemeinsam.

Die Baufälligkeit der Kirche zwang zum Abriss des Kirchenschiffs. Die Katholiken erhielten eine neue dreischiffige neuromanisch-byzantinische Basilika. Ihr Turm wurde 1899 umman-

Wandertipp: Eine Tour zum »Ende der Welt«

Der »Naturlehrpfad Weltende« bietet viele reizvolle Momente für trittsiche Wanderer. Entlang steiler Hänge und über schmale Pfade gibt es spektakuläre Aussichtspunkte.

Der beschilderte Wanderweg beginnt am Friedhof von Stein-Wingert. Zunächst geht es am rechten Ufer der Nister entlang. Ein Abstecher führt nach Alhausen zum »Weltende«, einer Grillhütte auf einem Felsen, wo es nicht weitergeht, aber man mit einem Blick auf das Nistertal belohnt wird. Ge-genüber sieht man Reste einer keltischen Fliehburg. Zurück geht es über die Nisterbrücke mit Blick auf den Talboden und dann steil den Hang empor, immer dem Pfad oberhalb der Nister folgend bis zum Campingplatz von Flögert. Der Rückweg führt über einen Teerweg und ein Stück Landstraße zum Ausgangspunkt.

Streckenlänge: 6 km • Höhenmeter: ↑ 385m / ↓ 385m • Streckenbeschaffenheit: mehrheitlich Pfade • reine Gehzeit: 3 h. • festes Schuhwerk

Nistertal Radweg: Von Willingen bis Wissen

Der Nistertal Radweg ist Teil des 212 km langen Westerwaldradrundwegs WW1 und gilt als sein schönster Abschnitt. Geübte Radler schaffen den nicht ganz einfachen Rundweg in 17 Std. Für den Nistertal Radweg (71 km) sollte man mindestens 6 Std einplanen. Die Strecke beginnt an der Nisterquelle nahe der 657 m hohen Fuchskaute, auf die man auch einen ersten Abstecher machen sollte, und führt über Neustadt, Bad Marienberg, Nistertal, Hachenburg, Kloster Marienstatt, durch die Kroppa-cher Schweiz bis Wissen, wo die Nister in die Sieg mündet. Landschaftliche Vielfalt und sehenswerte Orte kennzeichnen die Strecke, die man durchaus auch in mehreren Etappen bewältigen kann, um sich in aller Ruhe auch abseits des Wegs umsehen zu können.

Streckenlänge: 71 km • Schwierigkeitsgrad: mittel bis hoch • Höhenmeter: ↑ 1110 m (von der Mündung) / ↓ 680 m (von der Quelle) • reine Fahrzeit: mind. 6 Std • Für die Aufwärtstour ist ein E-Bike empfohlen.

Foto: www.druidensteig.de

Dorfmuseum, Gebhardshain

telt und erhöht. Die Protestanten erhielten eine Abfindung und errichteten sich eine fünfachsige Langhauskirche. Beide Neubauten erfolgten unter der Bauaufsicht des Baumeisters Eduard Gustav Joseph Court.

Das Dorfmuseum von Gebhardshain befindet sich in einem der markantesten Bauwerke des Ortes, in einem Bürgerhaus, das lange als Hotel diente und als Jugendstilhaus mit originaler Farbverglasung unter Denkmalschutz steht. Das Museum zeigt Exponate zum Leben und Arbeiten der Menschen in den letzten 100 Jahren in der Gemeinde. Ergänzt wird das Angebot durch eine Puppenstube.

 Dorfmuseum Gebhardshain: 57580 Gebhardshain, Betzdorfer Straße 5, Tel.: 02747-7629, www.gebhardshainerheimatfreunde.de, geöffnet 1. So im Monat (außer Juli/Aug.).

Ein Abstecher lohnt nach **Malberg**. Auf der nördlich gelegenen Steineberger Höhe wurde 2014 ein Aussichtsturm errichtet, der einen weiten Blick über das Nisterbergland bietet. Sein 18 m hohes Gerüst stammt von dem ehemaligen Förderturm eines stillgelegten Bergwerks im Harz.

Der südlich von Gebhardshain gelegene, 1292 erstmals erwähnte Ort **Steinebach** bietet gleich zwei Attraktionen. Für den hier nachweislich seit 1745 betriebenen Erzbergbau gibt es das »Besucherbergwerk Bindweide«, das den Besuchern die schwere Arbeit unter Tage anschaulich macht. In dieser Grube wurde 200 Jahre lang bis 1931 Erz abgebaut. 1986 konnte ein Teil als Schaubergwerk geöffnet werden. Mit Helm und Geleucht erreicht man mit einer Grubenbahn die Abbaustätten tief im Berg. Außerdem bietet ein Heilstollen Atemtherapie, und es gibt Vorführungen in der Besucherschmiede. Ganz anderer Natur ist das Westerwald-Museum »Motorrad & Technik« in Steinebach. Hier gibt es historische Motorräder verschiedener Marken wie BMW oder Zündapp sowie gleichermaßen historische technische Geräte wie Waschmaschinen oder Rasenmäher zu sehen.

Besucherbergwerk Grube Bindweide: 57520 Steinebach an der Sieg, Bindweider Straße 2, Tel.: 02741-2910, www.bindweide.de, geöffnet Juni bis Okt. Mi, Sa und So nachm. und nach Voranmeldung • **Westerwald-Museum für Motorrad und Technik**: 57520 Steinebach an der Sieg, Hauptstr. 21, Tel.: 02741-2435, www.westerwaldmuseum.de, täglich geöffnet.

Unmittelbar über der Einmündung des im Nisterbergland entspringenden Elbbaches erhebt sich **Schloss Schönstein** auf einem vorspringenden Felsen über Wissen an der Sieg. Die hier ansässigen Edelherren von Freusberg errichteten im 12. Jh. Burg Schönstein. Die Anlage fiel 1176 durch Heirat an die Herren von Arenberg, dann an das Erzstift Köln als Pfandobjekt. Dieses übertrug 1589 die Anlage an Hermann von Hatzfeld-Werther

Foto: Wolkenkratzer (Wikimedia Commons 4.0)

Schloss Schönstein

für seine Verdienste um Kurköln. Nach Brandschädigung durch schwedische Truppen im Dreißigjährigen Krieg wurde die Burg wieder aufgebaut. Sie stellt sich heute als Randburg dar, bei der sich die Bauteile an die Innenseiten der Ringmauer um einen Binnenhof gruppieren. Die Hauptburg aus dem 16. Jh. steht auf dreieckigem Grundriss. An der Feldseite blieben Baureste der mittelalterlichen Anlage erhalten. Vorgelagert ist die sogenannte »Freiheit« mit einem Torhaus aus Fachwerk.

🌐 Ausflug nach Hamm

Hamm liegt an den Ausläufern des Nisterberglandes zur Sieg hin. Der Ort wurde erstmals im Jahr 1131 in einer Urkunde erwähnt, mit der Papst Innozenz II. dem Cassiusstift in Bonn den Zehnten unter anderem an der Kirche zu Hamm

bestätigte. 1347 erhielt Hamm Stadtrechte. Durch seine Grenz-
lage war es häufig gegensätzlichen Interessen der Grafen von
Sayn und der Herzöge von Berg ausgesetzt. Die eigentlichen
Landesherren waren die Grafen von Sayn, aber die bergischen
Herzöge machten immer wieder Besitzansprüche geltend. Diese Auseinandersetzungen hielten bis zum Dreißigjährigen Krieg
an. Dieser und die Folgekriege des 18. Jh. brachten großes Leid
über Hamm. Im Zuge der Sayn'schen Gebietsteilungen kam die
Stadt 1648 an die Linie Sayn-Hachenburg und deren Nachfolger, letztlich über das Herzogtum Nassau 1866 an Preußen.

In der Zeit des Herzogtums Nassau wurde 1818 Friedrich
Wilhelm Raiffeisen in Hamm geboren, der als großer Sozial-
reformer das ländliche Genossenschaftswesen entwickelte, das
heute weltweit verbreitet ist (→ Flammersfeld). Ihm ist auch
hier in seinem Geburtshaus, einem hübschen Fachwerkhaus,
ein Museum gewidmet. In Hamm gibt es noch weitere Fachwerkhäuser. Interessant ist die Baugeschichte der evangelischen
Pfarrkirche. Um 1200 löste ein romanisches Gotteshaus den
Vorgängerbau ab. Der Turm dieser Kirche besteht bis heute.
Der dreiseitig schließende Chor wurde 1707 erneuert. Für das
zu erneuernde Kirchenschiff bestand schon 1739 ein Plan, der
aber in Abänderung erst 1752 zum Tragen kam. Es entstand ein
flachgedeckter dreifenstriger, durch Pilaster gegliederter Empo-
rensaal unter Walmdach. Im Chor steht der Kanzelaltar, ein so
genanntes Prinzipalstück, über dessen siebenseitigem Kanzel-
aufbau die Orgel thront – alles ganz im Sinn einer evangelischen
Predigerkirche.

Deutsches Raiffeisenmuseum: 57577 Hamm (Sieg), Raiffei-
senstraße 10, www.hamm-sieg.de/hamm/de/Raiffeisenmu-
seum/, für Führungen Tel.: 02682-3431 • **Waldschwimmbad
Thalhausermühle**: 57577 Hamm (Sieg), Thalhauser Straße
9, Tel.: 02682-969789, www.hamm-sieg.de/de/freizeit-tou-
rismus/waldschwimmbad-thalhausermuehle; in der Saison
täglich geöffnet.

55 Abtei Marienstatt

Das großartigste Kulturdenkmal des gesamten Westerwaldes stellt zweifelsohne das Klosterensemble der Abtei Marienstatt bei Hachenburg dar. Zisterziensermönche der Abtei Heisterbach im Siebengebirge hatten im Jahr 1212 durch eine Güterschenkung des Kölner Burggrafen Eberhard von Aremberg die Gründung eines Tochterklosters nahe Kirburg im Westerwald östlich von Hachenburg veranlasst. Aber die Schenkung wurde von den Erben angefochten. Daraufhin übertrugen Graf Heinrich III. von Sayn und seine Frau Mechthild von Landsberg den Mönchen die Grundherrschaft Nistria. So konnte der Konvent, der durch die Grafen direkt dem Kölner Erzbischof unterstellt wurde, im Jahr 1222 an den neuen Standort direkt an der Nister 4 km unterhalb von Hachenburg umsiedeln. Dank gräflicher Unterstützung wurde der erste Bauabschnitt schon 1227 fertiggestellt. 1322 folgte die Weihe dreier Altäre, 1324 die Weihe der noch unvollendeten Kirche. Weitere Übertragungen von Landbesitz und Schenkungen ermöglichten es, den Bau der Klosterkirche bis 1420 abzuschließen. Doch dann forderte die Pest ihre Opfer. Noch problematischer wurde es, als die Grafen von Sayn sich der Reformation anschlossen, so dass die Mönche zeitweise sogar die Abtei verlassen mussten. Der Dreißigjährige Krieg brachte Überfälle und Plünderungen mit sich und gefährdete den Weiterbestand der Abtei ernstlich. Doch nach dem Dreißigjährigen Krieg kam es zu einem erneuten Aufschwung der Abtei. Abt Benedikt Bach (1688–1720) unterzog die Kirche einer umfassenden Barockisierung. Unter Abt Petrus Emons (1734–1751) entstanden bis 1747 die neuen Abteigebäude, auch das Torhaus und die neue vierbogige Nisterbrücke – bis heute eines der beliebtesten Fotomotive des Westerwaldes. 1802 erfolg-

Westflügel mit Hauptportal
(Foto: Hans Otzen)

Foto: Winrich C.-W. Clasen

Abteigebäude, Marienstatt

te im Zuge der Säkularisation die Aufhebung des Klosters. In der Franzosenzeit diente das Kloster als Lazarett. Dann erwarb Graf Wilhelm von Nassau-Weilburg das Kloster und seine Liegenschaften. Die Klosterkirche diente nunmehr als Pfarrkirche, so dass sie erhalten blieb. Der Klosterkomplex wurde 1864 von Bischof Blum von Limburg erworben, der die ruinösen Bauten sanierte und eine Erziehungsanstalt für Knaben darin einrichtete. 1888 zogen erneut Zisterzienser aus der Abtei Wettingen-Mehrerau bei Bregenz am Bodensee in das Kloster Marienstatt ein. 1909 vervollständigte man die Abteigebäude durch den Bibliotheksflügel, an den man den Erweiterungsbau für den 1910 aufgenommenen Schulbetrieb anschloss. Am Ende des Zweiten Weltkrieges dienten die Klostergebäude noch als Lazarett, wurden aber kaum beschädigt. Die Renovierung von 2006 löste schon lange aufgetretene statische Probleme, gab der Kirche wieder ihren Außenputz, außerdem wurde der Innenanstrich,

Foto: Winrich C.-W. Clasen

Abteikirche Unserer Lieben Frau von Marienstatt

der schon Ende des 19. Jh. seine mittelalterliche Farbigkeit aus warmem Ziegelrot mit weißen Fugen wiederbekommen hatte, erneuert.

Die Marienstatter Abteikirche zählt zu den frühesten gotischen Sakralbauten in Deutschland. Vor allem der Kapellenkranz und die Strebepfeiler und -bögen, aber auch Spitzbögen und Kreuzrippengewölbe sind sichtbares Zeichen der Übernahme dieser Architektur. Die kreuzförmig angelegte Kirche hat ein dreischiffiges, siebenjochiges Langhaus mit zweijochigen Querhausarmen und einen einjochigen Chor mit 7/12-Abschluss. Dieser Chor ist der älteste Bauteil der Kirche. Er wird von einem Umgang mit Kapellenkranz umschlossen, der sich in der Breite der Seitenschiffe des Langhauses fortsetzt. Der zweite Bauteil setzt sich in der Vierung und den ersten Langhausjochen fort. Im letzten Bauabschnitt entstanden die vier westlichen Joche und die Kirche wurde eingewölbt. Entsprechend dem zister-

Foto: H.-Dirk Schmitt (Wikimedia Commons 3.0)

Langhaus der Abteikirche

ziensischen Architekturideal ist das Äußere der Kirche streng
gegliedert. Auch hat die Kirche nur einen Dachreiter. Eine einfache und klare Konstruktion bestimmt das Erscheinungsbild
des Kircheninneren. Im Langhaus tragen massive runde Säulen
die Scheidbögen und Gewölbedienste. Der Chor als architekto-
nische Glanzleistung der Kirche ist plastisch durchformter. Die
Wandgliederung ist dreizonig mit Arkaden, Blendtriforium und
spitzbogigen Fenstern. Hier sind die Kapitelle reicher gestaltet,
die Dienste gebündelt und über den Scheidarkaden ist ein Lauf-
gang vor der Fensterzone. Maßwerk tragen nur die Fenster der
Querschiffgiebelwände und der Westfront.

Zu der wertvollen Innenausstattung der Abteikirche von
Marienstatt zählen vor allem das Gnadenbild, das kunstvoll ge-
schnitzte Chorgestühl, das Ursularetabel, verschiedene barocke
Ausstattungsstücke sowie mehrere Gräber. Das Gnadenbild der
»Schmerzhaften Mutter« aus Naturstein entstand um 1400 als

Altaraufsatz mit zwölf Reliquienbüsten der hl. Ursula und ihrer Gefährtinnen

salzburgische oder böhmische Arbeit und kam 1425 nach Marienstatt. Seither wird hier die Marienwallfahrt gepflegt. Im Jahre
1947 wurde eine Gnadenkapelle an das südliche Seitenschiff der
Kirche angebaut, die seither dieses Versperbild beherbergt. Das
Altarretabel steht heute im Hochchor. Dieser dreiflügelige Ur-
sula-Altar gehört zu den ältesten und bedeutendsten deutschen
Flügelaltären. Er entstand um 1350 in einer Kölner Werkstatt
und zeigt beeindruckend die reiche Gliederung und die Feinheit
der Figuren. Eindeutig ist der Bezug zu Köln und dem Kult der
hl. Ursula mit der Legende der 11.000 Jungfrauen. Haltung und
Gewandung der Apostelfiguren verraten nahe Verwandtschaft
mit den Apostelfiguren des Kölner Domes. Aus der Barockzeit
stammen drei Altäre aus schwarzem und rotem Lahnmarmor an
der Südwand der Kirche, die der Hadamarer Schule zugerech-
net werden. Die barocke Dormitoriumstreppe besitzt ein reich
verziertes Eisengeländer und führt zweiläufig in den früheren

Schlafsaal der Mönche. Über der Treppe ist eine barocke, 1750 entstandene Uhr angebracht, die von Löwen flankiert wird.

Die Abteigebäude umschließen heute zwei Innenhöfe, den nördlichen umgibt der Kreuzgang. Der 1747 fertig gestellte Hauptbau ist eine am Schlossbau orientierte Dreiflügelanlage mit Ehrenhof. Blickfang des Gebäudes ist der Mittelrisalit aus Naturstein mit dem Wappen des Abtes Petrus Emons. Durch das Portal gelangt man in die Eingangshalle mit zweiarmiger Treppenanlage mit reich geschnitztem Geländer aus Eichenholz. Die Decke ist mit Stuckleisten und Malereien versehen, in der Mitte den griechischen Gott Chronos darstellend. Der barocke Kreuzgang mit Pilastergliederung und Kreuzgratgewölben birgt noch einige Figuren aus dieser Zeit. Aus der mittelalterlichen Substanz stammen noch einige Spitzbogenportale, die vom Kreuzgang ausgehen.

Von den barocken Wirtschaftsgebäuden steht die ehemalige Mühle gegenüber der Klosterpforte, die heute Werkstätten beherbergt. Über dem Pfortendurchgang des Pfortenhauses aus dem Jahr 1754 steht eine Figur des hl. Bernhard. Es schließt sich eine Allee an, die direkt auf das Hauptportal der Kirche zuführt. Eine teilweise aus dem Mittelalter stammende Bruchsteinmauer trennt bis heute das Klostergelände von der Umgebung. Auf dem Gelände betreibt das Kloster ein Brauhaus mit Restaurant, eine Kunst- und Buchhandlung, ein Gästehaus und ein renommiertes Privatgymnasium.

Zisterzienserabtei Marienstatt: 57629 Marienstatt, Tel.: 02662-95350, www.abtei-marienstatt.de • **Gästehaus Marienstatt:** 57629 Marienstatt, Tel.: 02662-95350, gast@abtei-marienstatt.de • **Buch- & Kunsthandlung Marienstatt:** 57629 Marienstatt, Tel.: 02662-9535270, buch@abtei-marienstatt.de, feiertags geschlossen • **Privates Gymnasium Marienstatt:** 57629 Marienstatt, Am Kloster 1, Tel.: 02662-969860, www.gymnasium-marienstatt.de • **Marienstatter Brauhaus:** Tel.. 02662-9535300, brauhaus@abtei-marienstatt.de, Mo Ruhetag, im Winter Mo+Di Ruhetag.

Foto: Elke Sinaga (Wikimedia Commons 3.0)

Dreifelder Weiher im Landschaftsschutzgebiet »Westerwälder Seenplatte«

Dreifelder Weiherland

D as Dreifelder Weiherland ist ein leicht gewelltes und mittig eingesenktes Plateau auf Höhenlagen von über 400 m, das sich von der Altenkirchener Hochfläche des Niederwesterwalds durch eine 100 m hohe Geländestufe absetzt. Die Randhöhen werden von über 450 m hohen Basaltkuppen gebildet. Eingebettet in das Plateau liegt das eigentliche Weiherland im Bereich wasserundurchlässiger Basalte mit seinen sieben naturnahen Weihern. Fünf der Weiher haben eine Größe von 10–30 ha. Der Wölferlinger Weiher misst nur noch eine Fläche von 1 ha und ist bereits zu großen Teilen verlandet. Der Dreifelder Weiher als größter der Seen misst dagegen 123 ha. Die Uferzonen der flachen Weiher bilden mit ihren ausgedehnten Röhrichten und Seggenrieden sowie vereinzelten Bruchwäldern Lebensräume für vielfältige Pflanzen- und Tiergesellschaften und sind daher weitgehend unter Naturschutz gestellt. Im Bereich der Dreifelder Weiher liegt das Quellgebiet der Wied. Die Quellbäche der Nister haben ihren Ursprung in den Randhöhen im Norden und Nordwesten des Weiherlandes. Das Offenland um die Siedlungen und Weiher wird hauptsächlich als Grünland genutzt, wobei noch Reste von extensiven Wiesen und Weiden, Heideflächen und Huteweiden erhalten sind. Die Randbereiche sind dagegen überwiegend mit Fichtenforsten bewaldet und nur von einzelnen größeren Rodungsinseln wie zum Beispiel um Hachenburg oder Gehlert durchsetzt.

Die Siedlungen auf dem Plateau entstanden überwiegend zwischen dem 9. und 13. Jh. Die eigentliche Prägung des Landschaftsraums geschah durch die Anlage der Weiher, was ab dem 12. Jh. durch Mönche erfolgte, die hier Fischzucht betrieben. Graf Friedrich von Wied (1618–1698) ließ die vorhandenen Teiche erweitern und teilweise neu anlegen. Durch Kanäle sind die Weiher untereinander verbunden. Über ihre Öffnung und Schließung kann bis heute der Wasserstand reguliert werden.

Die Siedlungen auf dem Plateau haben ihren dörflich-bäuerlichen Charakter weitgehend behalten. Ausnahmen bilden im Randbereich zur Westerwälder Basalthochfläche die Städte Hachenburg und Bad Marienberg, die sich längst über ihren Kern hinaus ausgedehnt haben.

⑤⑥ Hachenburg

Hachenburg ist eine planmäßige Stadtgründung der Grafen von Sayn an ihrer vor 1200 errichteten Burg an der Nister zur Sicherung der später Köln-Leipziger Straße genannten West-Ost-Verbindung durch den Westerwald. Um 1212 vollendete Heinrich III. von Sayn die Burganlage. Bereits zuvor hatte es unterhalb der Burg eine Talsiedlung als eigentliche Altstadt gegeben, deren vor 1200 errichtete Kirche lange die Pfarrkirche von Hachenburg blieb. Ab dem 13. Jh. war Hachenburg immer wieder ein Herrschaftsmittelpunkt der Grafschaft Sayn. 1234 wurde die Burgsiedlung als Markt bezeichnet, dann 1247 auch

Foto: Phantom3Pix (Wikimedia Commons 4.0)

Schloss Hachenburg, links unten der Alte Markt

als Stadt, die aber formal die Stadtrechte erst 1314 erhielt. Zu dieser Zeit war die Siedlung schon mit einer auch die Burg mit einbeziehenden Ummauerung versehen.

Bis zum Jahr 1606 teilte Hachenburg seine Geschicke mit denen von Altenkirchen. Die Teilung der Grafschaft unter den Enkelinnen des ohne männliche Erben gestorbenen Grafen Heinrich IV. gab Hachenburg der Enkelin Ernestine, die damit die Linie Sayn-Hachenburg begründete. Durch ihre Heirat ging ihre Grafschaft an den Grafen von Manderscheid-Blankenheim und über diesen an die Burggrafen von Kirchberg und letztlich zusammen mit Altenkirchen an das Herzogtum Nassau, um dann 1866 preußisch zu werden.

Verheerend wirkte sich der große Stadtbrand am 13. Oktober 1654 für die Stadt aus. Ernestines Ehemann Graf Salentin Ernst von Manderscheid-Blankenheim setzte sich sofort für die Erneuerung der Stadt ein. Das gitterförmige Raster der Straßen der Burgsiedlung zeigt bis heute ihre planmäßige Gründung. Die Hauptachse folgte der alten Köln-Leipziger Straße mit dem Niedertor im Westen und dem Obertor im Osten. In der Stadt war dies die Verbindung Wilhelmstraße–Markt–Schlossbergstraße. Außerdem gab es im Süden noch die Rahmpforte und im Norden an der Burg eine Mauerpforte. Nach einem vorangegangenen Stadtbrand von 1484 war der Markt schon nach Süden erweitert und entsprechend die Friedrichstraße zur Durchgangsstraße gemacht worden.

Von der ursprünglichen Anlage der Hachenburg ist wenig bekannt. Reste verbergen sich in den barocken Umbauten. Mit dem Stadtbrand 1654 wurde auch die Hachenburg stark in Mitleidenschaft gezogen. Die barocke Erneuerung zum Schloss erfolgte als hufeisenförmige Baugruppe aus fünf Flügeln mit schräg vortretenden Eckbauten, die sich zum nordöstlich vorgelagerten Schlosspark öffnet. In nachnapoleonischer Zeit blieb das Schloss Amtssitz, wechselte dann die Besitzer und ist heute Sitz der Hochschule der Deutschen Bundesbank. Für sie wurden in den 1970er Jahren Um- und Erweiterungsbauten am Schloss vorgenommen, so vor allem der Anbau neuer Gebäudeflügel. Die barocke Erneuerung des Schlosses begann mit dem Sommerbau, dem mittleren der Fünfflügelanlage. Der Sommerbau ist im Kern noch mittelalterlich, der Haupteingang trägt einen gotischen Bogen. Es folgten der Neuwiederflügel und der Torflügel unter einheitlicher Dachgesimshöhe und der Nord- und der Südflügel. Die Menagerie stellt die seitliche Verbindung zu den Vorgebäuden her, die der halbkreisförmigen Umrisslinie der mittelalterlichen Burg folgen. Dazu gehören der Torbau mit überhöhtem dreiachsigem Mittelbau, die Kanzlei, das Archiv und die Remise. Der anschließende Marstall wurde 1870 abgerissen.

Das Zentrum der spätmittelalterlichen/barocken Stadt wird vom Marktplatz gebildet. Hier steht der 1702 erstellte achteckige Marktbrunnen mit der Gestalt des Saynschen Löwen mit dem

Foto: Lsa Strencken

Alter Markt, Hachenburg

Stadtwappen. Der rechteckige Platz wird von reizvollen Ensembles aus renovierten Giebelhäusern des 17. und 18. Jh., mit teils offenem Fachwerk, gesäumt. Am Marktplatz stehen auch die evangelische und katholische Kirche. Bemerkenswert ist das Haus zur Krone, ein vierstöckiger steinerner Renaissancebau mit Rollwerkgiebel und dreifenstrigem Erker.

Wichtigstes Bauwerk der südwestlich der Burg gelegenen Altstadt ist ihre evangelische Pfarrkirche. Sie entstand als fünfjochige spätromanische Pfeilerbasilika mit Westturm und östlichem Querhausanbau, in katholischer Zeit noch St. Bartholomäus geweiht. Die Seitenschiffe wurden im 14. Jh. angefügt. Diese Kirche, ehemals St. Katharina, ist durch einen Bogengang mit dem Schloss verbunden. Ihr Chor ist spätgotisch, ihr Turm erhebt sich an der Südseite, das dreijochige Schiff ist ein barocker Saalbau. Das zum Markt gerichtete Portal ist als Risalit mit Flachgiebel und doppelseitiger Freitreppe ausgestaltet. Die katholische Pfarrkirche ist die ehemalige, in den 1730er Jahren errichtete Klosterkirche der Franziskaner, der Sakralbau des 1663 gegründeten Klosters. Zu Beginn des 20. Jh. wurde die Kirche verlängert und mit einem Turm versehen. Die Marktfront ist mit schlanken Pilastern und Volutengiebeln ausgestaltet. Sehenswert von der Innenausstattung sind vor allem der Hochaltaraufsatz und die beiden Seitenaltäre sowie die barocke Kanzel.

Einheitliche spätmittelalterliche und barocke Wirkung zeigen auch die Bauten der Straßen des Gittermusters der Burgstadt. Darunter sind die Wilhelmstraße, heute Fußgängerzone, die Friedrichstraße, die Alte Poststraße und die Herrnstraße zu nennen. Herrnstraße 3/5 ist der schönste und am reichsten verzierte Fachwerkbau der Stadt mit zwei geschnitzten Türen, Herrnstraße 6 ein Barockbau mit Mittelrisalit.

Der schon im 15. Jh. angelegte Burggarten erfuhr in der barocken Umbauzeit des Schlosses zeitgemäße Änderungen mit Weiher, Lusthäusern, einem Gartenhaus und einer Orangerie. Im Schlossgarten liegt auch der Museumsbau des Landschaftsmuseums Westerwald mit Exponaten zur Geschichte des Westerwaldes und seiner Bewohner. Das Museumsdorf weist zusätzlich hierher verbrachte Westerwälder Häuser des 17., 18. und 19. Jh. auf. Dazu zählen eine alte Schule mit komplett eingerichteter Schulstube, eine Scheune, ein Mühlenwohnhaus, eine Ölmühle, ein Backhaus und ein Westerwald-Wohnhaus als Eingangshaus.

Touristinformation Hachenburg: 57627 Hachenburg, Perlengasse 2, Tel.: 02662-958339, www.hachenburger-westerwald.de • **Hotel zur Krone**: 57627 Hachenburg, Alter Markt 3, Tel.: 02662-9479954, www.krone-hachenburg.de • **Landschaftsmuseum Westerwald**: 57627 Hachenburg, Leipziger Str. 1, Tel.: 02662-7456, www.landschaftsmuseum-westerwald.de, geöffnet Di bis So und feiertags 10–17 Uhr.

Evangelische Pfarrkirche, Bad Marienberg

Foto: Elke Sinaga (Wikimedia Commons 4.0)

⑤⑦ Bad Marienberg

Bad Marienberg, an der Schwarzen Nister am Übergang zum Hohen Westerwald gelegen, ist seit 1961 Kneipp-Kurort und kann sich seit 1967 als »Bad« bezeichnen. Historisch ist Marienberg Teil der Herrschaft zum Westerwald, einer erstmals 1048 urkundlich genannten Vogtei des Königshofs Herborn. Im Laufe der Zeit kam die Region unter nassauische Herrschaft. Als das Herzogtum Nassau 1866 an Preußen fiel, wurde Marienberg Sitz des Oberwesterwaldkreises. So erhielt Marienberg bis Ende des 19. Jh. das Landratsamt und ein Amtsgericht. In der Umgebung gab es neben Tongruben vor allem auch Braunkohlegruben. Die Marienquelle im Ort war schon 1863 als Heiligenborn in der örtlichen Kirchenchronik genannt. Ihr Wasser wurde als vortrefflich beschrieben und bildete die Grundlage für das sich entwickelnde Kur- und Heilbad.

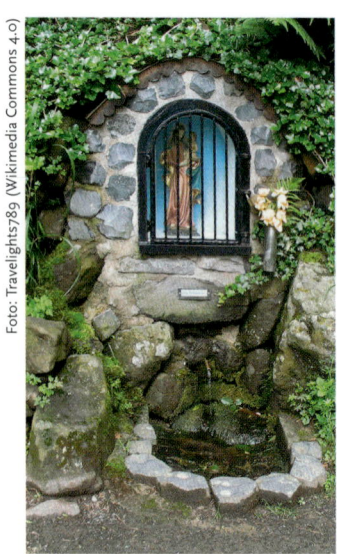

Foto: Travelights789 (Wikimedia Commons 4.0)

Marienquelle

Zu den Kur- und Freizeitanlagen von Bad Marienberg zählen der Kurpark mit Kneippanlage im Zentrum, das MarienBad mit seinen Badelandschaften westlich der Stadt, weitere Kneippanlagen über die Stadt verteilt, dazu gibt es Barfußwege und einen Apothekergarten im Sinne von Sebastian Kneipp. Außerhalb gibt es den Basaltpark in einem still gelegten Steinbruch, dazu ganz in der Nähe einen Wildpark und einen Klettergarten.

Bedeutendstes Bauwerk von Bad Marienberg ist die 1820 errichtete spätklassizistische evangelische Pfarrkirche. Der querrechteckige Bau weist an der Langseite einen dreiachsigen Mittelrisalit mit Pilastern und Flachgiebel als Eingangsbereich auf. Der gegenüberliegenden Längsseite ist der Turm mit Zeltdach und Haubenlaterne vorgesetzt. An das 18. und 19. Jh. erinnern in der Wilhelmstraße noch das Alte Amtshaus, ein zweistöckiger Bau mit kleinem Zwerchhaus, sowie das ehemalige Pfarrhaus, ein reizvoller Fachwerkbau aus dem Jahr 1788, der heute die Kurverwaltung beherbergt.

Tourist-Information und Kurverwaltung: 56470 Bad Marienberg, Wilhelmstraße 10, Tel.: 02661-7031, www.badmarienbad.de • **MarienBad**: 56470 Bad Marienberg, Bismarckstraße 65, Tel.: 02661-1300, www.marienbad-info.de, AktivBad, Bewegungsbad 34°C, Sauna, Außenbecken und Bistro • **Wildpark Bad Marienberg**: 56470 Bad Marienberg, Wildparkstraße, Tel.: 02661-3111, www.wildpark-badmarienberg.de.

»Alte Burg zu Rotzenhahn«, ein vollständiger Neubau (2009–2012)

58 Dreifelder Plateau

Südlich von Hachenburg setzt das eigentliche Dreifelder Plateau ein. Der erste Ort ist **Alpenrod** mit seiner 1844 erbauten Saalkirche, deren Turm noch mittelalterlich ist. Von hier geht es auf den Gräbersberg, den höchsten Punkt des Plateaus. Auf seiner Kuppe steht ein 33 m hoher Fernmeldeturm, dessen Aussichtsplattform erklommen werden kann. Von oben bietet sich nach 196 Stufen ein grandioser Blick über weite Teile des Westerwaldes. Zu seinen Füßen lockt die Alpenröder Hütte mit ihrem Biergarten zum Verweilen ein.

Zwischen Alpenrod und **Rotenhain** im Westen des Dreifelder Plateaus entdeckte man Reste einer Motte, auch *Alte Burg zu Rotzenhahn* genannt. Diese Niederungsburg entstand offensichtlich im 12./13. Jh. zur Sicherung des Postwegs, eines alten Handelswegs im Westerwald. Bei der Kernburg handelt es sich um einen rechteckigen Bau von 15 × 16 m Seitenlänge. In dem 3 m hohen Mottenhügel, der von einem 5 m breiten Graben umgeben war, blieben ihre Grundmauern erhalten, die bis zum Jahr 2000 ergraben wurden. Der Rotenhainer Verein »Historica« errichtete auf der Grabungsstelle einen Bau, der an diese Burg erinnern soll. Übrigens hieß das Dorf bis 1937 Rotzenhahn, doch das wurde dann wegen des »unschönen« Klangs in Rotenhain geändert.

Am Westende des Dreifelder Plateaus, in **Steinebach an der Wied**, findet man noch die Reste einer Niederungsburg in der Quellbachau der Wied. Sie war seit dem 12. Jh. der Sitz des niederadeligen Geschlechts derer von Steinebach, das um 1550 erlosch. Die Burg hat nie eine größere geschichtliche Rolle gespielt. Die Burginhaber verpfändeten ihren Besitz an die Grafen von Sayn, an die sie sie letztlich verkauften. Verblieben sind von der Burg ein steinerner Torbogen sowie Reste von Grundmauern. In den 1990er Jahren gestaltete der örtliche Heimatverein das Burggelände neu, flutete die Gräben teilweise und sanierte die Turmruine mit dem Torbogen.

In Richtung auf den Dreifelder Weiher im Ortsteil **Schmidt-hahn** gibt es die 1718 erstmals erwähnte Neumühle. Sie wurde zunächst als Schneidemühle betrieben, dann auch als Mahl- und Ölmühle. Später kam ein Schrotgang für Weizen hinzu. In Konkurrenz zur Wiedischen Alten Mühle bei Hachenburg konnte die Saynsche Neumühle nicht recht bestehen und ging letztlich in Landesbesitz über. Unter Sayn'scher Regie wurde die Mühle 1783 von Grund auf erneuert. Die erforderlichen Mauersteine entnahm man der Steinebacher Burgruine. Heute wird das Anwesen als Landwirtschaftsbetrieb genutzt.

Jöckel's Alpenroder Hütte: 57642 Alpenrod, Auf dem Gräbersberg, Tel.: 02662-943754, www.alpenroder-huette.de, täglich geöffnet • **Aussichtsturm Gräbersberg**: 57642 Alpenrod, Dr.-Edmund-Buchta-Straße (neben der Hütte).

Foto: Elke Sinaga (Wikimedia Commons 4.0)

Haus Seeburg, Steinebach an der Wied

⑤⑨ Westerwälder Seenplatte

Die auch als *Dreifelder Weihergebiet* bezeichnete Seengruppe auf gut 400 m Höhe umfasst sieben Stillgewässer von geringer Tiefe und unterschiedlicher Größe. Das weitgehend ebene Gelände ist das Quellgebiet der wichtigsten Westerwälder Flüsse. Es war stark versumpft, bis vermutlich Mönche ab dem 12. Jh. begannen, vernässte Flächen zur Fischzucht aufzustauen. Die Landesherren erkannten, dass durch systematische Teichanlage Fischzucht hier viel rationeller zu betreiben wäre.

Anfang des 17. Jh. legte Graf Wilhelm zu Sayn-Wittgenstein-Sayn zunächst den Wölferlinger Weiher an, in der Aufbruchs-zeit nach dem Dreißigjährigen Krieg war es Graf Friedrich III. von Wied (1634–1698), der weitere Feuchtgebiete sachgemäß zu Weihern aufstauen ließ.

Radtour: Sieben-Weiher-Weg

Die 32 km lange Tour auf gut beradelbaren Wegen führt rund um die sieben Seen der Westerwälder Seenplatte und zu den Orten im Umland der Weiher. Er setzt sich aus verschiedenen Einzelwegen zusammen, die alle mit Vogelnamen bezeichnet sind. Startpunkt ist der Campingplatz am Dreifelder Weiher. Zunächst führt der Weg nordwestlich am Seeweiher entlang in Richtung **Steinebach an der Wied**, wo man die Ruinenreste der Burg (Foto s.u.) der edelfreien Herren von Steine passiert. Von hier geht es südwärts zum Hoffmannsweiher, und man passiert den Haidenweiher. Ein Abstecher führt nach Hartenfels, dessen Burg auch liebevoll »Schmanddippe« genannt wird, und weiter zum Holzbachtal. Weiter

geht es ostwärts zum Hausweiher und dann zum Brinken- und Postweiher. Nun kommt der südlichste Punkt bei Weidenhahn. Auf dem Weg nach Wölferlingen bietet der Aussichtspunkt Helleberg einen weiten Rundum-Blick. Nun geht es zum Wölferlinger Weiher, von wo aus die letzte Etappe zurück zum Ausgangspunkt in Dreifelden führt, wo man sich die Dreifaltigkeitskirche anschauen sollte, die als die älteste Steinkirche des Westerwaldes gilt.

Streckenlänge: 32,2 km

Wegzustand: mehrheitlich Feld- und Waldwege

Beschilderung: wechselnde Vogelmotive

Höhenmeter: ↑ 532m ↓ 532m

Foto: El·tommo (Wikimedia Commons 1.0)

Es wird vermutet, dass er die Weiher durch Kanäle miteinander verbinden ließ, um die jeweiligen Wasserstände besser kontrollieren zu können. Auf diese Weise war die Fischzucht intensiver zu betreiben, und Verluste konnten leichter vermieden werden. Außerdem war dem Grafen daran gelegen, das Gelände so besser zur Jagd nutzen zu können. Zu diesem Zweck ließ er die gräfliche Jagdstation Haus Seeburg zu einem herrschaftlichen Jagdschloss ausbauen.

2019 erwarb der NABU die sieben Weiher der Westerwälder Seenplatte und ihre Randzonen, insgesamt eine Fläche von 228 Hektar, die erst teilweise unter Naturschutz standen. Von besonderer Bedeutung sind ihre weiten Flachuferbereiche. Hier finden Pflanzen- und Tierarten, die an diesen seltenen Lebensraum gebunden sind, letzte Rückzugsräume in Uferzonen mit wechselnden Schlammflächen, Röhricht- und Seggenbeständen mit angrenzenden Bruchwäldern und extensiv genutzten Pfeifengras- und Mähwiesen.

In **Dreifelden** trafen im Mittelalter die Erzbistümer von Köln und Trier mit den Grafschaften von Sayn und Wied nahe aufeinander. Dreifelden gehörte zum Herrschaftsbereich der Vorfahren der Grafen von Wied. Die Dreifaltigkeitskirche, heute evangelische Pfarrkirche, ist eine der ältesten steinernen Kirchen im Westerwald. Sie entstammt der frühromanischen Epoche um das Jahr 1000. Bis zur Reformationszeit diente sie auch als Wallfahrtskirche. Um 1200 erfolgte eine basilikale Erweiterung. Nach Umbauten in den Jahren 1699 und 1808/09 zeigte sie sich als barock geprägter Saalbau unter Mansarddach. Das heutige Erscheinungsbild mit quergelagertem Emporenbau entstammt den Erweiterungsbauten der 1950er Jahre.

Die Westerwälder Seenplatte:
Eine Wanderung zu Zeugen der historischen Teichwirtschaft

Westerwälder Seenplatte, die heute allgemein gebrauchte Bezeichnung für die von Weihern geprägte Landschaft im Oberwesterwald, ist erst 1912 geschaffen worden. Der sich für den Segelsport begeisternde Dreifelder Pfarrer Ludwig Bingel hat sie geprägt. Inspiriert von den Namen bedeutender Segelreviere wie der Mecklenburgischen Seenplatte, hat er auch das insgesamt nur 170 ha Wasserfläche bietende Ensemble von sieben Weihern in werbender Absicht mit einem leicht übertreibenden Namen belegt. Was man etwa vom Jahre 1900 an immer mehr als Freizeitlandschaft wahrgenommen und vermarktet hat, geht im Kern auf gestaltende Eingriffe im Laufe des 17. Jh. zurück. Die Weiher sind Menschenwerk.

Graf Wilhelm zu Sayn-Wittgenstein-Sayn machte 1620/21 den Anfang mit dem Wölferlinger Weiher, von 1655 an ließ Graf Friedrich III. von Wied die sechs übrigen Weiher anlegen oder ausbauen. Der Ertrag des Wölferlinger Weihers war eher für die Versorgung der Residenz Hachenburg bestimmt. Die Produktion der wiedischen Weiher zielte hingegen auf die Versorgung überregionaler Märkte. Im Laufe der Zeit wechselnd, waren z.B. Frankfurt und Mainz, die Bonner Hofhaltung der Kölner Kurfürsten oder vorm Ersten Weltkrieg die Reichshauptstadt Berlin Absatzgebiet großer Fischkontingente.

Das Landschaftsbild der Weiher und ihres Umlandes ist bis auf den heutigen Tag einem beträchtlichen Wandel unterworfen. Bis Ende des 19. Jh. grenzten an die meisten Weiher weitläufige Viehweiden im Gemeindeeigentum. Man hat sie aufgeforstet (im weiten Umland des Haidenweihers), zu Campingplätzen umgestaltet (an Dreifelder Weiher und

Westerwälder Seenplatte: Dreifelder Weiher im Hintergrund, Hoffmannsweiher (s. auch Abb. S. 192) vorne und Haidenweiher am rechten Bildrand

Postweiher) oder dem Golfsport überlassen. Weil entweder
das Vieh in großen Herden bis ans Wasser heran weiden
konnte oder die Verlandungszonen bis um 1930 zur Grasnut-
zung verpachtet waren, kam an den so genutzten Ufern kein
Gebüsch aus Weiden oder Erlen hoch, auch Schilf fehlte.

Dem hier nur grob skizzierten Wandel haben die Weiher-
dämme widerstanden. Zusammen mit den Ablassvorrichtungen an den Weihern und unterhalb liegenden Abfisch- oder
Hälterteichen sind sie mächtige Zeugnisse der historischen
Teichwirtschaft. Ihnen soll ein genauerer Blick gelten. Sowohl der Damm des Hausweihers als auch der des Dreifelder
Weihers sind exakt dort platziert, wo der Bachlauf eine Eng-
stelle im Gelände passiert. Einen Bachlauf direkt zu bedeutender Höhe und Fläche zu stauen verlangt wasserbauliche
Fachkunde. Im Deichbau erfahrene Flamen legten den Drei-

Foto: El tommo (Wikimedia Commons 1.0)

Hausweiher

felder Weiher an. Unterhalb des Dammes stehend, kann man heute noch staunen, was für ein beeindruckendes Bauwerk da in reiner Handarbeit geschaffen wurde. Am nördlichen Ende des Dammes findet sich die Hochwasserentlastung des Weihers, früher als Flutbett bezeichnet. Deutlich tiefer als die Dammkrone liegend, fließt bei Bedarf überschüssiges Wasser ab und beugt einem Abschwemmen der Dammkrone bei Hochwasser vor. Auch am Brinkenweiher lässt sich diese Einrichtung in ihrer herkömmlichen Ausführung noch gut beobachten (vgl. Abbildung gegenüber).

Das Herzstück der Ablassvorrichtungen ist an allen Weihern der »Mönch«. Auch wenn die Bauausführungen variieren, so ist das dahinter stehende uralte Prinzip dasselbe. Es macht keinen Unterschied, ob das vorm Damm im Wasser stehende Bauwerk aus Basaltsteinen gemauert und verputzt, aus Beton gegossen oder aus Betonfertigteilen gefügt ist.

Foto: LigaDue (Wikimedia Commons 4.0)

Ablassvorrichtung

Zum Wasser hin stauen eingesetzte Bretter das Wasser auf die gewünschte Höhe. Ein dem obersten Staubrett aufgesetztes Gitter verhindert das Entkommen der Fische. Zum Ablassen werden die Staubretter nach und nach entnommen, der Weiher kann bis auf den Grund auslaufen.

Unterhalb des Dammes am Dreifelder Weiher finden sich noch der Abfischgraben und Hälterteiche. An ihnen war beim vollständigen Abfischen des Weihers das Sortieren, Wiegen und Verladen der Fischernte zu leisten. Solange der Fischtransport allein in Fässern oder Kästen per Fuhrwerk erfolgte, dauerte das vollständige Ausfischen am größten Weiher eine Woche. Am Hausweiher ist der Komplex der Hälterteiche besonders gut ausgeprägt. Ebenfalls wegen begrenzter Transportkapazitäten waren die Fische nur nach und nach zu vermarkten. Zu ihrer Bevorratung waren gut mit Wasser versorgte und unter ständiger Aufsicht stehende Behälter erforderlich. Beide Voraussetzungen waren am Hausweiher (Abb. S. 190) am besten erfüllt. So konnten hier bis zu 500 Ztr Fische gehältert werden.

Vom **Hofgut Schönerlen** haben sich die 1913/14 errichteten zweiflügeligen Wirtschaftsgebäude und die ehemalige Dienstwohnung des Verwalters mit angegliedertem Gesindehaus erhalten. Im Bruchstein-Mauerwerk ist Trachyt verarbeitet, der zum Teil auf den Hofländereien selbst gewonnen werden konnte.

Bei **Seeburg** sind nur noch versteckte Spuren des um 1680 errichteten, aber schon 1809 wegen Baufälligkeit abgebrochenen Schlosses Seeburg (Abb. S. 185) zu erkennen. Erhalten hat sich hier allein eine langgestreckte Hofanlage, die aus dem östlichem Anbau an das 1827–1829 errichtete Jägerhaus Seeburg entstand. Seeburg war im 19. Jh. Dienstsitz des Revierförsters und Leiters der Teichwirtschaft. Als der Dreifelder Weiher 1858–1899 dauerhaft trocken gelegt und als Wässerwiese eingerichtet war, hatte hier ein fürstlich-wiedischer Wiesenmeister seine Dienstwohnung.

Seit 2011 war die teichwirtschaftliche Nutzung der Weiher schon eingeschränkt und ist seit 2018 aufgegeben. Eine auf Düngung und Zufütterung basierende Teichwirtschaft ist an den Weihern mit Bestimmungen der Europäischen Wasserrahmenrichtlinie nicht in Einklang zu bringen.

Antonius Kunz

Foto: el_tommo (Wikim. Comm. 1.0)

Hoher Westerwald

Fördergerüst und Grubenbahn der Grube Alexandria
am Marktplatz von Höhn
(Foto: Martin Kraft; Wikimedia Commons 3.0)

Weide am Knoten auf dem Hohen Westerwald

Westerwälder Basalthochfläche

Im Osten des Westerwaldes breitet sich der Hohe Wester-wald als weitgehend wellig-ebene Fläche in Höhenlagen zwischen 500 und 600 m aus. Hier liegt auch die 657 m aufra-gende Fuchskaute als höchste Erhebung der gesamten Region. Nach Osten zerlappt sich der Hohe Westerwald zum Dillwes-terwald hin, nach Süden neigt er sich zum Oberwesterwald, im Westen grenzt er an das Dreifelder Weiherland, und im Norden erstreckt sich das Neunkhausen-Weitefelder Plateau. Das von großen Niederschlagsmengen gekennzeichnete Gebiet entwäs-sert in alle Himmelsrichtungen.

Die Westerwälder Basalthochfläche bildet das Kerngebiet des Hohen Westerwaldes. Hier befindet sich im Rabenscheider Holz bei Liebenscheid das Dreiländereck Nordrhein-Westfalen – Hessen – Rheinland-Pfalz. Der Vulkanismus, der im Westerwald im Zeitalter des Tertiär vor 25 Mio Jahren einsetzte, ist prägend für seine Landschaftsentwicklung. Hier befinden sich auch die höchsten Erhebungen des Westerwaldes, neben der Fuchskaute auch der Stegskopf (654 m) und der Altenberg (651m). Auf der Hochfläche breitet sich eine nahezu geschlossene Lavadecke aus, die das devonische Grundgestein überlagert. Gegliedert wird das sanfte Relief des Landschaftsraums durch flache Talmulden der Nebenflüsse von Nister, Daadenbach und Heller, die sich nach Norden hin eintiefen. Ihre Quellbereiche haben vielfach im Zuge von Entwässerungsmaßnahmen ihre Ursprünglichkeit verloren. Größere Staugewässer bilden die Krombachtalsperre und der Breitenbacher Weiher. Kleine Teiche und Weiher wurden in den Bachniederungen angelegt.

Das raue Klima mit einer durchschnittlichen Jahrestemperatur von 6° C und hohen Niederschlägen von über 1000 mm pro Jahr macht es der Landwirtschaft nicht leicht im Hohen Westerwald. Staunasse Böden behindern den Ackerbau. Frühere Huteweiden wurden mancherorts aufgeforstet, so dass der Waldanteil der Region wieder zugenommen hat. Dazu wurde vielfach die Fichte eingesetzt, so dass heute Nadelforste die Waldflächen der Region dominieren. Daher sind die früheren Gemengelagen aus diesen Huteweiden mit Heideflächen und Streuobstwiesen weitgehend verloren gegangen. So dominiert trotz Waldzunahme die Grünlandwirtschaft, wobei noch größere Bestände an extensiv genutzten Magerwiesen, Feucht- und Nasswiesen vorhanden sind. Da sich aber die Wald- und Aufforstungsflächen kleinflächig verteilen, präsentiert sich die Region trotz aller Veränderungen im Landschaftsgefüge immer noch abwechslungsreich. Was für den Landwirt raues Klima ist, ist für den Urlauber Reizklima. So hat sich der Westerwald hier in seiner höchsten Region zu einem »sanften« Tourismusgebiet entwickelt, dessen Infrastruktur mit Gastronomiebetrieben, Wanderwegen und Freizeiteinrichtungen vorbildlich ausgebaut ist und seinen Bewohnern neue Einkommensquellen verschafft hat.

Foto: Oliver Abels (Wikimedia Commons 4.0)

Verbandsgemeindeverwaltung, Rennerod

🟢 Rennerod und Emmerichenhain

Hauptort der Hochfläche ist **Rennerod** am Holzbach. Der Ort entstand vermutlich als Rodungssiedlung in der Karolingerzeit. Eine erste Sicherung des Orts an der Kreuzung mehrerer Salzhandelsstraßen nahmen schon im 11. Jh. die Grafen von Diez vor. Die erste urkundliche Nennung erfolgte als *Reynderode* im Jahr 1217. Nach den Grafen von Diez wechselten sich verschiedene Nassauer Linien in der Landeshoheit nacheinander ab. Dabei hatte Rennerod die unterschiedlichsten Verwaltungsfunktionen. Unter anderem war hier die Hohe Gerichtsbarkeit etabliert. Davon zeugt auch noch das »Hexengericht«, eine durch Linden gekennzeichnete, im 16. Jh. erwähnte Gerichtsstätte an der Bahnhofstraße. Kirchlich unterstand Rennerod zunächst dem Kloster Seligenstadt bei Seck, ab 1332 dem

Tourist-Information »Hoher Westerwald«: 56477 Rennerod, Westernoher Straße 7a, Tel.: 02664-9939093, www.hoher-westerwald-info.de.

Stift Gemünden. Nach den Unruhen von Reformation und Rekatholisierung musste 1777 der Kirchturm abgerissen und durch einen neuen ersetzt werden. 1876 ersetzte dann ein Saalbau mit querhausartigen Anbauten die alte, baufällig gewordene Kirche. Von besonderem Interesse an der Kirche sind die beiden Epitaphien der Zehntgrafen zu Rennerod, datiert 1675 und 1714.

Seit 1971 sind die Gemeinden Rennerod und Emmerichenhain zusammengeschlossen. Die Ursprünge von **Emmerichenhain** gehen wohl auf einen Ritter namens Embricho im 13. Jh. zurück. Später bestand hier eines der drei Zentren der Herrschaft zum Westerwald, der erstmals 1048 urkundlich genannten Vogtei des Königshofs Herborn (→ Bad Marienberg). Danach wechselten sich wie in Rennerod verschiedene Nassauer Linien in der Landeshoheit nacheinander ab. Eine erste Kirche wurde 1231 erwähnt. Grabungen ergaben eine spätromanische Basilika mit Chorturm und Apsis. Die heutige Pfarrkirche von Emmerichenhain wurde 1744 als Saalbau mit hohem Turm errichtet, der mit einem achteckigen Haubenhelm gekrönt ist. Innen zeigt der Bau ein Tonnengewölbe mit dreiseitig umlaufenden Emporen. Reich geschnitzt ist die Kanzel.

61 Waigandshain

Das Wahrzeichen von Waigandshain ist sein Schulhaus. Der Ort erscheint urkundlich erstmals 1346 als *Wiganshen*. Er war Teil des Kirchspiels Emmerichenhain in der Herrschaft zum Westerwald. Im 16. Jh. schon wird die Ortskapelle als ruinös beschrieben. Eine Schulstiftung ermöglichte 1749 den Bau eines Bet- und Schulhauses. Dieses reizvolle Fachwerkhaus mit Ober-

Foto: Karsten Ratzke (Wikimedia Commons 1.0)

Evangelische Kirche, Stein-Neukirch

geschoss unter Walmdach mit Dachreiter ersetzte ein zuvor ge-
kauftes Schulhaus. In der Gemarkung südlich von Waigandshain
bestand seit dem 16. Jh. ein Weiher, der im 19. Jh. trocken fiel.
Inzwischen ist er als Breitenbachtalsperre wieder aufgestaut und
seit 1988 mit seinen Flachwasserzonen und seinen umgebenden
Feuchtwiesen als Naturschutzgebiet ausgewiesen.

⑫ Stein-Neukirch

Stein-Neukirch erstreckt sich als höchstgelegener Ort des
Westerwaldes am Nordhang der Talmulde zwischen Stegskopf (654 m) und Salzburger Kopf (653 m) als dritter Teil des
Kirchspiels Emmerichenhain in der Herrschaft zum Westerwald. Beeindruckend ist die nahe der alten Köln-Frankfurter

Straße als Wehrkirche angelegte, erstmals 1231 als *nuve kirche* erwähnte, heutige evangelische Pfarrkirche, die dem Ort Neukirch seinen Namen gab. Ihr Chor ist gotisch und weist einen dreiseitigen Schluss auf. Der wuchtige Turm aus der angenommenen Erbauungszeit des 12. Jh. trägt ein Glockengeschoss mit niedrigem Spitzhelm. Neukirch war im ausgehenden Mittelalter Gerichtsort für die Niedere Gerichtsbarkeit in der Herrschaft zum Westerwald. Die Blutgerichtsstätte befand sich im 18. Jh. auf dem Salzburger Kopf. Der Zusammenschluss mit der Nachbargemeinde Stein fand schon zu Beginn des 19. Jh. statt.

Die Höhenlage prädestiniert Stein-Neukirch für den Wintersport. Auf dem Salzburger Kopf befindet sich ein Wintersportzentrum mit Lift und Abfahrtspiste, Snowtubeanlage, Flutlicht und einer bewirtschafteten Hütte. Hier verläuft auch der höchste Streckenteil der »Westerwaldloipe«.

⑥③ Liebenscheid

Die Ursprünge von Liebenscheid ganz im Norden der Westerwälder Basalthochfläche liegen im Dunkeln. Hier, an der Kreuzung der Fernstraßen Köln-Leipzig und nach Frankfurt, hat es möglicherweise schon früh eine Befestigung durch die Grafen von Molsberg gegeben. Diese fiel 1323 an Nassau-Dillenburg. Zwischen den Söhnen von Heinrich I. von Nassau-Dillenburg kam es zum Bruderzwist, der in einer Landesteilung endete. Der jüngere Bruder Otto wurde mit der Herrschaft zum Westerwald abgefunden. Nach dem 1341 geschlossenen Teilungsvertrag fiel damit Liebenscheid als Teil dieser Herrschaft an Otto von Nassau-Beilstein. Seine Nachfolger errichteten hier eine kleine Burg, die auch zeitweise der Sitz der 200 Jahre währenden Herrschaft der Grafen von Nassau-Beilstein gewesen ist – zumindest bis 1617. 1645 galt sie schon als Ruine. Kaiser Karl IV. versah Liebenscheid 1360 mit Stadtrechten. Daraufhin befestig-

Foto: LigaDue (Wikimedia Commons 1.0)

Untere Dorfstraße, Liebenscheid-Weißenberg

ten die Grafen den Ort an der Burg mit einer Ummauerung, von der nur noch Wälle vorhanden sind. Die Grafen verpfändeten die Burg mehrfach. Nach ihrem Aussterben fiel Liebenscheid an die Grafen Nassau-Dillenburg zurück. Diese erneuerten die inzwischen marode gewordene Ummauerung und bauten die Burg zu einer Festung aus, die aber nicht fertiggestellt und im Dreißigjährigen Krieg zerstört wurde. Die Reste fanden als Baumaterial Verwendung.

64 Rehe

Ein weiterer interessanter Ort der Westerwälder Basalthochfläche ist Rehe mit der Fuchskaute, der höchsten Erhebung des gesamten Westerwaldes, und der Krombachtalsperre

Jan Rubens – gefangen auf Schloss Liebenstein

Jan Rubens (1530–1587) entstammte einer wohlhabenden Kaufmannsfamilie in Antwerpen. Der ehrgeizige Junge konnte eine höhere Schulbildung genießen und in Löwen und in Italien studieren.

1550 wurde er mit nur zwanzig Jahren in Rom zum zum Doktor der Rechte promoviert.

Nach langen Bildungsreisen durch Europa kehrte er zwei Jahre später nach Antwerpen zurück, wo man ihn zum Ratsherren und Schöffen ernannte. Es war die Zeit des Humanismus, in der die Lehre von Johannes Calvin immer mehr Anhänger in den Spanischen Niederlanden fanden. Im Jahr 1568 musste Jan Rubens mit Frau und Kindern vor der spanischen Inquisition nach Köln fliehen. Dort betätigte er sich erfolgreich als Advokat und Vermögensverwalter, unter anderem auch für Anna von Sachsen, die Gemahlin von Wilhelm von Oranien. Aus der Geschäftsbeziehung wurde eine Liebesbeziehung, sogar eine Tochter ging daraus hervor. Er wurde wegen Ehebruchs angeklagt, auf einem Weg nach Siegen gefangen genommen und nach Schloss Liebenstein (bei Neckarwestheim) verbracht, wo man ihn einkerkerte.

Später wurde er nach Dillenburg verbracht, Anna von Sachsen unter Hausarrest gestellt. Maria Pypelinckx, Jan Rubens Frau, ebenfalls aus begüterten Antwerpener Kaufmannskreisen, hielt aber zu ihrem Mann und schaffte es, ihn frei zu bekommen.

Danach bekam das Ehepaar noch zwei Kinder, so auch am 28. Juni 1577 Peter Paul Rubens, einer der berühmtesten Maler seiner Zeit. 1578 zog das Paar mit seinen Kindern wieder nach Köln, wo Jan Rubens am 1. März 1587 starb.

in der Nähe. Hier findet man noch eine ganze Reihe typischer Westerwälder Fachwerkhäuser, die hier durch ihren Anlass, das einseitig gegen die Witterung herabgezogene Schleppdach, gekennzeichnet sind. Das Schmuckstück des Ortes ist sein 1741 errichtetes Rat- und Bethaus, ein ähnlicher Bau wie in Weigandsheim. Das zweigeschossige Fachwerkhaus unter Mansarddach weist reiche Schnitzereien auf. Im Erdgeschoss befinden sich die Amtsräume; das hohe Obergeschoss wird vom Betsaal mit kräftig marmoriert bemalten Bänken eingenommen.

Naturschutzgebiet Fuchskaute

Nördlich von Rehe erheben sich die Kuppen der **Fuchskaute**, denn diese höchste Erhebung des Westerwaldes weist mehr als nur eine Anhöhe aus. 650 m voneinander entfernt ist die Nordkuppe (656,4 m = Alteberg) von der Südkuppe, die wiederum aus zwei Erhebungen besteht (657,3 m bzw. 656,5 m). Hier breitet sich die Gemeinde-Viehweide von Willingen aus, die bis in die 1960er Jahre aufgrund der Höhe, der Niederschläge und des rauen Klimas in eher traditioneller Weise bewirtschaftet wurde. So entstanden Heide- und Wacholderflächen mit vielseitigen, hoch spezialisierten Pflanzen- und Tiergesellschaften aus 300 Blütenpflanzen, 300 Schmetterlings- und fast 50 verschiedenen Vogelarten. 40 ha dieses außergewöhnlichen Lebensraums an der Ostflanke bis hoch zur Südkuppe sind deshalb als Naturschutzgebiet ausgewiesen. Das Gebiet um die Fuchskaute ist ein weitläufiges Wandergebiet, worüber der Westerwaldsteig führt, und ein ausgedehntes Ski-Langlaufgebiet mit gespurten Loipen.

Fuchskaute Lodge: 56479 Willingen, Fuchskaute 1, Tel.: 02667-961930, www.fuchskaute-lodge.de.

⑥⑤ Höhn

Im Osten der Westerwälder Basalthochfläche befindet man sich inmitten des Westerwälder Braunkohlereviers, dessen Haupttrevier sich zwischen Marienberg und Höhn erstreckt. Ein kleineres Revier liegt noch im hessischen Teil der Basalthochfläche. Entstanden ist die Braunkohle im Zeitraum vor 25 bis 10 Mio Jahren in moorigen und sumpfigen Einsenkungen der Hochfläche. Eingelagert sind die Braunkohleflöze in sandige und tonige Schichten, teilweise überlagert durch Basaltschichtungen. Dabei bildete sich die wenig ergiebige Weichbraunkohle einerseits und die bessere Hartbraunkohle andererseits. Die Hartbraunkohle verdankt ihre Entstehung dem Vulkanismus. Dort, wo sie von Lavagestein überdeckt wurde, trat eine beschleunigte Inkohlung ein. So hat diese Braunkohle nur noch ein Drittel Wassergehalt, was ihren Heizwert beträchtlich erhöht. Dabei wurde die Braunkohle so fest, dass sie teilweise durch Sprengungen abgebaut werden musste. Dies war vor allem bei der **Grube Alexandria** in Höhn, der größten des gesamten Reviers, der Fall.

Bekannt waren die Braunkohlevorkommen im Westerwald seit dem 16. Jh. Die minderwertige oberflächliche Kohle eignete sich nur als Hausbrand. Erste Abbauversuche im 17. Jh. scheiterten am nicht beherrschbaren Grundwasser. Mit Beginn der Industrialisierung stieg der Energiebedarf. Es lohnte sich nun, die Hartbraunkohle auch unter Tage zu gewinnen, denn Dampfmaschinen sorgten für einen geregelten Wasserhaushalt. 1821 erfolgte die Gründung der Grube Alexandria, die im Laufe des 19. Jh. ein unterirdisches Netz von Stollen um Höhn bis zum Nistertal erhielt. Mit dem Bahnanschluss an die Grube im Jahr 1907 und der Einrichtung eines Elektrizitätswerks an der Nister gab es noch einmal einen Aufschwung für die Westerwälder Kohle, doch die Konkurrenz der Steinkohle wurde immer erdrückender. 1959 mussten das Elektrizitätswerk, 1961 die Grube

St. Josef mit Pfarrhaus, Höhn-Schönberg

Foto: Martin Kraft (Wikimedia Commons 3.0)

stillgelegt werden. Zur Erinnerung hat man das Oberteil eines Fördergerüsts und eine Grubenbahn auf dem Marktplatz in Höhn (Foto auf S. 193) aufgestellt. Die sieben 1914 in Reformarchitektur für Arbeiter und Angestellte des Braunkohlekraftwerks errichteten Wohnhäuser stehen unter Denkmalschutz.

Das Gebiet von Höhn ist seit der Jungsteinzeit bewohnt. Siedlungsorte entstanden ab dem 6. Jh. Landesherren waren im Mittelalter die Grafen von Sayn, die Höhn auf dem Wege des Tauschs zu Beginn des 17. Jh. an Nassau-Beilstein übergaben. Die Ortspfarrkirche Mariä Heimsuchung fand schon eine erste Erwähnung im 11. Jh. In dem 1929 errichteten Bruchsteinneubau sind noch der Hauptchor im 5/8-Schluss unter Sterngewölbe und der Seitenchor im 5/10-Schluss unter Kreuzgratgewölbe erhalten – vermutlich aus Baumaßnahmen des Jahres 1462. Die dekorativen Fresken sind weitgehend freigelegt.

Am Höhner Ortsteil **Schönberg** steht ein Skilift, dessen 700 m lange, leicht durch den Wald geschwungene Abfahrtspiste die längste des Westerwaldes ist. Eine Flutlichtanlage ermöglicht den Betrieb auch nach Einbruch der Dämmerung.

Eine interessante geologische Formation zeigt der nördlich des Ortsteils **Neuhochstein** gelegene 526 m hohe Kackenstein. Seine eigenwilligen Felsklötze dienten schon den Kelten als Opfersteine. Als frühere Bezeichnungen tauchten um 1300 »Kockenberch« und später auch »Kalczberg« auf. 1929 benannte sich der unter dem Fels gelegene Ort in *Neuhochstein* um.

66 Enspel

Im Übergang der Westerwälder Basalthochfläche zum Dreifelder Weiherland liegt der kleine Ort Enspel. Zwischen dem Ort und dem Nistertal mit der denkmalgeschützten Eisenbahnbrücke erhebt sich der Stöffel, ein vor 25 Mio Jahren entstandener Basaltberg. Hier hat die Firma Adrian GmbH 1912–1970 Basalt abgebaut und verarbeitet. Da die Werkseinrichtungen nach der Stilllegung nicht beseitigt wurden, stellt das Firmengelände ein Industriedenkmal als Zeugnis der Basaltverarbeitung dar, das zu einem Erlebnispark weiterentwickelt wurde. Zu sehen sind die alte Basaltbuhne, die Vorbrechanlage, die Steinbrechanlagen, die Dampfmaschine, die Walze, die Wellblechhütten (= Nissenhütten) sowie die Unterstände für die Sprengmeister. Es gibt viele Informationen zur örtlichen Geologie, zum Basalt selbst und seinen Anwendungsmöglichkeiten und Anregungen für Familien, dort den Tag zu verbringen – der Park selbst versteht sich insbesondere als Lernort für Kinder.

 Stöffel-Park: 57647 Enspel, Stöffelstr. 1, Tel.: 02661-9809800, www.stoeffelpark.de , Mo geschlossen (nicht an Feiertagen).

Foto: Wolkenkratzer (Wikimedia Commons 4.0)

Industriedenkmal Enspel

㊏ Driedorf

Zwischen Rehe und Mademühlen, einem heutigen Ortsteil von Driedorf, wo sich die Krombachtalsperre erstreckt, stand im 14. Jh. eine Mühle. Das Gebiet wird vom Rehbach durchlaufen, der oberhalb von Rehe entspringt und bei Herborn in die Dill mündet. Bei Mademühlen gab es im 16. Jh. einen vom Rehbach gespeisten Teich, der im 19. Jh. vermoorte. In den 1930er Jahren wurde der Bach schon energiewirtschaftlich genutzt. Ihn durch eine Talsperre aufzustauen, entschloss man sich erst Ende der 1940er Jahre. Den Namen dieser Talsperre leitete man vom Krombach ab, der hier in den Rehbach mündet. Seine 550 m lange und 14 m hohe Staumauer liegt auf 550 m Höhe. Die Fläche des aufgestauten Sees misst 100 ha. Sein oberer Teil liegt noch in Rheinland-Pfalz. Hier wurden große Teile seiner

Wasserfläche zusammen mit den Uferzonen aus Hochstauden-Röhricht, Großseggengesellschaften und Weidenbüschen unter Naturschutz gestellt. So soll der Bedeutung des Talsperrensees als Rastplatz sowie ruhiger Platz zur Nahrungsaufnahme und Kräftigung für den Weiterflug durchziehender Wasservögel Rechnung getragen werden. Oberhalb des Talsperrensees schließt sich noch eine privat genutzte Teichlandschaft an. Der hessische Teil der Krombachtalsperre bis zur Staumauer ist für die touristische Nutzung frei gegeben. Am Ufer gibt es ein Feriendorf und zwei Campingplätze, auf dem See kann gesegelt und gesurft werden. In der Nähe liegen die Ruinen des Junkernschlosses.

Kurios ist die Pfarrkirche von **Mademühlen**. Ihr wuchtiger spätromanischer Chorturm wird durch mächtige Schrägpfeiler abgestützt. Das Kirchenschiff verlängerte man 1770 um einen zweigeschossigen Saal, der bis 1835 als Schulraum diente. Danach bezog man den Raum in das Kirchenschiff mit ein.

Driedorf selbst weist eine hochinteressante Geschichte auf. An diesem strategisch wichtigen Platz zweigte von der alten Köln-Frankfurter Handelsstraße der Weg nach Koblenz ab. Zunächst hatten die Herren von Greifenstein diesen Platz inne und trieben hier ihr Unwesen, bis sich Graf Otto I. von Nassau mit der Hilfe mehrerer Reichsstädte des Platzes bemächtigte. Graf Otto errichtete auf ehemaligem Greifensteiner Boden zwei Burgen, die Obere Burg als Landesburg und die Unterburg als Lehensburg, die auch als Junkerschloss bezeichnet wird. Im 1290 geschlossenen Vergleich zwischen Otto I. und seinen Verbündeten einerseits und den Grafensteinern andererseits wurde letzteren die Unterburg zugesprochen. 1305 erhielt Driedorf Stadtrechte. Den Grafensteiner Anteil am 1290 geschlossenen Vergleich erwarben die Nassauer 1334. Danach wechselten sich verschiedene Nassauer Linien in der Landeshoheit über Drieburg ab. Im 17. Jh. war Driedorf zeitweise sogar nassauische Nebenresidenz. 1819 vernichtete ein Großbrand fast die gesamte Stadt. Der Wie-

Foto: Oliver Abels (Wikimedia Commons 4.0)

Evangelische Kirche, Mademühlen

Unterburg (Junkernschloss), Driedorf

Foto: Oliver Abels (Wikimedia Commons 4.0)

Foto: Oliver Abels (Wikimedia Commons 4.0)

Schlossstraße 18, Driedorf

Foto: Oliver Abels (Wikimedia Commons 4.0)

Schalturm, Driedorf

deraufbau vollzog sich planmäßig nach einem Rechteckschema mit großem rechtwinkligem Marktplatz. Fast alle Bauten der Stadt entstammen in überwiegend zweigeschossiger Fachwerkbauweise mit gleichbleibender Ausrichtung des Firstverlaufs in nordost-südwestlicher Richtung dieser Neubauzeit. Innerhalb des Straßenrasters entstand auf einem baumbestandenen Platz die neue Pfarrkirche. Der gesamte Bereich dieser planmäßig entworfenen Stadt steht inzwischen unter Denkmalschutz.

Unter den Neubauten der frühen 1820er Jahre in der Altstadt von Driedorf sticht die evangelische Pfarrkirche hervor. Diese klassizistische Querkirche ist durch einen stark hervortretenden Mittelrisalit mit vier Pilastern und Dreiecksgiebel gekennzeichnet. Vor der südlichen Längsseite erhebt sich der im Kern noch romanische Turm mit Haubenlaterne.

Die meisten Teile der Stadtummauerung wurden nach dem großen Brand niedergelegt, weil sie nicht in das neue städtebauliche Konzept passten. Reste sind vor allem an den beiden Burgruinen erhalten. So steht von der Oberen Burg noch ein rechteckiger Turm. Die Unterburg war als Wasserschloss angelegt. Weiterhin gibt es Reste des Berings und eines rechteckigen Wohnbaus.

Zwischen den »Neubauten« der Driedorfer Fachwerkhäuser sind auch zwei Bauten, die den großen Brand ganz oder teilweise überstanden haben. Dazu zählt das Haus Marktstraße 20 aus der zweiten Hälfte des 17. Jh. mit geschnitzten Eckpfosten, das ehemals dem Amtshof zugehörig war. Das Haus Schlossstraße 18 mit barocker Fachwerkstruktur aus dem 18. Jh. könnte auch außerhalb auf Abbruch verkauft und in Driedorf neu aufgerichtet worden sein.

Unmittelbar südwestlich wird der Rehbach ein zweites Mal zum Stausee Driedorf aufgestaut. Der 250 m lange Hauptdamm mit dem L-förmig angelegten Seitendamm wurde 1932–1935 als Begrenzung für ein Speicher- und Rückhaltebecken angelegt. An seiner tiefsten Stelle ist der See 6 m tief. Als Angelteich wird er vom Driedorfer Angelverein bewirtschaftet. Von diesem Verein wird ebenfalls der 3 km nördlich gelegene Heisterberger Weiher betreut. Diesen ließen die Nassauer Herren in den Jahren 1707–11 als Fischteich aufstauen.

Zwischen dem Heisterberger Weiher und Driedorf erhebt sich die Kuppe des 643 m hohen Höllkopfes. Bei seiner Kuppe steht ein 100 m hoher Fernsehturm. Das Gebiet ist ein beliebtes Wanderziel und wird zum Wintersport genutzt. Vom Kuppenbereich führt eine 300 m lange Ski-, Rodel- und Snowboardpiste herab. Die Skihütte am Höllkopf wird vom Ski-Club Driedorf betrieben. Geschätzt wird das kleine Wintersportgebiet auch wegen seiner vier Langlaufloipen.

In **Roth**, einem weiteren Ortsteil von Driedorf, ist die verschieferte Kirche von Interesse. Sie wurde 1561 neu errichtet und 1753/54 verlängert. Die wieder entdeckten Rankenmalereien des späten 18. Jh. konnten freigelegt werden.

Rundwanderung zum Knoten (605 m)

Auf halbem Weg zwischen Mademühlen und Oberrod gibt es einen Wanderparkplatz auf 533 m Höhe, der den Ausgangspunkt für die Rundtour zum Knoten bildet.

Zunächst geht es ostwärts auf den Skilift zu, vor dem man rechts durch Wald und Wiesen nach Oberrod gelangt, wo man auf die Bergstraße trifft. Jetzt geht es an der Ortskapelle St. Joseph mit dem romanischen Westportal vorbei zum Friedhof, an dessen Rand man zum Wald ansteigt. Nach der Durchquerung des Waldes erreicht man die Loipenhütte am Knoten.

Von hier führt ein kurzer Anstieg auf die Kuppe des Knoten. Weiter geht es jetzt ostwärts zum Adolf-Weiß-Denkmal, das man dem Heimatdichter für seinen Westerwaldruf »Hui! Wäller, allemol!« gesetzt hat. Zurück führt der Weg nördlich des Knoten angesichts von Windrädern zum Skilift. Danach erreicht man wieder den Ausgangspunkt am Wanderparkplatz.

Streckenlänge: 11,2 km

Wanderzeit: 3,5 Std.

Anspruch: leicht bis mittel

Höhenprofil: ↑ 350 m ↓ 350 m

Lupinenwiese am Knoten

⑥⑧ Breitscheid

Der Kirchort Breitscheid liegt schon am Ostrand der Westerwälder Basalthochfläche. Die erste Erwähnung des Ortes erfolgte 1230 unter dem Namen *Brendischeit*. Die heute auf einer Anhöhe am Dorfrand gelegene evangelische Ortskirche geht auf den Anfang des 14. Jh. zurück. Der Chorturm stammt aus dem Jahr 1309 mit kleinen Spitzbogenfenstern im Untergeschoss und Schießscharten im Obergeschoss. Der Turm ist mit einem eingezogenen Helmdach bedeckt. Über dem Altarraum sind Fresken aus der Bauzeit erhalten. Die älteste Glocke stammt aus dem Jahr 1450, die zweite aus 1519. Das Schiff wurde in den 1960er Jahren erneuert. Außergewöhnlich ist die Lage der Kirche inmitten eines kreisförmigen ehemaligen Kirchhofs, dessen Ummauerung noch erhalten ist. Der Zugang zur Kirche wird von Fachwerkhäusern des 18. und 19. Jh. gesäumt. Auch im Ort selbst gibt es noch eine Reihe sehenswerter Fachwerkbauten.

Im frühen 18. Jh. begann die Ausbeute der Tonvorkommen um Breitscheid. Ziegeleien und Pfeifenbäckereien siedelten sich an. Ab 1748 wurde zusätzlich eine Braunkohlegrube westlich des Orts erschlossen. 1899 kam eine Schamottfabrik dazu. So stieg die Bevölkerung auf über 1.000 Einwohner an. Heute sind es annähernd 5.000. Ein 1930 bei Breitscheid angelegter Flughafen wurde am 11. März 1945 Ziel amerikanischer Bomber, die ihn jedoch verfehlten und Häuser des Orts trafen. Ein Ereignis der seltenen Art fand am 11. August 1956 bei Breitscheid statt. Ein Meteorit schlug zischend in den Boden ein und zerschellte beim Aufprall auf die 40 cm unter der Oberfläche liegende Basaltschicht. Der 1,5 kg schwere Meteorit konnte weitgehend zusammengesetzt werden. Nach Untersuchungsergebnissen entstammte er einem Weltraumkörper, der vor etwa 3 Mrd Jahren erstarrte und vor 50 Mio Jahren zerbarst. Seither verteilen sich seine Bruchstücke um eine Sonnenlaufbahn, wobei ein kleines Stück davon die Erde traf.

Foto: Marco.dienst (Wikimedia Commons 1.0)

Töpfermuseum, Breitscheid

Das Breitscheider Töpfermuseum zeigt Exponate aus 250 Jahren Kannenbäckerei im Ort. Der Ortsgeschichtsverein betreibt das Museum Erdbachium, das sich mit der Geologie und Archäologie der Region befasst. Außerdem hat der Verein eine Tropfsteinhöhle zur Anschauhöhle ausgebaut.

Töpfer- und Häfnermuseum: 35767 Breitscheid, Kirchstraße 27, Tel.: 02771-22448, www.vimuseo.de/museum/toepfer-museum_breitscheid-breitscheid, geöffnet Mai-Sept. 1.+3. So nachm. im Monat • **Erdbachium – Zentrum für Kalk, Kelten und Kultur**: 35767 Breitscheid-Erdbach, Mühlweg 4, www.vimuseo.de/museum/erdbachium_zentrum_fuer_kalk_kelten_und_kultur-breitscheid, geöffnet 1.+3. So, Fahrtage der Modelleisenbahn jeden 1. So im Monat • **Herbstlabyrinth: Tropfsteinhöhle Breitscheid**, vertreten durch die Gemeinde Breitscheid, 35767 Breitscheid, Rathausstr. 14, Tel.: 02777-913321, www.gemeinde-breitscheid.de, Ticket-Hotline: 0231-9172290, geöffnet April bis Okt. Sa, So, feiertags 11–18 Uhr.

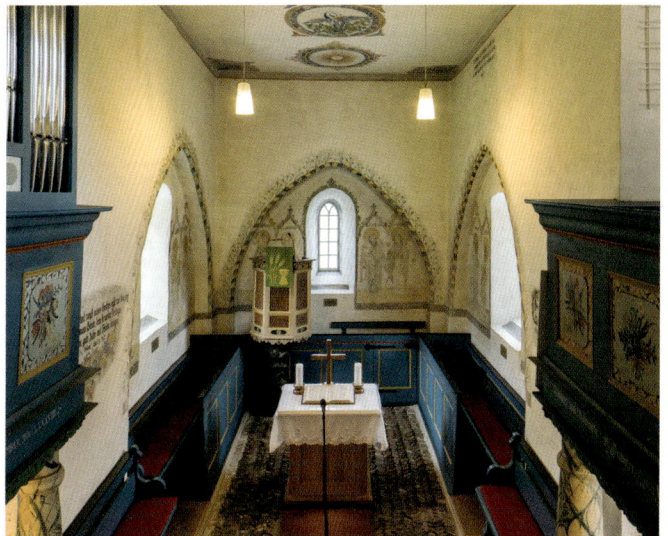

Foto: Otto Domes (Wikimedia Commons 4.0)

Erdbacher Kapelle

Im Breitscheider Ortsteil **Erdbach** findet man neben einer Reihe ansehnlicher Fachwerkhäuser eine interessante Kirche. Der kleine gotische Bau mit rechteckigem Schiff weist einen etwas schmaleren, ebenfalls rechteckigen Chor unter gemeinsamem Satteldach auf. Auf dem Dach steht ein quadratischer Dachreiter mit Pyramidendach. An den Chorwänden befinden sich Wandmalereien (16. Jh.), an der Chordecke, den Wänden und Emporen dekorative Malerei von G. E. J. Kaiser (1788). Die Kirchhofummauerung ist noch in weiten Teilen erhalten.

Im Ortsteil **Gusternhain** südlich des Kernorts trifft man – wie auch in Waigandshain – auf ein weiteres Kombinationsbauwerk in Fachwerk. In dem 1844 errichteten Haus auf einem Bruchsteinsockelgeschoss mit Unterstand für einen Spritzenwagen befindet sich im Obergeschoss ein Betsaal. Über dem südlichen, im Obergeschoss verschieferten Giebel erhebt sich ein quadratischer Dachreiter mit pyramidenförmigem Abschluss.

Neunkhausen-Weitefelder Plateau

Das Neunkhausen-Weitefelder Plateau ist eine Teilland-schaft des Hohen Westerwaldes und diesem nordöstlich vorgelagert. Hier befindet sich die Wasserscheide zwischen Nis-ter und Sieg. Das Plateau erstreckt sich auf Höhenlagen um 480 m und ist damit um 100 m tiefer als die Westerwälder Basalt-hochfläche. Basalt ist im Untergrund weit verbreitet, tritt aber nur an wenigen Stellen zutage, wo er auch weitgehend abge-baut ist. In den aufgelassenen Steinbrüchen haben sich Seen mit neuen Lebensräumen für Flora und Fauna gebildet. Ansonsten bietet das Relief einen Wechsel zwischen quellreichen vermoor-ten Senken und sanften Erhebungen. Die nach Nordwesten ausgerichteten Hänge sind waldreich. Große Teile früherer Hu-tewälder des eigentlichen Plateaus sind inzwischen weitgehend mit Fichten aufgeforstet. Feuchte Talmulden, entstanden durch die hohen Niederschläge und die geringe Durchlässigkeit der Böden, charakterisieren weite Gebiete des Plateaus. Große Teile der Feuchtgebiete wurden entwässert und als Weiden in Kul-tur genommen oder zu Seen aufgestaut. Der größte darunter ist der Elkenrother See. Trotz vieler Regulierungsmaßnahmen sind einige Bachoberläufe naturnah und sogar Reste von Sumpfwäl-dern erhalten. Teile der trockeneren, mit Lösslehm bedeckten Hochflächen werden ackerbaulich genutzt, ansonsten überwiegt Grünland. Bergbau fand im Nordwesten des Plateaus im Über-gang zum Siegerland statt.

69 Friedewald

Wenig mehr als 1.000 Einwohner zählt der »Flecken Frie-dewald«, wie er früher bezeichnet wurde, und der heute den geschichtlichen Mittelpunkt des Neunkhausener-Weitefel-der Plateaus bildet. Für den Platz erwirkte Graf Gottfried II.

Foto: Elke Sinaga (Wikimedia Commons 4.0)

Schloss Friedewald

von Sayn im Jahr 1324 Stadtrechte von König Ludwig dem Bayern und begann mit dem Bau der Burg im Ort und seiner Ummauerung. Die Sayner waren erst kurz zuvor in den Besitz von Daaden mit dem Amt Friedewald gelangt und waren stark an der Befestigung ihres Erwerbs interessiert. Von diesem ursprünglichen Bau sind im fast rechteckigen Bering noch Mauerreste, drei Ecktürme und ein Rechteckturm erhalten. Dieser Turm wurde 1609 noch verstärkt, der südöstliche Turm erhielt 1682 eine Zwiebelhaube.

Der Hauptbau des Schlosses, das »Hohe Haus«, wurde 1580 von Graf Heinrich IV. von Sayn im Burgareal anstelle des vorangegangenen Wohnbaus der Burg errichtet. Es entstand ein Rechteckbau mit den äußeren Formen des Friedrichbaus des Heidelberger Schlosses, den er sich als seinen Alterssitz auserkoren hatte. Dieser Bau gilt heute als ein markantes Beispiel deutscher Fürstenhäuser der späten Renaissance. Seine zwei Geschosse sind durch Gesimse horizontal strukturiert. Das Dach mit den Zwerchgiebeln stammt aus dem Jahr 1890. Im Inneren dominiert der große Mittelsaal. Graf Heinrich blieb erbenlos, es kam zu Erbstreitigkeiten.

Luise-Juliane, die Witwe des Wilhelm-Erben Graf Ernst von Sayn-Wittgenstein, konnte Schloss Friedewald nach dem Dreißigjährigen Krieg wieder in Besitz nehmen. Doch ab 1750 begann es zu verfallen. Fürst Alexander zu Sayn-Wittgenstein-Sayn übernahm 1886 das familiäre Erbe, das zwischenzeitlich an den preußischen Staat übergegangen war, um es getreu nach altem Vorbild wieder aufzubauen. Nach dem Zweiten Weltkrieg diente das Schloss der Evangelischen Sozialakademie als Tagungsstätte, für die auch Erweiterungen auf dem Parkgelände für Hörsäle, Mensa und Küchentrakt vorgenommen wurden. 2018 erwarb ein Privatmann den Komplex und richtete hier seinen Firmen- und Wohnsitz ein.

Mit dem Schloss steht der gesamte erhaltene Ortskern von Friedewald unter Denkmalschutz. Hier gibt es noch Reste der Stadtbefestigung, wobei Friedewald nie städtischen Charakter entwickeln konnte. Vor allem sind es die Quereinhäuser und Streckhöfe, die den Charme des Ortes ausmachen. Besonders interessant darunter ist der teilweise verschieferte Fachwerkschulbau aus dem Jahr 1819. Auf seinem Krüppelwalmdach steht ein Glockenreiter.

70 Daaden

Malerisch zeigt sich das Ortsbild von Daaden am Ostabhang des Neunkhausen-Weitefelder Plateaus, das sich hier zum Tal der Daade absenkt. Gleich zwei seiner Ortsteile sind im Zentrum als Denkmalzone ausgewiesen. Bei der Denkmalzone mit typischer Bebauung um den Kirchplatz mit der Kirchhofgasse, der Denkmalstraße, der Hachenburger Straße

Alexander Graf von Hachenburg (1847–1940)

Graf Alexander wurde am 14. Juli 1847 im saynschen Stadtpalais zu Paris als Sohn des Grafen und späteren Fürsten Ludwig Adolph Friedrich von Sayn-Wittgenstein-Berleburg und seiner zweiten Ehefrau, Fürstin Leonilla geb. von Bariatinski, geboren. 1848 zog die Familie auf Schloss Sayn bei Bendorf. Nach Schulbesuch in Bonn und Münster begann er neunzehnjährig seine militärische Karriere bei den Königshusaren in Bonn. 1870 heiratete er Yvonne Auguste Marie, Tochter des Herzogs de Blacas d'Aulps, mit der er vier Kinder hatte. Nach dem Tod seines Vaters und dem Erbverzicht seiner älteren Brüder übernahm er 1879 das Fideikommiss Sayn mit dem Titel eines Fürsten zu Sayn-Wittgenstein-Sayn. Nach dem Tod seiner Frau heiratete er 1883 Helene von Krolikowski, das Kindermädchen der Familie. Die Ehe war nicht standesgemäß, so dass er das Fideikommiss mit allen Titeln abgeben musste und in der Folge den Titel »Graf von Hachenburg, Prinz zu Sayn-Wittgenstein« trug. Daraufhin zog Graf Alexander 1884 nach

Foto: Archiv Hans Otzen

Hachenburg in das Schloss seiner Vorfahren. In der Stadt engagierte er sich auf vielfältige Weise, so dass ihm 1937 die Ehrenbürgerschaft angetragen wurde. 1885 übernahm er Schloss Friedewald und baute es für sich als Wohnsitz aus. Aus finanziellen Gründen musste er das Schloss aber wieder verkaufen. Als der Erste Weltkrieg ausbrach, meldete sich Graf Alexander als Kriegsfreiwilliger. 1918 kehrte er, zum Major befördert, zurück. Er lebte danach an verschiedenen Orten, bis er 1937 nach Hachenburg zurückkehrte. Seine zweite Ehefrau, von der er zwei Söhne hatte, war schon 1933 gestorben. Graf Alexander starb 1940 im Alter von 93 Jahren an einer Lungenentzündung und liegt in der Abteikirche Marienstatt begraben.

Foto: Karsten Ratzke (Wikimedia Commons 1.0)

Lamprechtstraße, Daaden

und der Mittelstraße handelt es sich um Fachwerkhäuser aus dem 17. und 18. Jh. sowie um Gehöfte mit historischer Bausubstanz.

Die zweite Denkmalzone umfasst die Bauten der Lamprechtstraße und des Kronenburger Wegs, ebenfalls aus dem 17. und 18. Jh., mit vielen stattlichen Häusern und nicht weniger interessanten kleineren Objekten. Besonders erwähnenswert darunter ist das Gasthaus Koch in der Mittelstraße, das möglicherweise aus der Zeit um 1600 stammt. Schließlich gibt es noch einen herausragenden Steinbau im Schützenhof, ein lang gestrecktes Haus aus dem Jahr 1671 mit einem Rundturm in der Mittelachse. In diesem Haus ist das Heimatmuseum von Daaden untergebracht.

Daaden fand Anfang des 13. Jh. erstmals urkundliche Erwähnung. Es war der Mittelpunkt des Kirchspiels und Amtes Friedewald in der Grafschaft Sayn. Der Eisenerzabbau in der

Foto: Karsten Ratzke (Wikimedia Commons 1.0)

Heimatmuseum, Daaden

Region, der zum Wohlstand des Orts beigetragen hat, ist seit dem 16./.17. Jh. belegt, Erzflöße ziehen sich unter dem Daadetal entlang und wurden in Schächten bis über 1.000 m Teufe abgebaut. In **Biersdorf**, dem nördlichen Ortsteil von Daaden, und in Daaden selbst gab es eine Eisen- und Kupferhütte sowie nachgelagerte verarbeitende Betriebe.

Inmitten der Denkmalzone des Kirchplatzes erhebt sich die evangelische Pfarrkirche. Von der ursprünglichen Kirche aus dem Jahr 1136 besteht noch der Westturm, dem eine doppelte Zwiebelhaube und dazu noch eine Wetterfigur aufgesetzt wurde, die im Volksmund *Hahnengel* genannt wird. Das erneuerte Schiff entstand in den Jahren 1722–24 als großzügige Anlage in Kreuzform mit mächtigem Mansarddach und beeindruckender Innenraumgestaltung.

Protestantisch zurückhaltend ist die wertvolle Ausstattung der Kirche mit zweistöckigen Emporen, Gestühl, Kanzelaltar, einer Orgel aus dem Jahr 1726 und zurückhaltendem Stuck an der Decke.

Auch in **Biersdorf**, dem nördlichen Ortsteil von Daaden, steht das Ensemble aus dicht gedrängten Wohnhäusern und kleinen Gehöften, die häufig mit Fachwerkfassaden und deren Gärten teilweise mit schmiedeeiserner Einfriedung versehen sind, unter Denkmalschutz. Ebenso geschützt ist das Stollenmundloch der Grube Füsseberg an der Betzdorfer Straße, bezeichnet mit den Jahreszahlen 1861 und 1919. Die Grube Füsseberg war eines der wichtigsten Eisenerzbergwerke am Westrand des Siegerländer Erzreviers, die fast 300 Jahre Bergbaugeschichte repräsentiert und erst 1965 geschlossen wurde.

> **Tourist-Info**: 57567 Daaden, Bahnhofstraße 4, Tel.: 02743-9290, www.daaden.de • **Heimatmuseum**: 57567 Daaden, Im Schützenhof 6, Tel.: 02743-2105, geöffnet Mi und 1. So im Monat nachm. • **Hotel Gasthof Koch**: 57567 Daaden, Mittelstraße 1–3, Tel.: 02743-92150, www.gasthof-koch.de, Restaurant So abends geschlossen.

71 Alsdorf

Wo die Daade in die Heller mündet, liegt Alsdorf, erstmals 1248 als *milardisdorp* urkundlich erwähnt. Ende des 15. Jh. setzte hier die Eisenerzverhüttung ein.

Den Ortskern prägt eine stattliche Anzahl von Fachwerkhäusern, so das 1680 erbaute Hüttenschulzenhaus, ein Fachwerkbau mit Laube und Niederlass und einer Fachwerkscheune aus dem 18./19. Jh.

Weitere Fachwerkhäuser stehen in der Hauptstraße, der Hölzernen Ecke und der Schützenstraße aus der Zeit bis zum 18. Jh. Teilweise sind es Quereinhäuser, auch verschiefert oder mit steinernem Untergeschoss. Die letzte Eisenhütte schloss übrigens schon 1865 in Alsdorf.

Streckhof, Neunkhausen

⑫ Neunkhausen und Weitefeld

Neunkhausen und Weitefeld sind Namensgeber für die Landschaft des nordwestlichen Teils des Hohen Westerwaldes. Weitefeld verfügt über eine stattliche Zahl der für den Westerwald so typischen Quereinhäuser. Diese Häuser stammen aus dem 17. und 18. Jh., sind im Sockel oder Erdgeschoss teilweise massiv, darüber in Fachwerkbauweise aufgestockt. Die Gefache mancher Häuser sind verschiefert.

In **Elkenroth** ist die Pfarrkirche von Bedeutung. Sie wurde 1869 mit Rundbogenfenstern errichtet und Ende des 19. Jh. erweitert, so dass sie sich nun als gratgewölbte Hallenkirche mit schmalen Seitenschiffen zeigt. Im Rahmen dieser Erweiterung erhielt sie einen Westturm mit geknicktem hohen Pyramiddach, auf dem vier kleine Türmchen wie angeklebt angebracht sind.

Zwei Weiher im Umfeld der beiden Orte wecken die Neugier. Zwischen beiden Orten liegt südlich der Verbindungsstraße der Elkenrother Weiher, der schon im Mittelalter entstand, als man dort mehrere Fischteiche am Elbbach hintereinander anlegte. Heute ist der Weiher ein beliebter Anglertreff. Nördlich der Verbindungsstraße liegt der Weitefelder Weiher etwas versteckt in einem Waldstück. Es handelt sich um eine ehemalige Klebsandgrube, die sich längst zu einem Biotop für seltene Tierarten wie die Gelbbauchunke, den Kammmolch oder den Neuntöter entwickelt hat. Der Weiher ist Schutzgebiet und ist seit 2014 von der Naturschutzverwaltung des Landes Rheinland-Pfalz zur Durchführung von Pflege- und Entwicklungsmaßnahmen gepachtet. Leider wird das Gewässer immer wieder von heimlichen Badegästen missbraucht, die mit der Natur unachtsam und rücksichtslos umgehen.

Dillwesterwald

Rathaus, Dillenburg
(Foto: Bytfisch, Wikimedia Commons 4.0)

Foto: Philipp Trümper (Wikimedia Commons 3.0)

Dill bei Aßlar

Zwischen der Westerwälder Basalthochfläche und dem Dilltal erstreckt sich der schmale Streifen des Dillwesterwaldes als östliche Abdachung des gesamten Westerwaldes. Hier ist der devonische Grundgebirgssockel stark gefaltet und zieht sich unter die Basaltdecke des Hohen Westerwaldes. Die Ostabdachung der Basalthochfläche wird durch die zur Dill zustrebenden Bäche und Flüsse eingelappt, wodurch ein ausgedehntes Riedelsystem entstanden ist. In diesem wechselnd breiten Band fällt das Gelände von annähernd 500 m der Basalthochfläche auf 400 m und bis zum Dilltal auf 320 m.

Die Ostgrenze umfasst das Dilltal von Haiger im Norden bis vor Wetzlar im Süden. Von besonderer Bedeutung ist die klimatische Situation des Dillwesterwaldes. Während sich die Westwinde über der Basalthochfläche abregnen und dort Niederschläge von weit über 1.000 mm pro Jahr verursachen, sorgt der Föhneffekt für das Absinken der Niederschläge auf unter 850 mm bei einer mittleren Jahresdurchschnittstemperatur von 8 °C pro Jahr. Die eiszeitlichen Westwinde haben den Boden des Dillwesterwaldes mit leichtem Lössstaub bedeckt, so dass sich die sonnigen Flachhänge mit ihrer Lösslehmdecke gut für den Ackerbau eignen. Die Höhen und die steileren Hänge tragen überwiegend Laubmischwälder, so vor allem großflächige Waldmeister-Buchenwälder und Hainsimsen-Buchenwälder. Spezielle Waldgesellschaften wie etwa edelholzreiche Blockschuttwälder oder bachbegleitende Erlen-Eschenwälder findet man nur an den entsprechenden Sonderstandorten. Auch ist der Dillwesterwald historisch durch Bergbau gekennzeichnet, dessen verlassene Stollen, Höhlen und Stillgewässer Fledermäusen als Wochenstuben- und Überwinterungsquartiere dienen.

⓭ Allendorf

Allendorf, heute Ortsteil von Haiger, wurde 1362 erstmals erwähnt. Es liegt am Haigerbach, der oberhalb eine Einkerbung im Gelände verursacht. Hier führte die Handelsstraße Köln-Siegen entlang. Deshalb hatten sich Fuhrleute und Gastwirte im Ort niedergelassen, um dem Durchgangsverkehr ihre Dienste anzubieten.

Ab dem 18. Jh. gab es dazu Pferdewechselstationen. Auch spielte der Bergbau eine Rolle, weil manch ein Bewohner in den Gruben arbeitete.

Die Kirche des Orts wurde 1749 barock als kurzer Saalbau mit Mansarddach und Haubendachreiter erneuert, dessen Kirchenschiff man 1978 nach Westen erweiterte. Zwei Türblätter stammen noch vom Vorgängerbau aus dem 16. Jh. Ansonsten ist die Ausstattung barock. Unter den schönen Fachwerkhäusern, die Allendorf zu bieten hat, fällt insbesondere das Rathaus aus dem 17. Jh. auf.

Eine regionale Spezialität stellen »Neujoarn« dar, ein Backwerk, das in nur wenigen Orten um Haiger zwischen den Jahren aus Roggenmehl und Gewürzen gefertigt wird.

Foto: Otto Domes (Wikimedia Commons 4.0)

Wachenbergstraße, Allendorf

🄴 Haiger

Haiger war im 8. Jh. Mittelpunkt des Haigergaus. Das Lehen hatten im 12./13. Jh. die Herren von Molsberg inne. Sie gaben es als Unterlehen an die niederadeligen Herren von Haiger weiter. Sie errichteten südlich der Kirche ihren Burgsitz. Den Molsbergern folgten am Ende des 14. Jh. die Grafen von Nassau-Dillenburg. Als die Herren von Haiger 1511 ausstarben, zogen die Nassauer ihr Lehen als erledigt ein. Die Burg galt schon zu Beginn des 17. Jh. als ruinös. Ab dem 15. Jh. entwickelte sich Haiger zu einem Zentrum des Bergbaus. 1457 wird die Haigerhütte als erste Eisenschmelze erwähnt. Pest, kriegerische Brandschatzungen während des Dreißigjährigen Krieges und Brände setzten der Stadt bis zum Beginn des 19. Jh. stark zu. So konnte aber nach dem letzten Stadtbrand von 1829 Haiger unterhalb des Kirchbergs mit rechtwinkligem Straßennetz neu geordnet und auch durch Niederlegung der alten Ummauerung erweitert werden. Heute steht dieser neue Stadtkern von Haiger insgesamt unter Denkmalschutz.

Die evangelische Pfarrkirche auf einer im 14./15. Jh. befestigten Anhöhe ist der Mittelpunkt der Gesamtanlage von Haiger. Hier stand schon im 10. Jh. eine Taufkirche. 1048 weihte der Trierer Erzbischof einen Neubau. Aus dieser Zeit stammt noch der frühromanische Unterbau des Kirchturms. Der gotische Chor entstammt dem Ende des 15. Jh. und birgt in der Marienkapelle die Grablege der Herren von Haiger. Das zweischiffige Hallenlanghaus (16. Jh.) ist an den Proportionen des Querhauses am Vorgängerbau orientiert. Um 1490 ließen die Herren von Haiger den Chor mit Fresken ausmalen, die Märtyrerszenen, die Leidensgeschichte Christi, einen Apostelzyklus sowie Szenen des Jüngsten Gerichts zeigen. Rankenmalereien des 18. Jh. bestehen am Vierungsjoch. Heute trägt der Turm eine verschieferte Glockenstube mit Haube, Laterne und Spitzhelm. Das Dach über dem Langhaus wurde 1723 gedeckt.

In dem vom Stadtbrand nicht betroffenen Stadtteil ist eine Vielzahl aufwändig errichteter Fachwerkhäuser erhalten, so am Frigghof – hier besonders das Pfarrhaus –, in Teilen der Hauptstraße, Hüttenstraße und Isabellenstraße. Besonders hervorzuheben ist das 1800 errichtete, dreigeschossige Haus Fischbach unter Mansarddach mit Zwerchhaus am Marktplatz. Ausgewogen sind die Proportionen des Baus und sein dekoratives Fachwerk. Heute ist in dem Haus das Heimatmuseum untergebracht. Die anderen Häuser am Marktplatz entstanden nach dem großen Stadtbrand, oft in verschieferter oder verputzter Fachwerkbauweise. Dazu gehört auch die Alte Wache, 1824 in

Tourist-Information Haiger: 35708 Haiger, Marktplatz 7, Tel.: 02773-8110, www.haiger.de • **Heimatmuseum**: 35708 Haiger, Marktplatz 7, Tel.: 02773-811150, www.haiger.de, So geschl.

Foto: Karsten Ratzke (Wikimedia Commons 1.0)

Heimatmuseum und Kirche in Haiger

klassizistischem Stil nach Niederlegung der Stadtmauer anstelle des ehemaligen Obertors errichtet. Zur Hauptstraße hin
zeigt der Bau eine von vier Holzsäulen getragene Vorhalle mit
flachem Dreiecksgiebel. Wer sich einen Überblick über Haiger
verschaffen will, besteigt den Eduardusturm, der sich südlich der
Stadt auf einer Anhöhe erhebt. Der nach seinem Stifter benannte, 1883 errichtete Turm in Bruchsteinbauweise ist typisch für die
Architektur des Historismus jener Zeit.

⑦ Langenaubach

Der Aubach, der unterhalb der Fuchskaute entspringt und
in Haiger in die Dill mündet, gehört zu den Flüssen, die
die östliche Abdachung der Westerwälder Basalthochfläche zertalen. Auch ist er Namensgeber für den früher Ubach genann-

Evang. Kirche, Langenaubach

ten heutigen Haiger Ortsteil **Langenaubach**. Eine Kapelle in Langenaubach wurde erstmals 1452, eine Mühle erstmals 1495 genannt. Später waren es neun Mühlen, die letzte stellte den Betrieb 1962 ein. Wohlstand brachten Langenaubach die vielen Bodenschätze in seinem Umland. Es begann um 1600 mit der Kalkbrennerei. Diverse Basaltsteinbrüche werden teilweise bis heute betrieben. Dazu gab es zwei Braunkohlegruben. Die Grube Gesegnete Hoffnung förderte seit der Mitte des 18. Jh. Kupfer. Später war sie durchschlägig mit der Grube Alte Hoffnung verbunden. Der Betrieb der Gruben wurde im 19. Jh. zwischenzeitlich und nach dem Ersten Weltkrieg endgültig eingestellt. Nicht zuletzt förderte die Grube Constanze seit etwa 1700 Eisenerz. Erst Ende der 1960er Jahre kam es zur Schließung. Die Tagesanlagen der Gruben sind weitgehend abgebaut, soweit sie nicht anderweitig genutzt werden. Stolleneingänge sind verschlossen. Ein Grubenschacht dient heute der Gemeinde zur Trinkwasserversorgung.

Im Jahr 1813 gab es auch in Langenaubach einen verheerenden Stadtbrand, der eine Neuanlage des Stadtbildes ermöglichte. In diesem Fall bot der Laubach die neue Strukturgrundlage aus zwei parallel verlaufenden Straßenzügen. Die Neubauten an den Straßen folgten dem symmetrischen riegellosen Typ des Fachwerkeinhauses. In den Talstraßen dominieren traufständige Gebäudegruppen, in den ansteigenden Querstraßen findet man eher eine giebelständige Gebäudestaffelung. Die ehemalige Ortska-

Foto: Karsten Ratzke (Wikimedia Commons 1.o)

Historischer Ortskern, Donsbach

pelle aus dem Jahr 1749 an der Hauptkreuzung im Ort hat übrigens den Brand überstanden. Der Saalbau unter Mansardwalmdach mit Haubendachreiter dient heute als Ausstellungsraum.

76 Donsbach

Donsbach erstreckt sich am Osthang der Westerwälder Basalthochfläche in einer von mehreren Bergzügen umschlossenen Talweitung zum Dilltal hin. Auch hier wütete ein Dorfbrand (1791). Der Wiederaufbau erfolgte dem Donsbach folgend mit einem zentralen Straßenzug und vier parallelen Querstraßen zum ansteigenden Gelände. Dabei entstanden sehr unterschiedliche Fachwerkbauten, auch als Doppelhofanlagen, mit einem einerseits auf das statisch notwendig reduzierte Riegel- und Ständerwerk und andererseits mit reich verzier-

Foto: Otto Domes (Wikimedia Commons 4.0)

Wildpark Donsbach

ter barocker Gestaltung des Fachwerks. Die Kapelle überstand den Brand mit einigen weiteren Gebäuden am nordöstlichen Ortsrand, eine um 1754 erneuerte, im Kern mittelalterliche Anlage.

Auch Donsbach wurde stark vom Bergbau geprägt. Zu Beginn des 17. Jh. förderten zwölf Gruben Kupfer- und Eisenerz. Die letzten Gruben wurden erst nach dem Zweiten Weltkrieg geschlossen. Heute bildet der **Donsbacher Wildpark** die große Attraktion des Orts. Graf Ludwig Heinrich von Nassau-Dillenburg hielt hier im 17. Jh. Damwild. Aus dieser Zeit stammt noch das Jagdhaus Katharinenbronn. Auf 21 ha meist bewaldetem Gelände leben rund 150 Tiere aus 15 Arten.

 Wildpark Donsbach: 35686 Dillenburg-Donsbach, Rudolf-Braas-Straße 1, www.wildpark-donsbach.de, Tel.: 0152-2759 5427, ganzjährig geöffnet (außer Mo und feiertags).

Foto: Christian Pulfrich (Wikimedia Commons 4.0)

Dillenburg mit Wilhelmsturm über der Altstadt

⑰ Dillenburg

Dudo von Laurenburg gilt als der Stammvater des Hauses Nassau. Seine Burg erhob sich über dem Lahntal (→ Eppenroder Hochflächen) auf halbem Weg zwischen Nassau und Diez. 1159 wechselte der Stammsitz nach Nassau und die Dynastie benannte sich seither nach dieser Burg. Heinrich II. »der Reiche« von Laurenburg-Nassau errichtete im Zentrum des inzwischen erweiterten Besitzes der Dynastie auf einem Bergsporn über der Marbachmündung in die Dill eine Burg zur Sicherung der Verkehrsverbindung der Nassauer Besitzungen zwischen dem Siegerland und an der Lahn. Die Burg wurde 1254 erstmals urkundlich genannt. Bei der Teilung des Hauses Nassau in einen ottonischen und einen walramischen Zweig wurde Dillenburg 1255 Otto I. zugesprochen. Er erhob Dillenburg zum oranischen Sitz des Hauses Nassau. Die Dillenburger Linie der Nassauer, die ihre Burg seither als Residenz nutzte, teilte sich in der Folge mehrmals. Während der fast 100-jährigen Auseinandersetzungen zwischen den Landgrafen von Hessen und dem Haus Nassau wurde die damals noch weitgehend hölzerne Dillenburg um das Jahr 1323 zerstört, danach in Stein neu errichtet. Graf Johann IV. ließ die Dillenburg 1453–73 großflächig erweitern und durch die Neue Burg im Süden des Burgareals ergänzen. In den folgenden kriegerischen Auseinandersetzungen musste die Burg an die moderne Kriegstechnik angepasst werden. Graf Wilhelm der Reiche führte 1530 die Reformation ein. Sein ältester Sohn Wilhelm von Oranien, 1533 auf der Burg geboren, schrieb als Befreier der Niederlande von der spanischen Herrschaft Weltgeschichte. 1525–35 errichtete der Festungsbaumeister Ulrich von Ansbach die Hohe Mauer an der Flussfront und die ausgedehnten Kasematten. Um 1619 entstand das große Hornwerk vor dem Rondell nach Plänen des Festungsbauingenieurs Johann von Valkenstein. Eine Merian-Grafik aus dem Jahr 1655 zeigt die Dillenburg mit drei- bis viergeschossigen Gebäuden, dazu mit Wohn-, Verwaltungs- und Wirtschaftsgebäuden und umgeben von mehreren Mauerringen mit Rondellen, Batteriestellungen sowie spitzwinkligen Bastionen mit der Stadtpfarrkirche darunter. Trotz aller Verstärkungen hielt die Burg den Kämpfen während des Siebenjährigen Kriegs nicht stand. Ab 1763 diente die Burgruine als Steinbruch. Nachdem man den Burgberg eingeebnet hatte, baute man dort 1875 den Wilhelmsturm, das heutige Wahrzeichen der Stadt in Erinnerung an Wilhelm von Oranien. Sein aufragender Hauptturm trägt ein Zeltdach und Ecktürmchen. An seiner Ostseite ragt der Treppenturm mit Kegeldach empor. Im Wilhelmsturm ist das Oranien-Nassauische Museum eingerichtet.

Hüttenplatz, Dillenburg
(Foto: Otto Domes, Wikimedia Commons 4.0)

Foto: Otto Domes (Wikimedia Commons 4.0)

Untertor, Dillenburg

Die Burganlage entsprach seit dem 18. Jh. gehobenen Wohnbedürfnissen nicht mehr. So errichteten die inzwischen gefürsteten Dillenburger ihrer Fürstin Isabelle 1736 unterhalb der Burg am Untertor ein Stadtschloss. Der Barockbau unter Mansarddach mit schmalem Mittelrisalit diente später als Rentamt.

Von der Ende des 16. bis Anfang des 17. Jh. errichteten Stadtmauer sind noch Reste erhalten. Zwei Schalentürme, der

Tourismusinformation der Oranienstadt Dillenburg: 35683 Dillenburg, Hauptstraße 19, Tel.: 02771-896151, www.dillenburg.de • **Oranien-Nassauisches Museum**: Dillenburger Museumsverein e.V., im Wilhelmsturm, 35683 Dillenburg, Schlossberg 3, Tel.: 02771-800065, www.dillenburger-museumsverein.de, geöffnet April bis 1. Nov., Mo geschlossen, Führungen durch die Kasematten 15 Uhr (außer Mo) • **Kutschenmuseum**: 35683 Dillenburg, Wilhelmstraße 24, Tel.: 02771-898319, www.landgestuet-dillenburg.hessen.de.

Foto: Otto Domes (Wikimedia Commons 4.0)

Wilhelmstraße, Dillenburg

Grabenturm und der Klöppelturm stehen noch, so auch der Dillenturm oberhalb des ehemaligen Obertors. Im Zuge der Errichtung des Stadtschlosses bezog man das Untertor mit ein und deckte es mit einem Mansarddach.

Ausgangspunkt der heutigen Stadt Dillenburg war die Ansiedlung unterhalb der Burg. 1344 erhielt der Ort Stadtrechte, konnte sich aber wirtschaftlich nie richtig gegen die benachbarte Stadt Herborn durchsetzen.

Ende des 15. Jh. erfolgte eine erste Stadterweiterung nach Osten. Nach Bränden in den Jahren 1524 und 1723 erfolgten zusätzliche Stadterweiterungen. So verlegte man Mitte des 16. Jh. den Lauf der Dill nach Osten, um neues Siedlungsgebiet zu erschließen. Und ab dem 18. Jh. dehnte sich die Stadt dann über den Wilhelmplatz (1707), die Wilhelmstraße (ab 1769) und die Marktstraße (ab 1787) aus. In der Wilhelmstraße steht unter anderem das Hessische Landesgestüt, das auf den Marstall von Prinz Moritz von Oranien zurückgeht. Es besteht aus einer Gruppe barocker Gebäude mit der Reithalle aus dem Jahr 1789. Gegenüber erstreckt sich der Hofgarten mit der Orangerie, in der inzwischen das Kutschenmuseum untergebracht ist. Die Besiedlung des linken Dillufers begann ab 1862.

Anstelle der 1454 erstmals genannten Marienkapelle am Steilhang des Schlossbergs entstand ab 1490 die Stadtpfarrkirche als einschiffiger spätgotischer Saalbau mit zweijochigem sterngewölbtem Chor mit 5/8-Schluss, flachgedecktem Schiff und Westturm. Durch den Übertritt der Dillenburger zur Reformation wurden Umbauten in der Kirche erforderlich. So erhielt das Innere des Kirchenschiffs zweistöckige Emporen, wobei die oberen in den Chorraum durchlaufen. Es weist flache Strebebögen und Maßwerkfenster auf. Der Raum unter dem Chor diente den Dillenburgern als Grablege.

Sehenswert in Dillenburg ist vor allem die Altstadt mit ihren vielen vorbildlich erhaltenen Fachwerkbauten. Es handelt sich überwiegend um zwei- bis dreigeschossige, teilweise verschieferte, oft mit Schnitzereien versehene Gebäude, die meist nach dem Stadtbrand von 1723 entstanden.

Am Hüttenplatz als ältestem Siedlungsgebiet findet man noch eine dichte Bebauung herausragender Fachwerkbauten aus dem 16. bis 17. Jh. In der Hauptstraße steht an der Einmündung das nach dem Brand errichtete Alte Rathaus, das auf massivem Unterbau ein aufgestocktes Fachwerkgeschoss mit hohem Mansarddach mit Haubendachreiter und Zwerchhaus an den Schmalseiten aufweist. Dieses und viele andere Gebäude der Hauptstraße stehen unter Denkmalschutz. Das gleiche gilt für viele Gebäude am Kirchberg, an der Marbachstraße und am Wilhelmplatz.

Seit 2017 kann sich Dillenburg in Würdigung seiner historischen Bedeutung »Oranienstadt Dillenburg« nennen.

Wilhelm von Oranien

Die Entstehung des niederländischen Staates ist auf das Engste mit einem Mann aus dem Westerwald verbunden. Es handelt sich um Wilhelm von Nassau-Dillenburg, der am 24. April 1533 in Dillenburg als ältester Sohn von Wilhelm dem Reichen, Graf von Nassau-Dillenburg, Siegen, Vianden und Diez und seiner Gemahlin Juliana zu Stolberg geboren wurde. Es war ein weiter Weg des jungen Dillenburger Grafen zum Statthalter der Nieder-

Foto: Public Domain

Adriaen Thomasz (1545–1589), Wilhelm von Oranien, 1579; Öl auf Leinwand, 48 × 35 cm; Rijksmuseum, Amsterdam

lande und ihrem Befreier von der spanischen Vorherrschaft. Schon seit 1530 hielt der später in den Niederlanden regierende Teil des Hauses Nassau den Titel des Prinzen von Oranien. Philibert de Châlon (1502–1530) war der letzte Fürst von Oranien (= Orange), einem Gebiet um Avignon in der Provence, sowie Herzog von Gravina, Graf von Tonnerre und Chany, außerdem Herr von Arlay und Nozeroy, ein mächtiger Mann über ein Reich zwischen Frankreich und dem Deutschen Kaiserreich. Philibert entschied sich, auf der Seite des Reichs zu kämpfen, und fiel in einer Schlacht in Italien gegen Verbündete Frankreichs. Sein Erbe war René von Nassau-Breda, Sohn seiner Schwester Claudia, die mit Heinrich III. von Nassau-Breda, Onkel von Wilhelm dem Reichen, verheiratet war. Heinrich verwaltete die damals schon umfangreichen Besitzungen der Nassauer in den Niederlanden und war Miterzieher des späteren Kaisers Karl V., der seine Jugend in den Spanischen Niederlande verbrachte. Dieser ernannte Heinrich zum Statthalter von Holland, Zeeland und Friesland, ein Amt, das er von 1515 bis 1521 ausübte und die Position der Nassauer in den Niederlanden festigte. René von Nassau-Breda war nach dem Tod von Philibert de Châlon 1530 erster nassauischer Fürst von Oranien. Er starb 1544 auf dem Schlachtfeld. Erbenlos, wie er war, hatte er zuvor schon seinen Vetter Wilhelm als Erben eingesetzt. Kaiser Karl V. stimmte dieser Erbfolge nur unter dem Vorbehalt zu, dass Wilhelm am kaiserlichen Hof in Brüssel im katholischen Glauben erzogen würde. Mit diesem Erbe wurde Wilhelm Herrscher über große Ländereien in Frankreich und über große Teile von Brabant.

Am kaiserlichen Hof entwickelte sich Wilhelm mit seinen umsichtigen und vorausschauenden Fähigkeiten zu einem wichtigen Berater des Kaisers. Auch Karls Sohn Philipp II., der nach der Reichsteilung Spanien und die Spanischen Niederlande erbte, nahm gerne Wilhelms Rat an. Im Krieg gegen Frankreich konnte er als Befehlshaber der Maas-Armee wichtige Siege erringen. So nah er sich Philipp II. auch fühlte, begann doch seine persönliche Aversion gegen den spanischen Herrscher zu wachsen. Doch stand für ihn die Pflicht über allem anderen, und so übte er auch das ihm 1559 übertragene Amt des Statthalters des spanischen Königs über Holland, Zeeland und Utrecht pflichtbewusst aus.

Inzwischen hatte sich der protestantische Glaube immer weiter in der niederländischen Bevölkerung ausgebreitet. Es kam zu Aufständen gegen die spanische Herrschaft. Daraufhin entsandte Philipp II. den Herzog von Alba in die Spanischen Niederlande, um die Aufstände niederzuschlagen. Doch führte die Schreckensherrschaft des Herzogs zu weiteren Aufständen. Nun beendete Wilhelm seine Gefolgschaft zu den Spaniern. Er musste nach Dillenburg fliehen. Sein

Dillenburg, Kupferstich (1646) von M. Merian

Sohn geriet in spanische Geiselhaft, seine Mitstreiter, die Grafen von Egmond und Hoorn, enthaupteten die Spanier 1568. Dies schürte den calvinistischen Widerstand weiter an. Wilhelm bemühte sich von Dillenburg aus um internationale Hilfe gegen die Spanier, die aber ausblieb.

Konkret wurde der Aufstand, als es am 1. April 1572 einer Gruppe von Adeligen, die sich *Geuzen* (= Bettler) nannten, gelang, die Stadt Den Briel (= Brielle) den Spaniern aus den Händen zu reißen. Im gleichen Jahr rückte Wilhelm mit einem in den nassauischen Stammlanden zusammengestellten Heer zur Befreiung der Niederlande aus. Jahre der Kämpfe folgten, in denen sich der Aufstand weiter ausbreitete, aber keine Partei die Oberhand gewann. In dieser Situation entschloss sich Wilhelm nach einer langen Bedenkzeit, zum calvinistischen Glauben überzutreten. 1576 konnte Philipp II. seine Söldner nicht mehr bezahlen. Daraufhin schlossen sich alle siebzehn niederländischen Provinzen zur »Genter Pazifikation« zusammen, die aber nicht lange hielt. Zu groß waren die Gegensätze zwischen dem protestantischen Norden und dem katholischen Süden. 1579 folgte die protestantische »Utrechter Union«, in deren Folge sieben Provinzen 1581 formell ihre Unabhängigkeit von Spanien erklärten. Schon zuvor hatte Philipp II. am 15. März 1580 Wilhelm geächtet.

Grundlage für den Zusammenschluss der sieben Provinzen Holland, Zeeland, Utrecht, Gelderland, Overijssel, Groningen und Friesland bildete das »Plakkaat van Verlatinghe« als Unabhängigkeitserklärung. Es war eine Verteidigungs-Föderation, bei der die Provinzen selbstständig blieben und nur bestimmte Angelegenheiten wie die Landesverteidigung oder die Außenpolitik auf Bundesebene regelten. Ihr oberstes Abstimmungsorgan waren die Generalstaaten. Wilhelm wurde die Position ihres Statthalters übertragen. Daraufhin setzte Philipp II. ein Kopfgeld auf Wilhelm aus. Ein erstes Attentat auf Wilhelm 1782 war erfolglos. Das zweite Attentat 1784, ausgeführt von Balthasar Gérard, einem katholischen Fanatiker und glühenden Anhänger Philipp II., überstand er nicht. Gérard wurde gefasst und nach Richterspruch geviertelt. Die Familie Gérards erhielt anstelle der zugesagten Belohnung von 25.000 Gulden drei Landgüter in Frankreich. Die Niederlande mussten noch Jahrzehnte warten, bis ihre Selbstständigkeit auch international anerkannt wurde. Dies geschah am Ende des Dreißigjährigen Krieges im Friedensvertrag von Münster im Jahr 1648. Damit traten die Niederlande auch aus dem Heiligen Römischen Reich Deutscher Nation aus.

Seinen Beinamen *de Zwijger* (= der Schweiger) erhielt Wilhelm von Oranien weniger, weil er schweigen konnte, sondern weil er die diplomatische Fähigkeit hatte, sich nicht in die Karten sehen zu lassen.

Marmor von der Lahn

Ü ber viele Jahrhunderte diente der in Westerwald und Taunus vorkommende Kalkstein als Baumaterial oder wurde zum Kalkbrennen genutzt. Der im 16. Jh. zunehmende Bedarf an repräsentativen Säulen, Altären und Skulpturen wurde im Wesentlichen noch mit Marmor aus Italien gedeckt. Die Beschaffung war allerdings zeit- und kostenaufwändig, und so suchte man nach heimischen Materialien – und wurde fündig: Der Abbau des Lahnkalksteins als Marmor wird erstmals 1594 erwähnt, als ein Gerlach von Korschenbruch aus Köln Abbaurechte für Marmor erhielt.

Lahnmarmor entstand, als die heutige Lahnregion vor 380 Mio Jahren – im Zeitalter des Mitteldevon – ca. 20° südlich des Aquators in einem tropischen Meer lag, das Riffe aus

Marmor-Eingangshalle der Hessischen Landesbibliothek, Wiesbaden

Foto: Marion Halft (Wikimedia Commons 4.0)

Stromatoporen, die zu den Schwämmen zählen, und Korallen wachsen ließ. Im Laufe der Erdgeschichte driftete die Landmasse mit ihren maritimen Ablagerungen bis zur heutigen Lage ca. 50° nördlich des Äquators. Durch Verdichtung entstand Riffkalkstein, der in der Lahnregion eine Stärke von mehreren hundert Metern erreicht. Der Druck war aber nicht groß genug, um echten Marmor entstehen zu lassen. Gerade dieser nicht vollzogene Umwandlungsprozess macht den Reiz des Lahnmarmors aus, in dem die versteinerten Kalkbestandteile der Lebewesen deutlich zu erkennen sind. Die in rund 400-jähriger Abbautätigkeit entstandenen Marmorbrüche ermöglichen heute einen Einblick in die geologischen Strukturen von Westerwald und Taunus sowie auch in die Technik des Marmorabbaus.

Der Lahnmarmor ist für sein breites Farbenspektrum bekannt. So ist das Rot in seinen vielen Schattierungen auf Vulkanismus zurückzuführen: Eisenhaltiges Wasser aus vulkanischen Quellen hinterließ in dem an sich weißen Kalkstein das nuancenreiche Rot oxidierten Eisens. Schwarz- und Grautöne entstanden, wo sich dunkler Ton mit dem Kalk absetzte oder wo Kohlenstoff in den Kalkstein eindrang. Gelb- und Ockertöne entstanden aus Brauneisenstein.

Die erste urkundlich nachgewiesene Verwendung des Lahnmarmors stammt aus dem Jahr 1599, als Caspar von Fürstenberg in seiner kurz zuvor erworbenen Burg Schnellenberg bei Attendorn durch den Frankfurter Bildhauer Johann Hocheisen einen Altar aus schwarzem Lahnmarmor errichten ließ. Die zunehmende Popularität des Lahnmarmors erfuhr durch den Dreißigjährigen Krieg zunächst einen Einschnitt. Nach dem Westfälischen Frieden begann der Wiederaufbau zerstörter Kirchen, Burgen und Schlösser. Der Lahnmarmor erfreute sich hierbei großer Beliebtheit, insbesondere bei den Kirchenfürsten und den weltlichen Herrschern an Rhein, Lahn, Mosel und Main, die ihre Kirchen und Dome (u. a. in

Foto: Lysippos (Wikimedia Commons 3.0)

Polierte Schnittfläche von Lahnmarmor aus Gaudernbach

Frankfurt, Köln, Limburg, Mannheim, Mainz, Speyer, Trier und Worms) sowie ihre Schlösser (u. a. in Benrath, Brühl, Diez, Hadamar, Mannheim, Weilburg, Worms und Würzburg) mit diesem Material ausstatteten. Seine Struktur und sein Farbspiel passten später auch wunderbar zu den bildnerischen Vorstellungen des Barockzeitalters.

Durch die Säkularisation infolge der Französischen Revolution brach für die Lahnmarmorwirtschaft ein großer Absatzmarkt weg. Die Kirchenstaaten wurden aufgelöst, Klöster säkularisiert, Kirchen abgerissen. Die nachnapoleonische Neugliederung Deutschlands ließ aber neue Fürstentümer entstehen, die den Lahnmarmor weiterhin sehr begehrten. So ließ Wilhelm I., Herzog von Nassau, die Außengrenzen seines noch jungen Herzogtums standesgemäß mit Grenzsäulen aus Lahnmarmor, die an markanten Chausseen errichtet wurden, kennzeichnen.

Foto: Srtefan Didam (Wikimedia Commons 4.0)

Grenzsäule des Herzogtums
Nassau, Dillenburg

Gegen Ende des 19. Jh. entstanden größere Verarbeitungsbetriebe von Lahnmarmor, der bedeutendste darunter die Firma Dyckerhoff & Neumann, die alleine über 300 Marmorarbeiten in Kirchen, Schlössern und herrschaftlichen Wohnbauten ausführte. Um 1913 lieferte die G. Joerissen GmbH aus ihrem Marmorbruch in Gaudernbach unter anderem die Varietät »Estrellante« zur Ausstattung des Empire State Building nach New York. Nach 1935 ergingen Großaufträge für z.B. das Reichsluftfahrtministerium und die Stadien von Berlin und Nürnberg. Neuer Aufschwung erfolgte aufgrund der regen kirchlichen Bautätigkeit nach dem Zweiten Weltkrieg. Zu erwähnen sind hier die Neuausstattung der St. Hedwigs-Kathedrale in Berlin (1952–1963) sowie die Neugestaltung romanischer Kirchen in Köln in den 1970er und 1980er Jahren. Mit der Bergung von Marmorblöcken aus dem Villmarer Bongard-Bruch im Jahr 1989 für die Restaurierung der Mannheimer Jesuitenkirche endete der Abbau des Marmors von der Lahn. Einige Betriebe verfügen noch über Restbestände des Lahnmarmors. Diese sind besonders gefragt bei Restaurierungsmaßnahmen in Kirchen und Schlössern. Die Entstehung des Lahnmarmors und die 400-jährige Abbaugeschichte werden seit 2016 durch das Lahn-Marmor-Museum in Villmar / Lahn dargestellt (vgl. auch den Beitrag von Sibylle Kahnt auf S. 328ff.).

Rudolf Conrads

Foto: Otto Domes (Wikimedia Commons 4.0)

Alte Dorfmühle, Uckersdorf

78 Uckersdorf

In Uckersdorf am Ambach betritt man schon das Gemeindegebiet von Herborn. Der Ort zeichnet sich durch eine Reihe sehenswerter Fachwerkhäuser aus dem 17. Jh. aus. Von 1643 stammt die an der Hauptstraße errichtete evangelische Kirche als zweigeschossiger Fachwerkständerbau mit verschiefertem Dach und quadratischem Dachreiter mit eingezogenem Spitzhelm und fünfseitig geschlossenem Chor. 1935 verlängerte man die Kirche und legte das ursprüngliche Fachwerk wieder frei. Innen wird der Chor durch einen hölzernen Spitzbogen vom Schiff getrennt. Bekannt ist Uckersdorf vor allem durch seinen 1966 als gemeinnütziger Vogelpark gegründeten Tierpark.

Tierpark Herborn: 35745 Herborn, Im Beilsbach 16, Tel.: 02772-42522, www.tierpark-herborn.de, täglich geöffnet.

Fachwerkkirchen

Noch heute prägen Fachwerkhäuser zahlreiche Städte und Dörfer des Westerwaldes, bot die waldreiche Region doch ein nahezu unerschöpfliches Vorkommen an Bauholz und besaß somit die besten Voraussetzungen für den Fachwerkbau. Zu den schönsten Fachwerkensembles gehört das am nördlichen Ausläufer des hessischen Westerwaldes gelegene, von der Arbeitsgemeinschaft Deutsche Fachwerkstädte als »Fachwerkperle an der Dill« gerühmte **Herborn**. Der nahezu geschlossene Bestand der Herborner Altstadt ist indes keine Selbstverständlichkeit, wurden die Städte und Landstriche doch über Jh.e immer wieder von Brandkatastrophen heimgesucht. Nicht wenige Hausinschriften künden von solchen Katastrophen, während in anderen vorsorglich um Schutz und Beistand vor einem solchen Unglück gebeten wird.

Doch nicht nur Häuser wurden in Fachwerk errichtet, sondern auch Kirchen. Holzkirchen, *ecclesiae ligneae*, waren im frühen Mittelalter wohl zunächst die Regel, wie vielen archäologischen Zeugnissen zu entnehmen ist. Im Verlauf des Mittelalters wurden sie jedoch rasch von Steinbauten verdrängt, da man die Ausführung in Stein als dauerhafter und repräsentativer bevorzugte.

In Gegenden, die durch Fachwerk geprägt waren, wie dem Westerwald, errichtete man jedoch auch weiterhin viele Kirchen in Fachwerk. Die spätmittelalterlichen und frühneuzeitlichen Fachwerkkirchen verfügen in der Regel über einen rechteckigen Grundriss. Das Holzwerk beschränkt sich dabei auf das statisch Notwendige. Zudem wurden einige Kirchen in Mischbauweise errichtet, wie zum Beispiel die evangelische Kirche in **Reiskirchen**, deren Anbau im Osten ein Untergeschoss aus Bruchsteinmauerwerk und ein Obergeschoss aus Fachwerk besitzt. Zumeist blieb das äußere Fachwerk

Reiskirchen

Uckersdorf

schlicht, aufwändiger gestaltet wurden lediglich die Portale. Entsprechend den Häusern wurden auch die Fassaden der Kirchen oftmals durch eine auf einem Balken verlaufende Inschrift bereichert. Dies konnte eine Bauinschrift sein, die auf das Jahr der Erbauung verwies, ein Bibelspruch oder ein Psalmvers. So ist auf dem Giebel der evangelischen Kirche in **Großrechtenbach** ein Vers aus der Bergpredigt (Mt 6,33) verbunden mit dem Jahr der Entstehung wiedergegeben: »Trachtet am ersten nach dem Reich Gottes vnd nach seiner Gerechtigkeit an[n]o 1638«.

Oftmals wurden die Sprüche auch mit dem Namen des Pfarrers und der ausführenden Bauleute verbunden, wie etwa in **Reiskirchen**.

Die dort auf der Südseite unterhalb der Traufe verlaufende Balkeninschrift nennt das Entstehungsjahr sowie den Bauherren und die Handwerker: »Im Jahr 1652 am 10. März ist das Gebäude dieser Kirche unter Pastor Melchior Lucius aus Wetzlar stammend unter den Bauherrn Philipp Kraft und Philipp Keul durch den Baumeister Wenzel Schwa-

Foto: Hans Otzen

Foto: Wikwal (Wikimedia Commons 4.0)

Roth

Guntersdorf

ger errichtet worden.« Zudem ist auf der Ostseite, auf dem Rähmbalken des Fachwerkobergeschosses, ein Bibelspruch nach Markus 18,3 ebenfalls mit der Nennung der Bauherren wiedergegeben (hier in der Übersetzung): »Wer das Reich Gottes nicht annehmen wird, wie ein Kind, der wird nicht in jenes aufgenommen werden, Markus 10,15. Die Bauherren Meister Schäfer und Meister Mack.«

Zu den schönsten Fachwerkkirchen im hessischen Westerwald zählt die kleine, in zweigeschossiger Ständerbauweise errichtete evangelische Kirche in **Uckersdorf** aus der zweiten Hälfte des 17. Jh., deren fünfseitig geschlossener Chor im Innern mit einem hölzernen Chorbogen abgetrennt ist. Heute befindet sich der größte Bestand an Fachwerkkirchen in Hessen.

Um ihre Erhaltung bemüht sich seit 1973 der »Förderkreis alte Kirchen«, der den besonderen Wert dieser Bauten als regionales Kulturerbe bewahren möchte.

Susanne Kern

Foto: Otto Domes (Wikimedia Commons 4.0)

Foto: Kurt + Else Dietrich (Wikimedia Commons 3.0)

Mühlenhaus, Herborn-Burg

Evangelische Kirche, Herborn-Burg

⑦⑨ Burg

Auf dem Breiten Berg, einem spornartigen Ausläufer des Dillwesterwalds über der Dill oberhalb von Herborn, hatten sich die Herren von Burg ihren Sitz errichtet. Diese Burg fand erstmals 1263 Erwähnung. Möglicherweise bestand auf dem Breiten Berg die auf die merowingische Zeit zurückgehende Gerichtsstätte der Herborner Mark, und die Burg sollte der Absicherung der landesherrlichen Rechte der Herren von Dernbach dienen. Doch diese wurden in der Dernbacher Fehde von den Nassauern geschlagen, die die Burg auf dem Breiten Berg schleiften. In den 1960er Jahren ergrub man Reste des Bergfrieds dieser Burg. Heute steht die evangelische Ortskirche auf dem Breiten Berg. Es ist ein mittelalterlicher Saalbau mit gleich brei-

Museum für Heimat- und Industriegeschichte: 35745 Herborn-Burg, Burger Hauptstraße, Öffnungszeiten nach Vereinbarung mit dem Heimatverein Burg, Tel.: 03921-984432, www.heimatverein-burg.com.

Foto: Otto Domes (Wikimedia Commons 4.0)

Schneidmühle, Burg

ter romanischer Apsis im Osten. Im Zuge der Erneuerung in den 1830er Jahren ergänzte man den im Kern mittelalterlichen Westturm durch einen Backsteinaufbau.

Von Interesse in Burg ist auch die alte Schneidemühle im Ort, deren Gründung wahrscheinlich schon auf die Reformationszeit zurückgeht.

Auch in Burg spielten Erz und Eisen eine Rolle. Die Burger Eisenwerke gründeten 1818 im Ort ein Hütten- und Hammerwerk zum Ofen- und Herdbau. Die Produkte wurden unter dem Markennamen »Juno« bekannt. Längst ist die Produktion erloschen.

Der Heimatverein von Burg hat in Erinnerung an diese Wirtschaftsgeschichte im alten Rathaus ein Heimat- und Industriemuseum eingerichtet. Dieses zeigt historische Exponate zum Herdbau, anhand einer Schusterwerkstatt und einer Schulklasse auch früheres Dorfleben.

Gusseiserne Öfen und Ofenplatten

D er Westerwald kann seit dem Ende des 16. Jhs. auf eine verstärkte Eisenverhüttung und -produktion zurückblicken, nachdem wallonische Fachkräfte als Glaubensflüchtlinge in den protestantischen Gebieten Hessens ansässig geworden waren. Sichtbare Zeugnisse der seit dem Spätmittelalter und vor allem in der frühen Neuzeit hier in großem Umfang produzierten Ofenplatten und gusseisernen Öfen, die kunstgeschichtlich gesehen mit ihren Motiven und ihrer künstlerischen Ausgestaltung wahre Meisterleistungen darstellen, sind noch an zahlreichen Orten zu finden.

Die Fertigung gusseiserner Öfen ist seit dem 15. Jh. bekannt. Sie bestanden in der Regel aus fünf Platten: einer Boden- und Deckplatte sowie einer Stirn- und zwei Seitenplatten; letztere wiesen oftmals eine reiche Ornamentik auf. Bei den Öfen handelte es sich zunächst um hochpreisige Luxusprodukte, die sich mit Ausnahme des Adels, des Klerus und städtischer Institutionen kaum jemand leisten konnte. Gusseiserne Ofenplatten hingegen fanden bereits früh in bürgerlichen Haushalten Verwendung.

Wie bei den Öfen entfaltete sich auch auf den Platten, die als Rückseiten für Kamine (Kaminplatten) oder als Takenplatten (in der Regel in der Wand zwischen Küche und Stube eingebaut, um die Hitze des Herdfeuers auch in den dahinterliegenden Raum abgeben zu können) Verwendung fanden, die Bilderwelt des 16. Jh. Die Formschneider orientierten sich bei der Fertigung ihrer hölzernen Modelle, deren Abdruck im Sand mit geschmolzenem Eisen ausgegossen wurde, oftmals an der zeitgenössischen Druckgraphik. Dies war jedoch auch für technisch Versierte eine enorme Herausforderung: Zum einen waren die Feinheiten der Druckgraphik kaum auf das gusseiserne Material übertragbar, das zudem keinerlei Korrekturen erlaubte. Daher wurde bei der Umsetzung der

Foto: Susanne Kern

Evang. Kirche, Blasbach

Vorlage diese oft vereinfacht und vergröbert, vor allem wenn es eine sehr detailreiche Darstellung war. Zum andern waren viele Motive auf der schwarzen Platte nur schwer zu erkennen und eine Verwendung von Farbe aufgrund der starken Hitzeentwicklung beim Gebrauch nicht möglich.

In der Regel bestehen die Ofenplatten aus einer Kombination von Bild und Text, eingefasst von mehr oder weniger aufwändig gestalteten Rahmen. Besonders oft finden sich Darstellungen von Heiligen, eher selten dagegen profane oder mythologische Szenen. Bereits früh kamen Motive hinzu, die bis weit ins 17. Jh., vor allem in den hessischen Gebieten, die sich der Reformation angeschlossen hatten, die Gusserzeugnisse dominieren sollten: die biblischen Geschichten. Beliebt waren vor allem Gleichnisse des Neuen Testaments, die als moralischer Appell an die wohlhabenden und vornehmen Käufer und Auftraggeber gedacht waren. Kaum ein Gleichnis wurde,

Burg-Ofen (Detail), Braunfels

abgesehen von dem reichen Prasser und dem armen Lazarus, so oft dargestellt wie das vom verlorenen Sohn (Lk 15,20), das auch die heute in der Kirche in Blasbach aufbewahrte gusseiserne Platte zeigt. Eine Inschrift im unteren Teil berichtet von dem Geschehen: ES WAR EIN MENSCH DER HAT ZWEN SON / DER IVNGST VON SEINEM VATER SCHON / BEGERT SEIN ERBTEIL DA ZV HANDT / DAR MIT ZOG ER IN FREMDE LANDT • LV:15 Der verlorene Sohn, der sich sein Erbe auszahlen ließ und sein Geld anschließend verprasste, wird gleich zweimal wiedergegeben: im Hintergrund, wo er mit den Schweinen aus einem Trog isst, sowie deutlich größer in der entscheidenden Szene im Vordergrund bei der Begegnung mit dem Vater, der ihm verzeiht. Gerahmt wird die Gruppe aus Vater und Sohn von einem Diener, der schon die neuen Kleider bereithält, sowie von dem älteren Bruder. Am linken Bildrand wird das Kalb für das Festmahl geschlachtet. Die prachtvollen Gebäude im Hintergrund verweisen auf den Reichtum des Vaters. Ein Engel auf der rechten Seite hält eine kleine Tafel, deren Inschrift jedoch nicht mehr zu lesen ist. Unterhalb des Bibelverses hat sich der Hüttenmeister verewigt: WILHELM WILRING HVTENM(EISTER) ZV WEINMV(NSTER). Vorlage war eine Druckgraphik von Sebald Beham, dessen Figurenanordnung er übernahm. Abweichend ist zeitgenössische Kleidung wiedergegeben, erleichterte sie es doch dem Betrachter, sich mit der Geschichte zu identifizieren.

Sowohl die gusseisernen Öfen als auch die Ofenplatten erfüllten mehrere Funktionen. Sie verbesserten nicht nur die Heizleistung und sorgten für wohlige Wärme, sondern besaßen auch repräsentative Aspekte. Dies gilt v. a. für die Öfen, die gut sichtbar im Haus in der vornehmen Stube Aufstellung fanden und geschmückt mit den Wappen des Auftraggebers ein sichtbarer Beweis für Stand und Vermögen waren. Das belegt auch der in Schloss Braunfels erhalten gebliebene gusseiserne Ofen. Während der Aufsatz sehr schlicht gehalten und nur mit Rosetten in den Ecken geschmückt ist, besitzt der untere Teil eine üppig verzierte Vorderfront. Diese ist mit diversen Spruchbändern, einem mehrteiligen Wappen sowie einem Spruchband mit Initialen verziert, die eindeutig auf den Auftraggeber Heinrich Trajektin, Graf zu Solms, verweisen, der den Ofen 1679 für seine Residenz erworben hatte.

Öfen und Platten gemeinsam ist die Vermittlung der biblischen Botschaft, womit sie dem Wunsch Martin Luthers entsprachen, der Gläubige möge die Bibel jederzeit vor Augen haben, damit er sie in- und auswendig kenne. Jedoch sind diese »gusseisernen Bilderbibeln« keine spezifischen Erzeugnisse der Reformation, denn biblische Geschichten fanden sich bereits zuvor auf den Gusserzeugnissen.

Susanne Kern

Fachwerk am Marktplatz

Foto: Winrich C.-W. Clasen

⑧⓪ Herborn

Herborn ist eine der am besten erhaltenen Fachwerkstädte im Westerwaldumkreis, nicht umsonst auch das nassauische Rothenburg genannt. Entstanden ist die Stadt an der Stelle eines Königshofes an einem Dillübergang, wo sich verschiedene Fernstraßen kreuzten. Es war der Mittelpunkt der erstmals 1048 genannten Herborner Mark, ab dem 12. Jh. Reichslehen der Landgrafen von Thüringen, dann der von Hessen, die sie an Nassau weiter verlehnten. Die Zollstation von Herborn war lange zwischen den Landgrafen von Hessen und den Grafen von Nassau umstritten. In der »Hundertjährigen« Dernbacher Fehde (um 1230 bis 1333) konnten sich die Nassauer durchsetzen. Auf Betreiben der Nassauer Grafen erhielt Herborn 1251 Stadtrechte. Die Stadt prosperierte. Auf dem Berg über der Dill dominierten die Bauten der um 1200 entstandenen Stadtpfarrkirche und der um 1350 entstandenen Burg. Östlich davon entwickelte sich die Talsiedlung in Richtung Dill mit Mühlenanlagen mit dem Siedlungskern zwischen Chaldäergasse bis zur Hauptstraße als

Durchgangsstraße der umfangreicher werdenden Bebauung. Die inzwischen schlossartig ausgebaute Burg wurde Mitte des 15. Jh. sogar als Nebenresidenz der Nassauer genutzt. Graf Johann VI. von Nassau-Dillenburg gründete 1584 die »Hohe Schule« in Herborn und machte sie zu einem bedeutenden geistigen Zentrum für die neue Lehre und Bildung der calvinistischen Reformation. Herborn blieb von den Schrecknissen des Dreißigjährigen Kriegs weitgehend verschont, unter anderem, weil hier schwedische Soldaten in einem Lazarett behandelt wurden. Verschont blieb auch die Altstadt von Herborn im Zweiten Weltkrieg. So konnte sich ihr reichhaltiger Bestand an Fachwerkhäusern weitgehend erhalten.

Schloss Herborn entstand erst lange nach der Stadtwerdung ab 1350 zur Absicherung des Übergangs über die Dill mit der Zollstelle. Heute präsentiert sich das imposante mehrteilige Bauensemble oberhalb der Altstadt mit einer Silhouette aus drei aufragenden Rundtürmen. Den Kern bildete ein quadratischer Bergfried zur Kontrolle des im Vorfeld leicht ansteigenden Hanggeländes. Die Wohngebäude wurden an der geschützten, der Altstadt zugewandten Seite des Areals angelegt. Die das Burggelände umgebende Ringmauer war in die bis etwa 1310 fertig gestellte Stadtummauerung Herborns integriert. Den Bergfried legte man im Zuge der Umgestaltung der Burg in ein Schloss 1570 nieder. Der mittlere Teil der mit hohen Satteldächern gedeckten Wohnanlage ist ihr ältester Teil. Den nördlichen Teil setzte man nur wenig später stumpfwinklig an. Der Südturm ist noch durch Wiechhäuser, stadtseitige Auskragungen zur besseren Geländeübersicht, gekennzeichnet. Die Schildmauer der Burg integrierte man in ihr südliches Wohngebäude. Hofseitig schließt sich ein barocker Querflügel mit einem Treppenhausvorbau von 1930 an den spätmittelalterlichen Wohnbau an.

Rathaus mit Wappenfries, Herborn

Foto: Winrich C.-W. Clasen

Bereits unmittelbar nach der Stadtwerdung begann man in Herborn mit dem Bau der Stadtbefestigung, der 1313 abgeschlossen war. Erhalten sind sechs Türme und Tore in teilweise erneuerter Form sowie Abschnitte des Mauerverlaufs. Der älteste Teil ist die Steinerne Pforte nordöstlich der Stadtpfarrkirche. Die Hainpforte liegt unmittelbar unter dem Burgberg. Der Sandtorturm, die Neue Pforte, ist ein rechteckiger Bau, dessen früher offene Innenseite ausgefacht ist. Der runde Hexenturm mit verschiefertem Obergeschoss und eingezogenem Zeltdach sicherte den südöstlichen Eckpunkt der Stadtbefestigung.

Die evangelische Stadtpfarrkirche, zunächst Petrus und dann Unserer Lieben Frau geweiht, entstand ab etwa 1200 als spätromanische Basilika mit zwei Chorflankentürmen und Westturm. Von diesem Ursprungsbau sind Reste im Rumpf des Westturms sowie die zwei Chortürme erhalten, die in den 1820er Jahren bis zur Traufhöhe niedergelegt und in den gotischen Chor unter ein gemeinsames Dach integriert wurden. Bis dahin war der zu Beginn des 15. Jh. errichtete Chor flach gedeckt, erhielt aber Ende des 15. Jh. ein Sterngewölbe. An der Wende zum 17. Jh. erhöhte man die romanischen Kirchenschiffwände zur Hallenkirche von nahezu quadratischem Grundriss. Die im Zuge dieses Umbaus im Inneren eingezogenen Emporen im Schiff sind zwei-, im Chor eingeschossig. Der 1787 eingestürzte Westturm wurde 1882 wieder aufgemauert und erhielt ein flaches Zeltdach mit hoher Haubenlaterne.

Stadtmarketing Herborn GmbH: 35745 Herborn, Bahnhofsplatz 1, Tel.: 02772-708413, www.herborn-erleben.de • **Museum Hohe Schule Herborn**: 35745 Herborn, Schulhofstr. 3–5, Tel.: 02772-573810, www.museum-herborn.de, geöffnet Di, Mi, Sa + So. • **Wildgehege Herborn**: 35745 Herborn, Uckersdorfer Weg, betrieben vom Förderverein Wildgehege Herborn e.V., 35745 Herborn, Bahnhofsplatz 1, Tel. 02772-708555, www.wildgehege-herborn.de, täglich geöffnet.

Foto: Oliver Abels (Wikimedia Commons 4.0)

Dillturm, Herborn

Reich ist der Schatz an Fachwerkgebäuden in Herborn. Die Straßenzüge sind in großer Geschlossenheit erhalten. Stadtbrände haben die Westhälfte der Altstadt weitgehend verschont. Mancher Fachwerkbau weist hier noch Gefügeteile aus dem 15./16. Jh. auf. Nach dem Brand in der östlichen Hälfte im Jahr 1629 erfolgte eine einheitliche Wiedererrichtung der Bauten an verbreiterter Straßenführung. Herausragend ist das »neue« Rathaus in der Hauptstraße von 1589/91, das nach diesem Stadtbrand auf dem erhaltenen steinernen Unterbau vier neue Fachwerkgeschosse und darauf ein leicht gekuppeltes Zeltdach mit einem achtseitigen Dachaufbau, der von einer Haube mit Laterne abgeschlossen wird, erhielt.

Gleichermaßen herausragend ist in der Schulhofstraße das Bauensemble der Hohen Schule, die von Graf Johann VI. gegründet wurde. Die u-förmig angelegten Gebäude entstanden ab 1591 anstelle des früheren Rathauses aus dem Jahr 1446. Der

Schloss Herborn

steinerne zweigeschossige Hauptbau unter Wiederverwendung des Dachstuhls des alten Rathauses birgt im Erdgeschoss die als Aula genutzte große Halle, deren Balkendecke den Raum stützenfrei überspannt. Die Anlage beherbergt heute das Heimatmuseum der Stadt. Unmittelbar verbunden mit der Fachwerkgruppe der Hohen Schule ist die Corvin'osche Druckerei am Schulberg. Sie befand sich im Paulshof, einem Amtshof der Stadt. Das Vorderhaus aus der Mitte des 16. Jh. weist einen achteckigen Treppenturm auf.

Die meisten denkmalgeschützten Häuser der Herborner Altstadt findet man entlang der Hauptstraße. Hier stehen drei- bis viergeschossige, oft mit einem Zwerchhaus versehene Bauten, gelegentlich verschiefert oder verputzt, manchmal auch nur über eine Seitengasse zu erreichen. So ist es bei Haus Nr. 19, dessen Zugang über die Speckwinkelgasse erfolgt. Besonders malerisch ist die enge Verbindungsgasse zwischen Haupt- und

Foto: Winrich C.-W. Clasen

Fachwerkgiebel, Herborn

Turmstraße. Weitere Bauten findet man am Kornmarkt, hier Nr.
4 mit geschnitzter Ornamentierung der Eckständer und der Ge-
schossübergänge. Haus Nr. 15/17, inschriftlich erbaut 1617, weist
reiches Schmuckfachwerk mit fränkischen Erkern und quali-
tätvollen Schnitzereien auf. Bemerkenswert ist der geschweifte
Knickgiebel. Prachtvoll auch die Häuser an der Mühlgasse, in
der Turmgasse, am Holzmarkt und vor allem am Marktplatz,
besonders Eckhaus ½. Am Schulberg stehen auch Wohnbauten der Lehrer der Hohen Schule, so Nr. 3 als dreigeschossiger
verputzter bzw. verschieferter Fachwerkbau mit Quergiebel bzw.
schmalem Querhaus nach Osten.

Das Stadtmuseum von Herborn zeigt in den Obergeschos-
sen des Kollegbaus der Hohen Schule Exponate zur ihrer Geschichte, dazu zur Vor- und Frühgeschichte, zur Mittelalterar-
chäologie des Dillgebietes, zur bürgerlichen Wohnkultur des 18.
und 19. Jh. und zum vorindustriellen Handwerk in Herborn.

Graf Johann VI.

Foto: Public Domain

Werkstatt Jan van Revesteyn (1572–1657), Johann VI., 1615; Rijksmuseum, Amsterdam

Johann VI. Graf von Nassau-Dillenburg (1536–1606) studierte in Straßburg und übernahm nach dem Tod seines Vaters Wilhelm der Reiche 1559 die nassau-dillenburgischen Stammlande sowie die Grafschaften von Katzenelnbogen, Diez, Siegen und Hadamar. Darüber hinaus verfügte er über erheblichen Besitz in den Niederlanden.

Johann blieb Lutheraner, bis er in den 1570er Jahren zum Calvinismus übertrat. Zeit seines Lebens unterstützte er seine Brüder bei ihren Aktivitäten in den Niederlanden, die letztlich 1648 zur Unabhängigkeit des Landes führten. 1578–81 nahm er sogar selbst die Position des Statthalters von Gelderland ein und zeichnete für die Utrechter Union mitverantwortlich.

1584 gründete Johann die Hohe Schule in Herborn als Bildungszentrum des Calvinismus, eine Hochschule mit vier Fakultäten, der aber trotz ihres hohen Niveaus der Lehre nie Universitätsprivilegien zuerkannt wurden.

Ihre Theologische Fakultät setzt sich bis heute im Theologischen Seminar der Evangelischen Kirche in Hessen und Nassau fort. Aus der Hohen Schule stammt auch die erste Bibelübersetzung der Reformierten.

Johann gilt »als der beste Regent, den Nassau je besessen hat«. Er erwarb sich große Verdienste um die Verwaltungsorganisation, führte mit dem »Landrettungswerk« eine Art Wehrpflicht zum Schutz seines Landes ein, reorganisierte den Wetterauer Grafenverein, dem er auch vorstand, und versuchte nicht zuletzt eine politische Union aller evangelischen Stände zustande zu bringen.

Amos Comenius

Amos Comenius (1592–1670) zählt zu den großen Pädagogen des 17. Jh. in der Übergangszeit von der Renaissance zur Aufklärung. Viele Ansätze der modernen Pädagogik gehen auf seine Gedanken zurück, die er schon als Student an der Hohen Schule in Herborn entwickelte. So entwarf er ein geschlossenes System der Erziehungslehre. Zwar sah er in der Kindheit noch keine eigenständige Entwicklungsphase, sondern eine Vorbereitungsphase auf das spätere Erwachsenenleben – aber Schule sollte eine »liebliche Stätte der Menschlichkeit« für Mädchen und Jungen jeden Standes sein. Darin ist schon das Anrecht aller auf Bildung und Ausbildung und gewaltfreie Erziehung enthalten – die bildungspolitische Chancengleichheit für Jungen und Mädchen, für Arme und Begabte wie auch für weniger Begabte. Als Lernprinzipien bevorzugte er Lernen durch Tun, Anschauung vor sprachlicher Vermittlung, Muttersprache vor Fremdsprache, Vorbild vor Wort. Triebfeder seines Handelns war nicht die Pädagogik, sondern die Theologie, der Glaube an das Gute im Menschen.

Foto: Public Domain

Jürgen Ovens (1623–1678), Jan Amos Comenius; ca. 1650–1670; Rijksmuseum, Amsterdam

»Schule« in Comenius' *Orbis sensualium pictus* (1658)

⑧ Merkenbach

Der kleine Ort Merkenbach, südwestlicher Ortsteil von Herborn, schmiegt sich am Hang des Rehbachs entlang, einem jener Bäche, die den Dillwesterwald ostwärts in Riedelflächen aufteilen. Hier steht der Ortskern unter Denkmalschutz. Er ist von Fachwerkbauten des 17. Jh. geprägt. Ein besonders reizvolles Bild gibt die Reihe giebelständiger Bauten an der Merkenbachstraße ab. Ebenfalls unter Denkmalschutz steht die dreibogige Rehbachbrücke unterhalb des Orts, die im 18. Jh. errichtet wurde. Markant erhebt sich über dem Ort auf dem Katzenstein seit 1930 ein 35 m hoher Wasserturm.

⑧ Greifenstein

Inmitten des waldreichen Dillwesterwalds erhebt sich in Greifenstein weithin sichtbar auf 440 m hohem Sporn über dem Dilltal eine der bedeutendsten Burganlagen des gesamten Westerwaldes, liebevoll auch hessisches Neuschwanstein genannt. Im Jahr 1129 erstmals erwähnt, bauten die vom Hochstift Worms belehnten Herren von Beilstein die Anlage an der Hohen Straße, dem bedeutenden Verkehrsweg zwischen Köln und Frankfurt, Anfang des 13. Jh. zu einer massiven Höhenburg aus und nannten sich fortan Herren von Greifenstein. Als ihr erster Vertreter wird 1226 Rudolf von Greifenstein genannt. In der Auseinandersetzung zwischen dem römisch-deutschen König Adolf von Nassau und dem Gegenkönig Albrecht von Österreich standen die Greifensteiner auf der »falschen« Seite. In einer Gemeinschaftsaktion zerstörten die Grafen von Nassau-Dillenburg, die Grafen von Solms und einiger Reichsstädte Burg Greifenstein. Als Albrecht über Adolf obsiegte, versuchten die Greifensteiner ihre Burg als Reichslehen zurückzugewinnen, doch mit dem Tod Albrechts im Jahr 1308 scheiterte dieses An-

Burg Greifenstein

Foto: Michael J. Zirbes (Wikimedia Commons 2.0)

sinnen. 1322 belehnte König Ludwig der Bayer Gottfried von Sayn mit der Burg und erteilte ihr Stadtrechte, die aber nicht wirklich zum Tragen kamen. An die hundert Jahre währten die Auseinandersetzungen um die Besitzrechte an der Burg, vor allem auch um die Lehensrechte des Hochstifts Worms. Danach bauten die Grafen von Solms-Burgsolms und Nassau-Sonnenberg mit Unterstützung von Graf Ruprecht von Nassau die Burg gemeinsam wieder auf und errichteten den in die Schildmauer eingefügten Doppelbergfried. 1432 ging die Burg in den alleinigen Besitz der Grafen von Solms-Braunfels über, die in der Folge erhebliche Erweiterungs- und Verstärkungsarbeiten durchführten. Weitere Bauarbeiten an der Burg, die Errichtung der Stadtmauer, der Tore und Bollwerke sowie der Katharinenkapelle veranlassten Bernhard II. und Otto II. von Solms-Braunfels. 1602 erbte Graf Wilhelm I. von Solms-Greifenstein die inzwischen zur Grafschaft erhobene Herrschaft Greifenstein. Als europaweit renommierter Festungsbaumeister erweiterte er Burg Greifenstein zu einem mächtigen Bollwerk mit Kasematten und Bastionen, darunter die mächtige ovale Rossmühle, sowie eingenischte Geschützstände. Ab 1676 veranlasste Graf Wilhelm Moritz zu Solms-Greifenstein barocke Umbauten, unter anderem auch den Bau der neuen Schlosskirche über der Katharinenkapelle. Weitere Baumaßnahmen unterblieben mit der Verlegung der Residenz nach Braunfels. Danach blieb Schloss Greifenstein unbewohnt und verfiel zur Ruine. Erste Renovierungsmaßnahmen wurden in den Jahren 1908–14 durchgeführt. Die eigentliche Erneuerung erfolgte ab 1969.

Heute stellt sich Burg Greifenstein als vielgestaltige Burganlage aus Vor- und Hauptburg mit dem äußeren Bering und der vorgelagerten befestigten Talsiedlung dar. Die Schmalseite der rechteckigen Kernburg ist durch eine Schildmauer gekennzeichnet, die aus zwei Türmen, dem Nassauer (im Westen) und dem Bruderturm (im Osten), und einem kurzen Zwischenbau besteht. Aus der Zeit der Wiedererrichtung stammt auch der weitgehend zerstörte Palas, der ursprünglich zwei Ecktürme aufwies. An der Nordostecke der Kernburg entstand Ende des 17. Jh. der »Neue Bau« als Saalbau durch Graf Wilhelm-Moritz zu Solms-Greifenstein. Die Kernburg wird von dem inneren Bering mit Ecktürmen, Wach- und Tortürmen umgeben.

Besonders sehenswert an Burg Greifenstein ist die doppelte Burg- und Schlosskapelle. Der gotische Unterbau, dessen Untergeschoss die gräfliche Gruft birgt, entstammt dem späten 15. Jh. Die 100 Jahre später auf die Unterkirche aufgesetzte Schlosskirche ist ein barocker Saalbau mit großartigen Stuckierungen. Im Bollwerk Rossmühle ist heute ein Glockenmuseum eingerichtet, das 100 Glocken aus der Zeit ab dem 13. Jh. zeigt.

Burg Greifenstein: 35753 Greifenstein, Talstr. 19, Tel.: 06449-6460, www.burg-greifenstein.de, geöffnet Di–So, Juli/Aug. Mo–So, Nov./Dez. Sa/So, Jan. bis Mitte März geschlossen.

Burg Beilstein (mit neuen Gebäudeteilen)

⑧③ Beilstein

Die erstmals 1129 genannten Herren von Beilstein waren vom Hochstift Worms unter anderem auch mit dem Kalenberger Zent, dem Kirchspiel Beilstein, belehnt. Hier errichteten sie sich als Wormser Vögte auf einer Bergnase über dem Ulmtal mit den Resten eines Vorgängerbaus ihren Stammsitz. Die Vogtei gelangte als nachgeordnetes Lehen an die Grafen von Nassau, denen es gelang, die Beilsteiner aus dem Kalenberger Zent zu verdrängen. 1229 werden die Herren von Beilstein auf Beilstein letztmals erwähnt. Die Nassauer bauten daraufhin Burg Beilstein zu einer Landesburg aus, die sie bis zur Mitte des 16. Jh. erheblich erweiterten. 1321 konnten sie der Talsiedlung an der Burg Stadtrechte verleihen, die aber wie in Greifenstein kaum zum Tragen kamen. Aus dem Kalenberger Zent war inzwischen die Herrschaft Beilstein entstanden, die seit dem 15. Jh.

durch einen Amtmann in Beilstein verwaltet wurde, der zugleich als Landschultheiß der Herrschaft zum Westerwald fungierte. Aus der Herrschaft Beilstein entwickelte sich die Teilgrafschaft Beilstein unter der neuen Linie Nassau-Beilstein. Unter Graf Georg von Nassau-Beilstein erfolgte 1607–18 der schlossartige Ausbau der Anlage, die dann auch als Residenz genutzt wurde. Graf Georg verlegte aber 1620 seine Residenz kurzerhand nach Dillenburg. In Beilstein bestand zwar weiterhin ein Amtssitz, das Schloss aber begann zu verfallen und verblieb – durch den Verkauf auf Abbruch ab 1812 – als Ruine. Erste Sicherungen der Anlage begannen im 20. Jh. Ab 1982 erfolgte der Ausbau zu einer Behinderteneinrichtung. Unter Erhalt bestehender Gebäudeteile wurde in der Ruine des Palas ein angepasster Neubau errichtet.

84 Daubhausen

D aubhausen hat eine interessante Geschichte. Hier siedelte Wilhelm Moritz Graf von Solms-Greifenstein 1685 150 hugenottische Glaubensflüchtlinge aus Frankreich an. Die vormaligen Bewohner siedelte er in Nachbardörfer um. In der Kirche predigte man bis in das 18. Jh. noch auf französisch. Der mächtige Chorturm dieser Kirche blieb mit seinem Pyramiddach bei der Erweiterung des Schiffs 1701–09 erhalten. Innen ist der Turm kreuzgratgewölbt. Das gleichbreite Schiff wird durch das Westportal betreten. Das traufständig zur Kirche stehende Pfarrhaus stammt aus dem 17. Jh. In der 1831 gebauten »Alten Schule« ist seit 2008 ein Hugenottenmuseum eingerichtet, das Exponate zur Lebensweise dieser Glaubensflüchtlinge zeigt.

Hugenottenmuseum Daubhausen: »Alte Schule« 35630 Daubhausen, Borngasse, Tel.: 06443-810547, www.freizeit-mittelhessen.de/hugenottenmuseum-daubhausen.html, geöffnet April bis Okt. 3. So im Monat nachm.

Besucherbergwerk Grube Fortuna

Die Grube Fortuna bietet eines der typischen Beispiele für den Erzbergbau im Westerwald und mit ihren Museen einen eindrucksvollen Einblick in die montanhistorische Vergangenheit der Region. Bereits 1605 wurde Graf Wilhelm zu Solms-Greifenstein die Genehmigung zum Abbau von Erz auf dem Gelände der späteren Grube Fortuna erteilt. Amtlich wird dieses Vorhaben erst 1847 durch entsprechende Vermerke in den Akten des zuständigen Bergamts. Dokumentiert wird zwei Jahre später die Übertragung von 1 qkm Grubengelände an den Fürsten zu Solms-Braunfels. Das Gelände wurde später auf 4 qkm erweitert. Seit 1880 transportierte eine Seilbahn das gewonnene Erz zur fürstlichen Georgshütte in Braunfels. 1906 übernahm die Firma Krupp als Hauptabnehmer der Erze alle Solms-Braunfelsschen Gruben und modernisierte die Anlagen. Nachdem bis dahin der Erzabbau im Tagebau erfolgte, wurden jetzt die ersten Schachte in die Tiefe

Altes Maschinenhaus (erbaut 1907/1908)

Feld- und Grubenbahnmuseum Fortuna

getrieben. Über einen 1915 angelegten Stollen fahren heute die Besucher in das Bergwerk ein. 1981 endete der Erzabbau in der Grube Fortuna, weil das letzte Hüttenwerk in Wetzlar seinen Betrieb einstellte. Nach Restarbeiten endete der Abbau endgültig 1983. Ein Förderverein setzte sich daraufhin für den teilweisen Erhalt der Grube ein, um sie Besuchern zugänglich zu machen. Später übernahm der Lahn-Dill-Kreis das Bergbaumuseum und erweiterte es um ein Grubenbahnmuseum. Inzwischen werden hier 50 Feldbahn- und Grubenbahnlokomotiven und 100 Waggons präsentiert und an sechs Fahrtagen im Jahr praktisch erprobt. Außerdem befindet sich ein Geoinformationszentrum im Besucherbergwerk.

Besucherbergwerk Grube Fortuna und Feld- und Grubenbahnmuseum Fortuna, 35606 Solms-Oberbiel, Grube Fortuna 1, Tel.: 06443-8194999, www.grube-fortuna.de, mit Grubengaststätte zum Zechenhaus, Tel. 06443-8194999.

⑧⑤ Ulm

Über Beilstein, den Ulmbachstausee und Holzhausen geht es in das Zentrum des Ulmtals nach Ulm, erstmals im 11. Jh. als »Olmena« erwähnt. Bis 1791 gab es hier ein Landgericht, bis in die 1930er Jahre eine Bürgermeisterei über die zehn Nachbargemeinden. Den mittelalterlichen Westturm der evangelischen Ortskirche erhöhte man 1751 und versah ihn

Foto: Wikiwal (Wikimedia Commons 1.2)

Evangelische Kirche, Ulm

mit einem Haubendach. Das Schiff musste 1970 wegen Baufälligkeit erneuert werden. Der Turm birgt die Bonifatius-Glocke, ein 1475 gegossenes Geläut mit langer Geschichte. Sie konnte durch Auslagerung in den Wirren der Kriege des 17. Jh. gerettet werden. 1942 musste die Glocke abgeliefert und sollte zu Kriegszwecken eingeschmolzen werden. Dazu kam es nicht mehr, und so verblieb sie im Hamburger Glockenlager, das im Volksmund auch Glockenfriedhof genannt wurde. 1948 konnte die Glocke dann nach Ulm zurückgebracht werden.

Östlich von Ulm findet man auf der 412 m hohen Kuppe des Kesselbergs das Jagdschloss Dianaburg. Es wurde von den Grafen und späteren Fürsten von Solm-Braunsfels genutzt. Nach dem Tod des jagdbegeisterten Fürsten Ferdinand diente es ab 1873 dem Förster als Wohnsitz. Erhalten ist der nach mittelalterlichen Vorbildern errichtete Turm mit vorkragendem Obergeschoss und kleinen Ecktürmen.

In dem sich südlich an Ulm unmittelbar anschließenden Greifensteiner Ortsteil **Allendorf** gibt es neben einige schönen Fachwerkhäusern noch eine komplett romanische Kirche zu sehen. Ihr Chorturm birgt ein Kreuzgratgewölbe; das romanische Schiff wurde 1700 renoviert. Weiter südlich steht am Hang des Ulmbachs das »Outdoor Center Lahntal«, das neben urigen Unterkünften Freizeitaktivitäten wie Kanufahrten, Alpakatouren und Pferdetrails sowie eine Gastronomie mit Biergarten bietet.

86 Kloster Altenberg

Gottfried von Beselich, Gründer des Klosters Beselich (vgl. S. 308), war auch der Initiator des Klosters Altenberg an der 1170 gebauten Kapelle auf dem damals »alten berg« genannten Michelsberg an den Südausläufern des Dillwesterwaldes zwischen Wetzlar und Oberbiel oberhalb der Lahn. Die ersten zwölf Mönche des Klosters entsandte Abt Engelbert von der Mutterabtei Rommersdorf. Weiter traten Mitglieder der umliegenden Adelsgeschlechter aus den Häusern Nassau und Solms in das Kloster ein und bereicherten es mit ihren Stiftungen. In 49 Jahren führte Gertrud, Tochter der Elisabeth von Thüringen (1227–1297), als dritte Äbtissin das Kloster zu großer Blüte. In ihrer Zeit entstand die frühgotische Klosterkirche als sechsjochiger Saalbau unter spitzbogigem Kreuzgewölbe mit nördlichem Querarm und polygonalem Ostabschluss. Das Hochgrab der später selig gesprochenen Gertrud von Altenberg steht unter der Vierung. Von großer Bedeutung sind die Fresken im Inneren, deren früheste vom Ende des 13. Jh. stammen. An der Südwand der Vierung wird die Marienkrönung zwischen zwölf unter Baldachinen sitzenden Aposteln dargestellt, an der Südwand des

Prospekt der Schöler-Orgel von 1757, Altenberg

Foto: Winrich C.-W. Clasen

Apostel-Fresko in der Klosterkirche Altenberg

Langhauses ein überlebensgroßer Christophorus. Weitere gotische Malereien befinden sich an verschiedenen Kirchenwänden. Die Stiftsanlagen gruppieren sich südlich der Klosterkirche um zwei Höfe und stammen weitgehend aus der Klostergründungszeit. Zubauten an Wirtschaftsgebäuden erfolgten im 17. und 18. Jh. Das gesamte Gelände ist von der Stiftsmauer umgeben.

In der Reformationszeit blieb das Kloster als Trierer Exklave katholisch. Die durch Kaiser Barbarossa 1192 gewährte Reichsunmittelbarkeit bestand bis zur Säkularisation. Danach wurde das Kloster den Fürsten zu Solms-Braunfels zugesprochen, die die Anlage in eine Domäne umwandelten und ihre Wohngebäude als Sommerresidenz nutzten. Der Landwirtschaftsbetrieb ist verpachtet; in den Klostergebäuden ist eine Diakonissen-Schwesterschaft eingerichtet, die in der Altenhilfe arbeitet und Ausbildungen in der Hauswirtschaft und eine Altenpflegeschule unterhält. Die Klosterkirche dient als evangelisches Gotteshaus.

Gertrud von Altenberg

Zu den herausragenden Kunstwerken des ehemaligen Prämonstratenserinnenklosters Altenberg, nahe Wetzlar an der Lahn gelegen, gehört die Tumba (Hochgrab) der 1297 verstorbenen Magistra Gertrud.

Gertrud, benannt nach ihrer 1213 ermordeten Großmutter mütterlicherseits, aus dem Hause Andechs-Meranien, war das dritte Kind des Landgrafen Ludwig IV. von Thüringen und dessen Ehefrau Elisabeth von Ungarn. Geboren wurde sie vermutlich am 29. September 1227 auf der Wartburg, nur wenige Tage, nachdem ihr Vater am 11. September auf dem fünften Kreuzzug in Otranto, Süditalien, verstorben war. Bereits mit eineinhalb Jahren wurde Gertrud dem Kloster übergeben, eine Wahl, die vornehmlich auf Elisabeths Beichtvater Konrad von Marburg zurückzuführen sein dürfte. Ausschlaggebend war für Konrad nicht zuletzt die Spiritualität und Religiosität der Altenberger Chorfrauen gewesen, die der strengen Observanz angehörten. 1248 wurde die damals 21-jährige Gertrud zur Magistra gewählt, ein Amt, das sie bis zu ihrem Tod am 13. August 1297 innehatte.

Auch wenn eine formale Seligsprechung nie erfolgte, wurde Gertrud recht schnell nach ihrem Tod vor Ort in Altenberg als Selige (*beata*) verehrt. In den folgenden Jahrzehnten kam es daher, diesem Umstand Rechnung tragend, im Kloster zu einer erneuten Ausstattungskampagne, zu der auch die Errichtung eines Tumbengrabes für Gertrud zählt. Die Aufstellung der Tumba an hervorgehobenem Platz, unmittelbar vor dem Altar, verweist zunächst auf ihre Rolle als fundatorin, denn in ihrer Amtszeit wurde die Kirche, wie den sechs zwischen 1250 und 1267 ausgestellten Ablassbriefen zu entnehmen ist, neu errichtet. Dass man sie in Altenberg als eine solche ansah, belegt auch die Inschrift, wird sie doch in

Tumba der Gertrud von Altenberg

ihr als MATER HVIVS CONVENTVS angesprochen. Der Tod der charismatischen Gertrud bedeutete für Altenberg einen schweren Einschnitt. In der Folge versuchten nun die Schwestern, einen Gertrudenkult zu etablieren. Im Vorgriff auf die Seligsprechung wurde die Tumba prachtvoll ausgestaltet. Die Deckplatte zeigt Gertrud betend unter einem laubesetzten Kielbogen. Sowohl die Position des Hochgrabes, als auch seine Gestaltung und nicht zuletzt das Epitheton B(EA)TA sowie die Abtrennung und gesonderte Aufbewahrung des Schädels belegen, dass die Umbettung der Magistra der Kultetablierung dienen sollte. Zwar erfolgte bereits wenige Jahrzehnte nach ihrem Tod die Seligsprechung, zu einer Heiligsprechung kam es hingegen nicht mehr, scheiterte die päpstliche Kanonisation doch vor allem am Finanziellen. Daher etablierte sich in der Folge auch kein weitreichender Kult für Gertrud. Lediglich in Altenberg wurde ihre Memo-

Klosterschänke, Kloster Altenberg

Foto: Winrich C.-W. Clasen

ria, wie dem Küsterinnenbuch aus dem letzten Viertel des 16. Jh. zu entnehmen ist, nach wie vor gepflegt. Dort entzündete man nicht nur an ihrem Jahrestag, sondern auch zu diversen Festtagen Kerzen an ihrer Grabtumba. Zu einer – wenn auch nur kurzzeitigen – Kultbelebung kam es nochmals im 17. Jh. Als 1652 der Trierer Weihbischof Otto von Senheim Altenberg besuchte, legte ihm der damalige Prior Diederich, ein glühender Verehrer Gertruds, eine gefälschte Urkunde ihrer Heiligsprechung, ausgestellt auf das Jahr 1348, vor, die er sich vom Weihbischof in mehreren Abschriften bestätigen ließ.

In ihrer langen Amtszeit – Gertrud leitete das Kloster nahezu ein halbes Jh. als Magistra – entwickelte sich Altenberg von einer kleinen, eher ärmlichen Filialzelle der Prämonstratenserabtei Rommersdorf zu einem großen, angesehenen Kloster und etablierte sich neben Marburg zu einem zweiten Zentrum der Elisabethverehrung. Dabei ging die

Anziehungskraft vor allem von Gertrud selbst aus, die quasi als vornehmste und sehenswerteste Reliquie der hl. Elisabeth angesehen wurde. So wallfahrteten nicht wenige, nachdem sie Marburg besucht hatten, nach Altenberg.

Dort konnten die Pilger nicht nur zahlreiche Ablässe erwerben, sondern auch eine große Sammlung von Elisabeth-Reliquien verehren, wie die Armreliquie oder die Kanne der Heiligen. Wie in Marburg wurde auch in Altenberg ein der Heiligen geweihtes Hospital unterhalb des Klosters erbaut. In Gertruds Amtszeit wurde die neu errichtete Kirche zugleich mit Wand- und Tafelgemälden sowie Paramenten üppig ausgestattet, um der Elisabethverehrung den gebührenden Rahmen zu geben.

Während Gertruds Amtszeit stieg nicht nur die Zahl der Klosterschwestern um ein Vielfaches an, auch die der Gönner wuchs enorm. Maßgebliche Förderer des Klosters waren die Grafen von Nassau sowie die Grafen von Solms, die beide eine Grablege in Altenberg besaßen und deren Töchter für mehrere Jahrzehnte das Amt der Magistra ausübten. Zwar entging das Kloster in der Reformation der Aufhebung, erlitt jedoch einen schweren Bedeutungsverlust. Ein Großteil der mittelalterlichen Ausstattung ging bereits im Dreißigjährigen Krieg bei der Plünderung durch die Schweden und bei dem verheerenden Brand des Stadthofes in Wetzlar, wohin man einen Teil der Schätze ausgelagert hatte, verloren. 1802 wurde das Kloster im Zuge der Säkularisation aufgehoben und den Fürsten von Solms-Braunfels als Entschädigung für deren Besitzungen in Lothringen übertragen. Ein Teil der Archivalien sowie der beweglichen Objekte wurde nach Schloss Braunfels übertragen, wo im sogenannten Altenberger Zimmer noch zahlreiche Kunstwerke, u.a. Ring und Kanne der hl. Elisabeth, zu bewundern sind.

Susanne Kern

Südlicher Oberwesterwald

Reifenberger Schlösschen, Weltersburg
(Foto: Hans Otzen)

Wiesensee bei Westerburg

Im Gegensatz zu der für Mittelgebirge fast atypischen, nur flach welligen Westerwälder Basalthochfläche ist das sich südlich anschließende Oberwesterwälder Kuppenland viel stärker durchsiedelt. Im Zeitalter des Tertiär durchbrachen vulkanische Aktivitäten das devonische Grundgebirge und überzogen es mit namengebenden Basaltkuppen, -decken und -rücken. Während sich die nördliche Basalthochfläche in Höhenlagen von 500 bis 600 m erstreckt, fällt das Kuppenland von 500 m Höhe auf 350 m Höhe zum Limburger Becken hin ab. Eine Geländekante von 30 m Höhe ist besonders gut zwischen Rennerod und Westerburg zu erkennen. Im abwärts geneigten Kuppenland konnten die abfließenden Gewässer bei 900 mm Niederschlag pro Jahr die vulkanischen Hinterlassenschaften stärker freilegen und die Landschaft stärker zertalen. Im Oberlauf sind die Bäche noch weitgehend naturnah belassen und entwässern in breiten Muldentälern zum Elbbach, im Westen zum Saynbach, im Süden zum Gelbach. Der Wiesensee bei Westerburg ist das größte Gewässer der Region. Dazu gibt es vielfältige Weiher und Teiche sowie Seen in ehemaligen Tonabbauflächen und Basaltsteinbrüchen. Wald trifft man im Norden und Osten oft großflächig zusammenhängend an, Ackerland eher im Südwesten. Vielfach staunasse Böden behindern die Bearbeitung, eher günstig sind die Voraussetzungen in den breit angelegten Tälern der Bäche und Flüsse. Ansonsten dominiert Grünland im Oberwesterwälder Kuppenland. Im Übergang zur Limburger Talweitung erstreckt sich das südliche Oberwesterwälder Hügelland, das eher durch sanfte Mulden und Täler gekennzeichnet ist. Bergbau war überall weit verbreitet. An seine Bedeutung erinnert noch der Kohleschacht St. Anna bei Kaden. Besondere Bedeutung kommt dem Abbau des Lahnmarmors zu, einem polierbaren Kalkgestein, das ab dem 16. Jh. gewonnen wurde.

⑧⑦ Westerburg

Westerburg ist der Hauptort des Oberwesterwaldes. Hier residierten die Grafen von Runkel-Leiningen über die erstmals 1209 erwähnte Herrschaft Westerburg. Ihre 1192 genannte Burg ist offensichtlich weit älter und geht auf Siegfried III. von Runkel (1181–1226) zurück, der durch seine Heirat mit einer Gräfin aus dem Hause Leiningen die Vogtei über das östlich von Westerburg gelegene Stift Gemünden an sich gebracht hatte. In der Auseinandersetzung von Siegfrieds Enkeln um den Runkel'schen Besitz kam es 1288 zur endgültigen Trennung der Herrschaften Runkel und Westerburg. Neuer Herr über die Herrschaft Westerburg war nunmehr Heinrich II. von Westerburg. Die zu Füßen seiner Burg bestehende Siedlung erhielt 1292 Stadtrechte und teilte sich in den Oberflecken, der bis 1400 eine komplette Ummauerung erhielt und etwa 20 Burgmannenhäuser aufwies, und in den Unterflecken außerhalb der Mauer. Als Gräfin Margarethe von Leiningen-Dagsburg, verheiratet mit Reinhard III. von Westerburg († 1449) 1470 starb, erbte ihr Enkel Reinhard den Besitz, der sich fortan Graf von Leiningen-Wes-

Foto: Hans Otzen

Burgmannenhaus, Westerburg

terburg nannte. Allerdings wandte sich Graf Reinhard eher dem Leininger Besitz zu, so dass Westerburg ins Hintertreffen geriet. Die zum Schloss umgebaute Burg blieb Wohnsitz verschiedener Seitenlinien des Hauses Leiningen-Westerburg. Als der Ort in nachnapoleonischer Zeit dem Herzogtum Nassau zugeordnet wurde, verblieb der Besitz am Schloss den vormaligen Herren.

Die Westerburg blieb trotz aller Um- und Anbauten in mehreren Bauphasen des 13. bis 16. Jh. im Kern als spätromanisch-gotische Anlage erhalten. Der Zugang zur dreiflügeligen Spornburg wurde durch den noch als Stumpf erhaltenen runden Bergfried aus Basalt geschützt. Der Mittelflügel trägt ein Mansarddach, die Seitentrakte sind mit Krüppelwalmdach bzw. Walmdach eingedeckt. Im Osttrakt ist noch romanischer Bauschmuck vorhanden. In die Burgkapelle mit gewölbtem Vorraum und vierteiliger Fenstergruppe mit steilen Spitzbögen gelangt man durch ein spätromanisches Portal. Der Saal in

Foto: Oliver Abels (Wikimedia Commons 2.5)

Schlossberg in Westerburg mit Evang. Kirche und Schloss

dem im 15. Jh. entstandenen Westflügel weist ein aufwändiges Netzgewölbe und teilweise figürliche Vierpassschlusssteine auf. Inzwischen ist Schloss Westerburg in Privatbesitz, nachdem es

Tourist-Information WällerLand »Alter Markt Westerburg«: 56457 Westerburg, Marktplatz 3, Tel.: 02663-291495, www. stadt-westerburg.de • **Schloss Westerburg**: 56457 Westerburg, Tel.: 02663-911401, www.schlosswesterburg.de, mit verschiedenen historischen Speiseräumen, täglich abends geöffnet, Sa und So auch mittags • **Trachtenmuseum**: Museumsverein »anno dazumal« in Westerburg e.V., Altes Rathaus, 56457 Westerburg, Neustraße 40, www.trachten-museum.de, geöffnet Di und Do nachm. (nicht Dez.–März) • **Erlebnisbahnhof Westerwald**: 56457 Westerburg, Bahnhofstraße 46c, www.erlebnisbahnhof-westerwald.de, Sa geöffnet • **Backes-, Heimat- und Ofenbauermuseum**: 56457 Westerburg-Gershasen, Am Backhaus 4, www.stadt-westerburg.de, geöffnet nach Vereinbarung.

bis 1980 als Jugendherberge diente, und beherbergt heute ein Restaurant.

Durch die 1566 in Westerburg eingeführte Reformation wurde die zum Schloss gehörige Kirche zur evangelischen Stadtpfarrkirche. Mit dem Bau der dreischiffigen Hallenkirche wurde 1516 begonnen. Im Osten wird sie durch einen 5/8-Chor mit Kreuzrippengewölbe, im Westen durch einen viereckigen Turm begrenzt, die beide so breit wie das Mittelschiff der Kirche sind. Die Gruft unter dem Chor war mehr als drei Jh. die Grablege

Foto: Hans Otzen

Evang. Kirche, Westerburg

der Grafen von Leiningen-Westerburg. Westerburg verfügt noch über eine Reihe schöner Fachwerkhäuser. In dem Fachwerk-Burgmannenhaus ist das Standesamt untergebracht. Außerdem gibt es zwei Museen, so das Trachtenmuseum und den Erlebnisbahnhof Westerwald mit einer Lokstation und einem Plakatmuseum im ehemaligen Empfangsgebäude des Bahnhofs.

Im unmittelbar an Westerburg angrenzenden Ortsteil **Gershasen** boten spezielle Tuffsteinvorkommen die Grundlage für den Backofenbau, der über 150 Jahre im Ort betrieben wurde. Dieses Material zeichnet sich durch besonders große Hitzebeständigkeit aus. 1960 schloss der letzte Betrieb. Der noch im Ort bestehende *Backes*, wie die Westerwälder ihre Backöfen nennen, ist zu einem Museum dieser Zunft ausgearbeitet worden. Neben dem alten Ofen im Erdgeschoss werden Werkzeuge der Ofenbauer und Küchenutensilien früherer Zeiten in einer nachgebildeten gemütlichen Dorfstube im Obergeschoss gezeigt.

Foto: Hans Otzen

Stiftskirche St. Severin, Gemünden

⑧⑧ Gemünden

Gebhard im Niederlahngau, der Ahnherr des Geschlechts der Konradiner, gründete im Jahr 845 ein Stift in Kettenbach, das er später nach Gemünden, wo der Holzbach, der Elbbach und der Schafbach in einer durch Berge geschützten Mulde zusammenfließen, verlegte. 879 weihte Erzbischof Bertolf von Trier in Anwesenheit von König Ludwig I. und des Stifters Gebhard im Niederlahngau das Gemündener Stift. Anhand der anwesenden Personen kann man erahnen, welche Bedeutung diesem Stift, das über reichen Besitz verfügte, zukam. Es erlangte im 10. Jh. sogar die Reichsunmittelbarkeit. Die Vogtei des Stifts hatten die Herren von Westerburg inne. Besitz und Macht des Stifts nahmen weiter zu, auch durch weitere Dotationen der Konradiner. Doch als diese ausstarben, die kaiserliche Zentralmacht schwächer wurde und die Westerburger Stiftsvögte er-

Foto: Chris06 (Wikimedia Commons 4.0)

Langhaus der Stiftskirche

starkten, sank die Bedeutung des Stifts. Letztlich verlor das Stift im Jahr 1336 durch ein Edikt Kaiser Ludwig IV. seine Unabhängigkeit. Der Niedergang setzte sich fort, auch durch Zwistigkeiten unter den Erben der Westerburger. Nachdem Reinhard II. von Westerburg in seiner Eigenschaft als Stiftsvogt 1566 auch im Stift die Reformation einführte, war dessen politische Bedeutung erloschen. Die Westerburger beriefen protestantisch gesinnte Geistliche in das Stift und übertrugen 1597 alle Lehen des Stifts auf das Haus Westerburg.

Die dem hl. Severus geweihte ehemalige Stiftskirche und heute evangelische Pfarrkirche von Gemünden ist ein im Wesentlichen erhaltener romanischer Bau, der um 1090 unter Nutzung vorhandener Bauteile neu angelegt wurde. Es ist eine flachgedeckte dreischiffige Pfeilerbasilika mit Querhaus, quadratischem Chor und zwei Westtürmen. Nach einem verheerenden Brand wurden 1510 die Seitenschiffe verbreitert und die nördliche Wand durch drei hohe Spitzbogenarkaden zum Mittelschiff hin geöffnet. Dabei erhielt das nördliche Seitenschiff ein Netzgewölbe. 20 Jahre später erhielt auch der Chor ein Gewölbe. Im Chor und im Querhaus sind noch Reste der Wandbemalung aus romanischer und gotischer Zeit erhalten.

Über die Pfarrkirche hinaus verfügt Gemünden auch über eine eigenständige lutherische Kirche, einen Saalbau, der mit den Jahreszahlen 1865 und 1914 bezeichnet ist. Solche freiheitlichen lutherischen Kirchen entstanden im 19. Jh., weil einige damalige Reichsländer eine »Union« von lutherischen und reformierten Kirchen verfügten. Dies lehnten viele Lutheraner ab und errichteten eigenständige Kirchen.

⑧⑨ Seck

Grundherr in Seck war im 9. Jh. Graf Gebhard im Niederlahngau (832 bis 879). Sein Enkel Bischof Rudolf I. von Würzburg (892 bis 908) weihte in Seck eine dem hl. Kilian gewidmete Kirche. Das unmittelbar nördlich von Seck gestiftete Nonnenkloster Seligenstadt wurde 1181 dem Erzstift Trier geschenkt und war ab 1209 Tochterkloster von Maria Laach. Das Kloster konnte aber nicht bestehen, verfiel schon Ende des 14. Jh. und war spätestens 1499 verlassen. Heute künden nur noch Ruinenreste am Klosterweiher von seiner früheren Existenz, Reste der Umfassungsmauer, eine halbrunde Apsis und Turmansätze.

Der Ursprungsbau von St. Kilian war eine spätromanische Pfeilerbasilika auf steil abfallendem Bergvorsprung, ein Basaltlavabau, dessen Seitenschiffe seit 1673 abgetragen sind. Nach einem Brand erfolgte die Erneuerung in den 1880er Jahren. Der 1963 angebaute Saalbau will nicht so recht zur Kirche passen. Wertvoll dagegen ist die Kreuzigungsgruppe im Inneren, ein Werk der Hadamarer Schule. Der spätromanische Taufstein ist als bandverziertes Rundbecken gearbeitet.

Foto: Hans Otzen

Altes Rathaus, Seck

Ruinen des Klosters Seligenstadt bei Seck

Foto: Hans Otzen

Der Wiesensee

Der Wiesensee erstreckt sich zwischen Rennerod und Westerburg im Norden des Kuppenlandes. Hier gab es bereits im Jahr 1270 die urkundliche Nennung eines Sees. Im Laufe der Jahrhunderte verlandete der See und hatte sich bis zum Endes des 18. Jahrhunderts zur Sumpffläche entwickelt, die man als *Seewies* bezeichnete. In den 1960er Jahren nutzte man den Sumpf als Hochwasserrückhaltebecken. Die Anliegergemeinden Pottum, Stahlhofen und Winnen gründeten einen Zweckverband, der den See aufstaute und zum Ziel hatte »Maßnahmen zur Förderung des Fremdenverkehrs und zur Verbesserung des Landschaftsbildes durchzuführen«. Die Idee setzte sich durch. Heute ist der Wiesensee ein beliebtes Naherholungsgebiet zum Segeln, Surfen und Baden mit Liegewiese, Biergarten, Café mit Seeterrasse. Dazu gibt es einen Golfplatz und ein Sporthotel. Der Rundwanderweg um den See ist sechs Kilometer lang. Ein Teil des Sees ist als Vogelschutzgebiet von der Freizeitnutzung ausgenommen. Aufgrund der geringen Tiefe des Sees gibt es Probleme mit der Eutrophierung, die aber in Zusammenarbeit der Gemeinden u. a. durch Schlammentnahme gelöst werden.

Tourist-Information am Wiesensee: 56459 Stahlhofen am Wiesensee, Winner Ufer 9, Tel.: 02663-291494, www.waellerland.de • **Golfclub Wiesensee:** 56457 Westerburg, Am Wiesensee, Tel.: 02663.99100, www.golfclubwiesensee.de, 18-Loch-Platz, 9-Loch-Platz, Driving Range, mit Gastronomie und Golfshop • **Hotel & Sportingclub Wiesensee:** 56457 Westerburg, Am Wiesensee, Tel.: 02663-991190, www.lindner.de, 87 Zimmer und Suiten, Restaurant, Bar, Wellnesbereich, Sportangebote.

⑨⓪ Langenhahn

Das relativ dünn besiedelte Oberwesterwälder Kuppenland ist durch eine eher dörfliche Struktur geprägt. Als wichtige Kulturdokumente stehen in diesen Dörfern alte Kirchen, die in vielerlei Hinsicht von Interesse sind. Oft geben sie Hinweise auf die Siedlungsgeschichte oder weisen im Inneren bedeutende Kunstschätze auf. So findet man in der Pfarrkirche Herz Jesu Hoch- und Seitenaltäre von Johannes Schryer, einem Künstler aus

Herz-Jesu-Kirche, Langenhahn

Niederselters, datiert 1719, dazu eine Kanzel mit der Figur des guten Hirten und eine Kommunionbank aus der gleichen Zeit. Auf dem Friedhof von Langenhahn steht die romanische Kapelle St. Sebastian als kleiner gewölbter Bau.

⑨① Wölferlingen

Fast schön süddeutschen Charakter zeigt die evangelische Pfarrkirche von Wölferlingen südöstlich der Westerwälder Seenplatte. Der 1751 entstandene Saalbau weist abgerundete Ecken, eine Pilastergliederung und einen östlich vorgesetzten Turm auf, den eine hohe Zwiebelhaube krönt. Im Inneren führen dreiseitig Emporen durch den Raum. Zur einheitlichen Ausstattung aus der Erbauungszeit gehören die Kanzel und das Gestühl.

Foto: El tommo (Wikimedia Commons 3.0)

Pfarrkirche, Wölferlingen

Pfarrkirche, Hahn

Foto: Hans Otzen

Rätsel gibt eine außergewöhnliche Setzung von Basaltsteinen am Waldrand nordöstlich von Wölferlingen auf. Vermutlich handelt es sich um eine von Menschenhand geschaffene astronomisch-kalendarische Markierung, denn ihre Anordnung weist genau auf einen Punkt am Horizont, an dem die Sonne Anfang April und Anfang September aufgeht. Damit gibt sie Hinweise auf Aussaat- und Erntetermine.

92 Hahn

Die 1737 entstandene, durch schmale Lisenen gekennzeichnete Pfarrkirche ist ein hoher Saalbau mit rechteckigem Chor und schlankem Westturm. Beachtenswert ist der Aufsatz des Hochaltars mit Bildwerken der Hadamarer Schule.

Am 1.5.1980 wurde der Ort von »Hahn bei Wallmerod« in »Hahn am See« umbenannt – nach dem Nebenbach des Kälberbachs östlich des Orts.

Foto: Guckheim (Wikimedia Commons 4.0)

St. Leonardiskapelle, Weltersburg

⑨③ Weltersburg

Küppel heißt der 436 m hohe Burgberg von Weltersburg, auf dem in salischer Zeit eine der Festungsanlagen zur Sicherung der Köln-Frankfurter Straße errichtet wurde. Um 1220 ist sie je zur Hälfte im Besitz der Grafen von Sayn und der Herren von Isenburg und als Burgherr wird Wigand von Weltirsberch genannt. Verschiedene Burgmannen sind namentlich bekannt, darunter die von Ottenstein, von Reifenberg, von Brambach, von Grauesel und von Neuroth. 1314 erhielt Weltersburg Stadtrechte, später auch eine Ummauerung. Aber eine städtische Entwicklung erfolgte nicht, ein Markt ist nicht bekannt geworden. Die Burg war offensichtlich bis 1485 bewohnt, im 16. Jh. in schlechtem Zustand und im 17. Jh. ruinös. Verblieben von der Burg sind Reste eines Rundturms, des Berings und einige Mauerzüge, von der Ummauerung aber fast nichts.

Am Hang des Burgberges steht das **Reifenberger Schlösschen** (→ S. 283), der Burgsitz der Wäller Herren von Reifenberg. Sie waren hier zwischen 1384 und 1671 ansässig. Der Wäller Philipp von Reifenberg errichtete 1552 unter Einbeziehung von Teilen des Vorgängerbaus den weiß geputzten, zweistöckigen rechteckigen Steinbau mit Giebeldach, Zwerchhäusern und Rundtürmen an den Ecken.

Südlich von Weltersburg steht an der Kreuzung K95/K96 die St. Leonardiskapelle. Von dem 1865 entstandenen kleinen Saalbau mit einem Kruzifix an der Seite führt ein sehenswerter, unter Denkmalschutz stehender Kreuzweg nach Salz. Bei den 14 Stationen handelt es sich um giebelförmig geschlossene Heiligenhäuschen, die schon kurz nach 1850 aufgestellt wurden.

94 Salz

Salz im Westerwald ist ein historisches Kirchspiel, das eine Reihe von Ortschaften der Umgebung umfasste. Die um 1150 entstandene Adelphuskirche war das Zentrum dieses Kirchspiels. Als das Kirchspiel 1255 an die Grafen von Diez überging, gründeten sie an der Kirche ein Chorherrenstift, das sie allerdings 1289 nach Diez verlegten. 1585 wurde die Reformation eingeführt. Doch sechs Jahre später kam Salz an das Kurfürstentum Trier, das die Rekatholisierung vollzog.

Bei der Adelphuskirche handelt es sich um eine flachgedeckte Pfeilerbasilika mit hohem Westturm. Das Langhaus besteht aus fünf rundbogigen Arkaden auf viereckigen Pfeilern. Das hohe Obergaden weist kleine Fenster auf. Die Seitenschiffe, von denen das südliche Kreuzrippengewölbe trägt, wurden im 19. Jh. seitlich des Turms verlängert. Der spätgotisch angefügte Chor besteht aus fünf Jochen mit 5/8-Schluss. Die Apsisfenster tragen Fischblasenmaßwerk. Der künstlerisch bedeutende Hochaltaraufsatz ist mit Bildwerken aus der Hadamarer Schule

Foto: Hans Otzen

St. Adelphus, Salz

versehen. Zu den älteren Ausstattungsstücken zählen die Sakramentsnische und das Chorgestühl, die Kanzel aus dem 15. Jh., der Weihwasserkessel. Die Verbindung der Adelphuskirche zu Weltersburg stellt der Kreuzweg zur Leonardiskapelle her. Insofern überrascht es nicht, unter den Wappengrabsteinen in der Kirche auch den von Cuno von Reifenberg († 1582) zu finden. Sehenswert sind auch einige Fachwerkhäuser in der Hauptstraße und in der Untergasse aus dem 17. und 18. Jh.

⑨⑤ Dornburg

Dornburg ist ein 1971 erfolgter Gemeindezusammenschluss aus den fünf Orten Dorndorf, Frickhofen, Langenbach, Thalheim und Wilsenroth, deren Gründung teilweise auf das 8. Jh. zurückgeht. Der Ortsname bezieht sich auf die Dornburg,

eine 396 m hohe Basaltkuppe, auf der die Kelten eine Ringwall-
anlage errichtet hatten. Die Anlage wurde noch im Frühmittel-
alter genutzt, wie die freigelegten Reste einer merowingischen
Kapelle zeigen. Eine geologische Besonderheit stellt das »Ewige
Eis« am Fuße der Dornburg dar. Kalte Luftströmungen durch
das Basaltgeröll lassen eine tief in den Boden reichende Eis-
schicht auch im Sommer nicht abtauen und halten die Geröll-
halde schnee- und bewuchsfrei. Findige Brauer nutzten dieses
Phänomen, um ihr Bier kühl zu lagern. Durch zwei künstliche
Stollen können Besucher in die Halde eindringen.

Auf dem Weg von Salz nach Dornburg erreicht man als
ersten Ortsteil **Dorndorf**. Hier besaß das Adelsgeschlecht von
Elkhausen um das 13. Jh. eine Burg, die im 14. Jh. abbrannte. Aus
ihrem verbliebenen Baumaterial entstand eine Kapelle, an deren
Stelle 1932 eine neue Kirche gebaut wurde. In das Sichtmauerwerk mauerte man einen verblieben Turmrest der Burg ein.

Auf dem südwestlich der Dornburg gelegenen Blasiusberg
befand sich eine heidnische Kultstätte. Im Zuge der beginnen-
den Christianisierung setzte man um 630 eine dem hl. Michael
geweihte Kapelle entgegen. Eine spätere Kirche diente bis 1734
als Pfarrkirche für die umliegenden Dörfer. Ein Abbruch konnte
verhindert werden. Den heutigen, nach einem Brand erfolgten
Bau erneuerte man im Stil eines romanischen Pfeilerbaus.

»Dorndorfer Esel« werden die Bewohner des Orts auch genannt. Der Ursprung dieser Bezeichnung geht auf Pater Aloisius
zurück, der um 1640 vom Stift Dietkirchen bei Limburg auf dem

Dorfmuseum Wilsenroth: Museums- und Kulturverein e.V.,
65599 Dornburg-Wilsenroth, Bahnhofstraße 2, Tel.: 06436-
288970, www.gemeinde-dornburg.de/leben-tourismus/hei-
matmuseen, geöffnet 1. So im Monat nachm. und nach
Vereinbarung • **Dorfmuseum Thalheim**: 65599 Dornburg-
Thalheim, Wirtshof 2, Tel.: 06436-1307, www.gemeinde-dorn-
burg.de/leben-tourismus/heimatmuseen, geöffnet 2. So im
Monat nachm. und nach Vereinbarung.

Foto: Volker Thies (Wikimedia Commons 1.2)

Schlaudermühle bei Dornburg-Dorndorf

Esel über den Pfaffenweg kam, um auf dem Blasiusberg die Os‐
termesse zu zelebrieren. Der Pater stellte das Tier bei einem
Gastwirt in Dorndorf unter. Als er die Stallmiete nicht beglei‐
chen konnte, behielt der Gastwirt das Tier als Pfand ein. Seither
wurden die Dorndorfer spöttisch die Esel genannt, obwohl sie
als gastfreundlich bekannt waren. Doch die Dorndorfer drehten
den Spieß um und nahmen den Esel als Wahrzeichen, stellten
sogar eine Eselsfigur im Dorf auf.

In **Frickhofen** ist die katholische St. Martinskirche beach‐
tenswert. Ursprünglich stand hier im 15. Jh. eine Kapelle, die
1722–32 barock als Saalbau erneuert wurde. Ein 1955/56 erfolg‐
ter Neubau bezog den gewölbten Chor mit ein. Der schlanke
Westturm mit Spitzhelm könnte im Unterteil sogar noch vom
Ursprungsbau stammen. Prachtvoll sind der Hochaltar und die
Seitenaltäre im Stil des Hadamarer Barock. Der mit 1653 be‐
zeichnete Taufstein ist aus Lahnmarmor gefertigt.

Foto: Peter Eisenburger (Wikimedia Commons 1.2)

Hofhaus, Langendernbach

In **Langendernbach** sind verschiedene Fachwerkhäuser sehenswert. Eines darunter vom Anfang des 17. Jh. (Heepengasse 5) hat reiches Westerwälder Schmuckfachwerk mit Erker und Schnitzportal mit flankierenden Säulen zu bieten. Von besonderem Interesse ist aber das Hofhaus, das sich der Junker Oswald von Obentraut 1556 errichtete und es wenig später um einen Südwestflügel mit Treppenturm erweiterte.

In **Wilsenroth** gibt es ein Dorfmuseum, das sich mit Themen aus der Keltenzeit und der Zeit der Steinbrüche beschäftigt. Auch **Thalheim** verfügt über ein Dorfmuseum. Der Ort hat eine Reihe schöner Fachwerkhäuser aufzuweisen. Das älteste darunter ist der Kölsche Hof aus dem Jahr 1553. In dem um 1700 ausgeführten Einhaus-Fachwerkhaus mit dem für das Westerwälder Fachwerk so typischen, in das Schleppdach einbezogenen Niederlass, einer seitlichen Hauserweiterung, ist heute das Dorfmuseum untergebracht.

Rathaus, Dorchheim

96 Dorchheim

In Dorchheim begibt man sich auf das Gebiet der Gemeinde Elbtal. Die frühe Besiedlung zeigen jungsteinzeitliche und keltische Funde. Im Zuge der fränkischen Landnahme bestand hier ein merowingisches Königsgut. Eine erste Nennung erfuhr das Gut in einer Urkunde der Abtei Maria Laach, die ein ansässiges niederadeliges Geschlecht von Dorchheim anführt. Auch die Abtei Marienstatt hatte hier Rechte. Landesherren waren die Grafen von Diez, durch Verpfändung später die Grafen von Nassau-Hadamar. Ihnen folgten weitere Nassauer Linien. Die Nassau-Dillenburger traten zunächst zum lutherischen, später aber zum calvinistischen Glauben über. Da das Patronat der Ortskirche aber bei der Abtei Marienstatt lag, konnten die Dillenburger erst nach langer Zeit »ihren« Pfarrer einsetzen. Johann Ludwig von Nassau-Hadamar führte während des

Foto: Oliver Abels (Wikimedia Commons 3.0)

St. Nikolaus, Dorchheim

Dreißigjährigen Kriegs 1630 auf kaiserlichen Druck wieder den katholischen Glauben ein. 1971 fusionierten die vier Gemeinden Dorchheim, Elbgrund, Hangenmeilingen und Heuchelheim zur neuen Gemeinde Elbtal, immer noch die kleinste in Hessen.

Die kunstgeschichtlich bedeutsame alte katholische Kirche St. Nikolaus entstammt dem 12. Jh. und zählt zu den ältesten im Westerwald, denn im Kern ist sie bis heute erhalten. Es war eine kleine, zweischiffige Basilika mit gleichbreitem Chor und nördlichem Seitenschiff. Dieses brach man Anfang des 16. Jh. ab und fügte an der Südwand vier Fenster mit feingliedrigem Maßwerk ein. Aus dem 17. Jh. stammt der Fachwerkaufbau über dem Chor. Der Wandgemäldezyklus aus dem 15. Jh. im Chorraum war in der Bilderstürmerzeit übertüncht worden und blieb so der Nachwelt erhalten. Seit dem Bau der neuen, größeren Nikolauskirche fungiert die alte Kirche als Friedhofskapelle.

Aus der Zeit, als das Kloster Marienstatt in Dorchheim begütert war, stammt noch der Marienstätter Hof. Der in der ersten Hälfte des 17. Jh. errichtete Hof ist ein zweigeschossiger Rechteckbau mit Fachwerkobergeschoss unter Walmdach. Seitlich trägt er einen polygonalen Turm mit Schweifhaube. Heute ist hier das Rathaus der neuen Gemeinde Elbtal untergebracht.

Nördlich von Dorchheim war der Komplex der Wasserburg **Waldmannshausen** der Sitz der 1136 erstmals genannten niederadeligen Familie, die sich nach dieser Burg benannte. Der

Burg Waldmannshausen

Komplex besteht aus der Ruine der »Alten Burg«, dem neueren Herrensitz mit angrenzendem Gutshof und der Parkanlage dazwischen. Die Alte Burg war der Stammsitz der Familie, die über Jahrhunderte als Gerichtsherren und Walpoden für die Grafen von Diez Dienst taten.

1486 errichtete Thebes von Waldmannshausen die »Neue Burg« als dreigeschossigen spätgotischen Herrensitz mit hohen Giebeln und Rundtürmen an den entgegengesetzten Ecken mit Kegeldächern und einem Treppenturm mittig an der vorderen Längsfront. Im Erdgeschoss sind die Fenster teilweise noch gotisch, im Obergeschoss um 1900 verändert. Um 1800 wurde von nachfolgenden Besitzern der Herrenhof des Komplexes errichtet. Dieser von niedrigen Seitenflügeln flankierte Bau ist mittig durch Pilaster und Dreiecksgiebel gegliedert. Auch das benachbarte, 1790 entstandene Herrenhaus war ehemals Teil des Komplexes. Der Park in der Elbbachaue ist verwildert.

Foto: Oliver Abels (Wikimedia Commons 3.0)

Historischer Ortskern, Ellar

⁹⁷ Ellar

Östlich des Elbbachs erstreckt sich das Gebiet der heutigen Gemeinde Waldbrunn. Die Region grenzt sich südwärts durch den fast 400 m hohen Höhenzug des Heidenhäuschens, auf dem sich eine keltische Fliehburg befand, zum Limburger Becken ab. Im Mittelalter bestand hier die Urpfarre von Lahr, eines der vier Kirchspiele des Amtes Ellar. In fränkischer Zeit gehörte es zum Niederlahngau unter den Grafen von Diez. Diese verkauften 1337 das Amt Ellar an die Grafen von Katzeneln- bogen. Danach kam Ellar an verschiedene Nassauer Linien mit Übergang zum lutherischen, dann zum calvinistischen Glauben und letztlich zur Rekatholisierung. Stadtrechte hatte Ellar schon 1372 erhalten, konnte aber nie ein städtisches Gemeinwesen entwickeln. Die erstmals 1323 erwähnte Burg Ellar diente dem Schutz der hier vorbeiführenden Fernstraßen. Schon im 16. Jh.

Foto: Muck (Wikimedia Commons 4.0)

Foto: Oliver Abels (Wikimedia Commons 3.0)

Burg Ellar

Alte Schmiede, Ellar

war sie nicht mehr von Bedeutung und verfiel im 17. Jh. Die Rechteckanlage hatte 2 m dicke Basaltmauern. An der Westecke hat man einen neuen Zugang zur Anlage geschaffen und einen frei erfundenen Turm errichtet. Die alte Burgschmiede, ein in Teilen bis zu 600 Jahre altes Fachwerkhaus, besteht noch, inzwischen restauriert und Kulturgeschichtliches Museum mit den drei Bereichen Schmiede, Handwerkerecke und bäuerlicher Sektor. Mit der Burg verlor auch die Stadtmauer im 16. Jh. ihre Bedeutung, verfiel und war bis 1800 nicht mehr existent. Ein 50 m langer Abschnitt ist weitgehend nachkonstruiert. Die Ortspfarrkirche St. Maximus ist ein historisierender Saalbau, worin ein erworbener großer Hochaltar aus dem Jahr 1720 steht.

Kulturgeschichtliches Museum: Alte Schmiede, 65620 Ellar, Kirchstraße 2, www.waldbrunn-info.de, geöffnet 1. So im Monat nachm.

⑱ Lahr

L ahr liegt umgeben von Südwesterwälder Basalthöhen-
rücken inmitten der Quellmulde des Kerkerbachs. Im
Nordosten dieser Ummantelung erhebt sich der Füllberg 358 m.
Der Füllbergsee, entstanden aus dem aufgelassenen Steinbruch
am See, dient heute der Nachzucht des in Bedrängnis geratenen heimischen Flusskrebses. Die Nachzucht dieses Edelkrebses
sorgt für die Erneuerung des Bestandes in heimischen Gewäs-
sern. Inzwischen ist der Nachzuchtbestand im Füllbergsee zur
Auswilderung geeignet.

Das Kirchspiel Lahr war im 13. Jh. mit seinen vierzehn Ortschaften Teil des Amtes Ellar. Der Ort teilte das geschichtliche
Schicksal mit Ellar, auch mit den wechselnden Religionsbe-
kenntnissen bis hin zur Rekatholisierung. Unbeschadet davon
blieb die katholische St. Johanneskirche weitgehend in ihrem
ursprünglichen Zustand erhalten. Die dreischiffige dreijochige
Pfeilerbasilika entstand in der ersten Hälfte des 13. Jh. Ihr Turm
mit quadratischem Zeltdach steht an der Ostseite neben dem
Chor. Das gotische Relief über dem Eingangsportal zeigt das
Haupt Johannes des Täufers. Das zur Kirche gehörige alte Pfarrhaus ist ein schmuckreicher Fachwerkbau aus dem Jahr 1700.

⑲ Beselich

B eselich ist die südöstlichste Gemeinde des Westerwaldes
im Übergang zum Limburg-Weilburger Becken. Es ist ein
durch die Gebietsreform in Hessen 1971 erfolgter Zusammenschluss der vier Gemeinden Heckholzhausen, Niedertiefenbach,
Obertiefenbach und Schupbach. Benannt wurde die Gemeinde
nach dem 296 m hohen Beselicher Kopf und dem darauf befindlichen Prämonstratenserinnenkloster. Im Großraum um den
Beselicher Kopf gibt es große Vorkommen des Lahn-Marmors,

Foto: Nassauer27 (Wikimedia Commons 4.0)

Klosterruine Beselich

des wegen seiner vielfältigen Farbigkeit hochgeschätzten polierfähigen Kalksteins. Im Umfeld gab es über 100 Steinbrüche, in denen man dieses Steinmaterial im Laufe der letzten 400 Jahre abbaute.

Auf dem Beselicher Kopf hatte ein adeliger Priester namens Gottfried, später Gottfried von Beselich genannt, eine Kirche erbaut und sie mit einem zehntfreien Hof versehen. Kirche und Hof übergab er dem Kloster Arnstein zur Gründung eines Klosters, für das 1163 ein Schutzbrief des Trierer Erzbischofs Hillin erwirkt wurde. Die tatsächliche Einrichtung eines weiblichen Filialkonvents durch die Arnsteiner Prämonstratenser erfolgte um 1170. Wie damals üblich, war der Frauenkonvent dem Abt des Klosters Arnstein unterstellt, der dort durch einen Prior vertreten war. Zwischen 1170 und 1230 entstand auf der Kuppe eine dreischiffige Basilika, die heute in restaurierter Form als denkmalgeschützte Ruine erhalten ist. Das Kloster florierte, weil es reich durch seine adeligen Insassen dotiert wurde. Der Niedergang setzte im 15. Jh. ein. Nach der Zerstörung wurde das Kloster wieder errichtet. Eine Reformierung im Sinne der protestantischen Lehre scheiterte, was zur Aufhebung des Klosters im Jahr 1568 führte. Durch die hier herrschenden Grafen von Nassau-Hadamar kam es zur Rekatholisierung im Land. Das Kloster ging an die Jesuiten, die es aber im Glaubensstreit als Ruine zurückgaben. Fortan führten die Nassauer den Besitz als Gutshof. Der Hof ist seit 1847 in Privatbesitz. Von der Klosterkirche gibt es noch Mauerteile des Westbaus und der nördlichen Langhauswand. Nahe der Ruine errichtete der Franziskanereremit Leonhard 1767 einer der Gottesmutter geweihte Kapelle. Der kleine Saalbau erhielt später einen neugotischen kreuzrippengewölbten Chor. Zur Kapelle führt der Prozessionsweg mit sieben kleinen Kapellen mit aufwändigen Terracottareliefs, die an die Sieben Schmerzen Mariens erinnern und seit ihrer Fertigstellung im Jahr 1877 zu dem Ensemble der Wallfahrtskapelle gehören.

In **Obertiefenbach** fällt sofort die große neugotische Kirche St. Ägidius ins Auge. Im Ort es gibt eine Reihe Fachwerkhäuser aus der Zeit um 1700 zu sehen, so mit fränkischen Erkern und Schmuckgiebeln.

Hauptort des Lahnmarmors ist **Schupbach**. Der Abbau begann hier schon um 1600. Die evangelische Kirche in Schupbach fällt durch ihren wehrhaften romanischen Turm besonders auf. Die beiden Untergeschosse mit ihren Tonnengewölben sind nur vom Schiff aus zu erreichen, der Turm von außen nur durch einen hoch gelegenen Eingang. Das romanische Schiff wurde 1696 verlängert und erhielt nach Osten einen dreiseitigen Schluss. Im Ort steht in der Mittelstraße die 1877 erweiterte Synagoge als einzige erhaltene im weiten Umfeld. In dem heute in Privatbesitz befindlichen ehemaligen jüdischen Gotteshaus gibt es noch Reste der inneren Ausmalung, die Frauenempore und die Mikwe, das rituelle Tauchbad.

Foto: Nassauer27 (Wikimedia Commons 1.0)

Wallfahrtskapelle Maria Hilf, Beselich

Georg Leber

Georg Leber (1920–2012) wurde als Sohn des Maurers Jakob Leber und der Hausfrau Elisabeth Geis im heutigen Beselicher Ortsteil Obertiefenbach geboren. Nach dem Besuch der Volksschule absolvierte er erst eine kaufmännische Ausbildung, dann eine Maurerlehre und leistete bis 1945 Kriegsdienst als Funker der Luftwaffe. Danach arbeitete er als Maurer und trat 1947 in die IG Bau-Steine-Erden ein. Drei Jahre später wurde er Redakteur der Gewerkschaftszeitung, dann Mitglied im Vorstand seiner Gewerkschaft, ab 1955 ihr Zweiter Vorsitzender und von 1957 bis 1966 ihr Bundesvorsitzender. Als Politiker wurde er zunächst Bundesverkehrsminister, dann Bundesverteidigungsminister. 1978 trat er zurück und übernahm damit die Verantwortung für eine Spionageaffäre in seinem Ministerium. Ab 1985 lebte er mit seiner zweiten Frau in Schönau am Königssee, wo er 2012 auch verstarb.

Foto: Winrich C.-W. Clasen

Innenhof der Unterburg, Runkel

⑩⓪ Burg Runkel

An einem wichtigen Lahnübergang östlich von Limburg errichteten die Herren von Unkel Mitte des 12. Jahrhunderts im Auftrag des Reichs Burg Runkel, wohl veranlasst durch den Stauferkönig Friedrich Barbarossa. Im Laufe der Jahrhunderte wurde die Anlage mehrfach erweitert. Mitte des 12. Jahrhunderts führten Familienstreitigkeiten dazu, dass Siegfried von Unkel seinen Vetter Heinrich aus der Burg vertrieb. Dieser errichtete daraufhin auf der gegenüber liegenden Lahnseite Burg Schadeck »zum Schaden von Runkel«. Um die Burg entwickelte sich die gleichnamige Siedlung. Burg Runkel selbst wurde im Laufe der Jahrhunderte mehrfach erweitert, 1634 allerdings von österreichischen Truppen angegriffen und niedergebrannt. Danach verblieb die Oberburg als Ruine. Stattdessen baute man die Unterburg, die zwei Innenhöfe umschließt, zu Wohn-

Burg Runkel an der Lahn

zwecken aus. An die Stelle des Renaissanceflügels trat 1701–1703 ein schlichter barocker Bauteil.

Bis heute erhebt sich Burg Runkel malerisch oberhalb des historischen Ortskerns auf einem senkrecht abfallenden Felssporn über der Lahn. Über der spätmittelalterlichen Brücke präsentiert sich die Burg als imposantes Bauwerk, dominiert von der Dreiturmgruppe der Oberburg. Mittig ragt der Bergfried mehr als 30 Meter über die Unterburg hinaus. Von seiner Aussichtsplattform bietet sich ein weiter Blick über das Lahntal, den Ort Runkel und auf Burg Schadeck gegenüber. Fünfeckig zeigt sich der Süd-, quadratisch der Nordturm. Zwischen Bergfried und Südturm erstreckt sich die Ruine des Palas, der einen Staffelgiebel aufweist. An seiner Nordseite bestehen noch zwei Aborterker. Umgeben ist die Burganlage von einer polygonalen Ringmauer, die sich vor allem an der Westseite an die Geländestruktur anschließt und die Wehrgänge noch erkennen lässt.

Foto: Volker Thies (Wikimedia Commons 3.0)

Langstraße, Steinbach

⑩ Steinbach

Steinbach erstreckt sich am Übergang des Basaltmassivs des Heidenhäuschens zum Limburger Becken in Höhenlagen von rund 230 bis 260 m. Der Ursprung von Steinbach befand sich früher in Richtung des heutigen Friedhofs; der Ort hat sich aber nach den verheerenden Eingriffen des Dreißigjährigen Kriegs eher als Straßendorf in die Langstraße entwickelt. Die Bauten des 18. Jh. entlang dieser Straße stehen als Ensemble unter Denkmalschutz, teilweise mit reichem Zierfachwerk und Schnitzereien versehen. Die 1702 von Fürst Franz Alexander von Nassau-Hadamar gestiftete Vierzehn-Nothelfer-Kapelle ist ein quadratischer Zentralbau mit drei Konchen und einem Säulenportal am trapezförmigen Eingangsvorbau. Eine große Marienstatue, die von den Statuen der 14 Nothelfer umringt ist, dominiert den Innenraum.

Foto: Oliver Abels (Wikimedia Commons 3.0)

Kirchstraße, Merenberg

⑩ Merenberg

Weit im Osten des Westerwaldes liegt Merenberg. Siedlungsrelikte aus keltischer Zeit sind in Form von Ringwällen auf der nahe gelegenen Höhburg und auf dem nördlich gelegenen Almerskopf zu finden. Auf dem Schlossberg von Merenberg erhebt sich weithin sichtbar als mittelalterliches Relikt die Burgruine Merenberg. Hier hatten die Herren von Merenberg, deren Herkunft unbekannt ist, ihren Sitz. Sie tauchen erstmals im Jahr 1129 in den Annalen auf, als ihr Stammvater Harald I. als Vogt des Hochstifts Worms und Inhaber der Burg auf dem Schlossberg genannt wird. Durch Heiraten konnten sie ihren Besitz in Mittelhessen ausdehnen und erreichten 1235 sogar die Reichsvogtei von Wetzlar. Nach weniger glücklichen Kriegsverläufen erlangten sie die Vogtei 1292 wieder zurück. Der Siedlung zu Füßen der Burg wurden 1290 bzw. 1331 Stadtrechte zugespro-

St. Jakobus, Merenberg

chen, die aber später wieder verloren gingen. Hartrad VI. war der letzte Merenberger. Er starb 1328 ohne männliche Erben. Durch sein von König Ludwig IV. genehmigtes Testament ging das Erbe auf seine Tochter Gertrud über, die 1333 Johann I. von Nassau-Weilburg ehelichte, der sich fortan von Nassau-Merenberg nannte. Die Nassauer nutzten daraufhin die Burg Merenberg als Sommersitz, deren Aufrechterhaltung sie Burgmannen überließen. Für das Amt Merenberg gab es seit dem 16. Jh. einen nassauischen Amtmann. 1646 wurde die Burg am Ende des Dreißigjährigen Kriegs zerstört. Bei den auf dem markanten Basaltkegel des Schlossberges verbliebenen Ruinen handelt es sich um Bauteile des 14. Jh. In erster Linie ist dies der schlanke Bergfried, ein Mauerstück des Palas, der Bering und zwei Schalentürme. Der Bergfried kann bestiegen werden und bietet einen weiten Blick in das Limburg-Weilburger Becken.

Merenberg hat als einstige Residenzstadt heute mitsamt seiner Ortsteile gerade einmal etwas über 3.000 Einwohner. Doch über die Burg hinaus gibt es weitere Zeugnisse früherer Zeiten. So ist von der bei der Stadtwerdung begonnenen Ummauerung ein 1331 errichteter quadratischer Torturm erhalten, dessen offene Innenseite später durch Fachwerk geschlossen wurde. Die evangelische Kirche ist ein schlichter Saalbau mit östlicher kreuzgratgewölbter Sakristei, vielleicht Teil einer 1296 gestifteten Marienkapelle, die schon 1601 erweitert wurde. Diese

Burgruine Merenberg

Kirche steht innerhalb der ehemals ummauerten Siedlung unterhalb der Burg mit ihren 25 Bauten, die teilweise in das 16. Jh. zurückreichen, unter Denkmalschutz. Dazu gehört der ehemalige Wirtschaftshof der Burg, ein längsrechteckiger Bau mit Spitzbogenportal. Auch aus dem 16. Jh. stammen Häuser in der Kirchstraße, der Mittelgasse und der Neunkirchener Straße, teilweise verputzt, mit Erkern oder mit Kratzputzdekor.

Besonderes Augenmerk verdient die St. Jakobuskirche in der wüstgefallenen Siedlung Appenkirchen nördlich von Merenberg. Sie wurde um 1200 gebaut und war bis 1534 Vikarie der Urpfarre Lahr. Im Zuge der Reformation wurde sie aus der Pfarre gelöst, verlor aber an Bedeutung in dem Maße, wie die innerörtliche evangelische Kirche ausgebaut wurde. Heute ist die Jakobuskirche Friedhofskirche des Orts. Die Basaltbruchsteinkirche mit Krüppelwalmdach hat einen leicht eingezogenen kreuzgerippten Chor. Die ältesten Fenster sind schießschartenförmig,

Foto: Aoliver Abels (Wikimedia Commons 3.0)

Evang. Kirche, Allendorf

die späteren rundbogig. Im Inneren kann man noch verblasste Fresken erkennen.

Im unmittelbar südlich gelegenen Merenberger Ortsteil **Allendorf** verdient, neben einigen Fachwerkhäusern insbesondere um den ehemaligen Pfarrhof, vor allem die 1729 errichtete kleine evangelische Kirche Beachtung. Der Saalbau weist einen Haubendachreiter auf. Die barocke Orgel steht auf einer bemalten Empore. In **Reichenborn**, nördlich von Merenberg, ist ebenfalls die evangelische Kapelle von Interesse. Sie entstand vor 1250 und blieb seither in ihrer Größe erhalten. Die kleine frühgotische Chorturmkapelle hat im Altarraum ein spitzbogiges Kreuzgratgewölbe. Die rundbogigen Fenster wurden erst 1655 eingebaut.

Merenberg verfügt mit dem Vöhler Weiher auch über ein Naherholungsgebiet. Er entsteht durch Aufstauung eines Abzweigs des Seebachs, der am Südhang des Graubergs, einem 495 m hohen Basaltrücken bei Mengerskirchen, entspringt. Nach kurzem Verlauf wird er schon zum Mengerskirchener Seeweiher aufgestaut. Am Vöhler Weiher unterhalb befinden sich ein Campingplatz mit Kiosk und eine Pension, die im Sommer einen Biergarten bewirtschaftet.

Touristinformation Merenberg: 35799 Merenberg, Allendorfer Straße 4, Tel.: 06471-95390, www.merenberg.de.

Foto: Oliver Abels (Wikimedia Commons 3.0)

Schloss Mengerskirchen

⑩⑬ Mengerskirchen

Angesichts des 605 m hohen Knotens, einer der höchsten Erhebungen des Oberwesterwälder Kuppenlandes, hat sich Mengerskirchen als kleine Residenzstadt entwickeln können. Der Knoten trennt als Klimascheide den regenreichen Hohen Westerwald von dem sich weiter südlich erstreckenden Limburg-Weilburger Becken mit mehr Sonnenschein und höheren Durchschnittstemperaturen. Dies war schon in vorgeschichtlicher Zeit bevorzugtes Siedlungsgebiet, das durch die um die Zeitenwende gebaute Rentmauer, eine lang gezogene Wallanlage, gegen Eindringlinge aus der Höhe geschützt wurde. So ist wahrscheinlich der leicht erhöhte Siedlungsplatz von Mengerskirchen schon in frühchristlicher Zeit ein befestigter Platz mit Fronhof und Kapelle gewesen. Hier befand man sich im Gerichts- und Verwaltungsbezirk des Kalenberger Zents, einem

Foto: P.J. Schaefer (Wikimedia Commons 4.0)

Seemühle, Mengerskirchen

Teil der Oberlahngaus. Dieser Siedlungsplatz wurde schon im Jahr 1307 als »oppidum« bezeichnet und war dann auch mit einer Ummauerung versehen. Stadtrechte erhielt Mengerskirchen aber erst offiziell im Jahr 1321. Merenberg entwickelte sich in dieser Zeit zum Zentrum des Kalenberger Zents. Die Grafen von Nassau-Beilstein, die in den Besitz von Merenberg gelangt waren, schufen um diese Zeit aus dem Fronhof Burg Mengerskirchen, deren erste Bauphase aus rechteckigem Wohnturm mit dem nördlichen spätgotischen Anbau und den beiden Dacherkertürmchen und dem Wehrgang bis 1341 fertiggestellt war. Nach dem Tod von Johann III. von Nassau-Beilstein im Jahre 1561 erlosch die Beilsteiner Linie. Mengerskirchen diente seiner Gemahlin als Witwensitz. Der renaissancezeitliche Ausbau der Burg erfolgte Mitte des 17. Jh. Nun diente es nachfolgenden Nassauer Herrscherlinien als Jagdschloss. Mit dem Anbau eines flachen Nordflügels nutzten die Nassauer es im 18. Jh. als Sitz ihres Amtes Mengerskirchen. 1818 erwarb die Gemeinde Mengerskirchen das Schloss und nutzte es zunächst als Schulgebäude. Nach Renovierung und Entdeckung renaissancezeitlicher Fresken ist das Schloss seit 1983 Sitz der Gemeindeverwaltung und Bürgerhaus.

 Tourist-Information Mengerskirchen: 35794 Mengerskirchen, Schlossstraße 3, Tel.: 06476-91360, www.mengerskirchen.de.

Foto: Oliver Abels (Wikimedia Commons 2.5)

Maienburg, Mengerskirchen

Weiterhin ist im Turm seit 1990 das Heimatmuseum der Gemeinde eingerichtet.

Das Naherholungsgebiet der Mengerskirchener ist der vom Seebach aufgestaute Seeweiher, der sich südlich in Richtung auf Waldernbach erstreckt. Der See wurde schon 1452 erwähnt. Heute hat er eine Fläche von 13 ha. Von den ehemals vier Mühlen unterhalb des Seeweihers ist die 1787 erbaute zweistöckige Seemühle mit Kniestock und Krüppelwalmdach über massivem Sockelgeschoss erhalten geblieben und bietet ein malerisches Bild am Weiher. Sie wurde vollständig renoviert und dient jetzt einem heimischen Unternehmer als Gästehaus.

Nahe dem sich südöstlich an Mengerskirchen anschließenden Ortsteil **Winkels** hatten die Nassauer Grafen der Linie Dillenburg als Vorgänger derer von Beilstein auf dem 416 m hohen Eigenberg eine heute Maienburg genannte Höhenburg zum Schutz des Kalenberger Zents errichtet. Sie wurde als Lehen an

Foto: P. J. Schaefer (Wikimedia Commons 4.0)

Vikarie, Mengerskirchen

die Ritter von Mundersbach übergeben. Diese starben um 1600 aus. Daraufhin wurde die Burg verpfändet. Sie war noch bis 1612 bewohnt, wurde dann nicht mehr benutzt. Im Ort selbst sind einige schöne Fachwerkhäuser zu sehen, so vor allem im Oberdorf ein herausragender Bau, dessen Gefache mit hessischem Kratzputz versehen ist, der Ranken und Figuren zeigt.

Dillhausen als östlichster Ortsteil von Mengerskirchen ist durch seine abseitige Lage gekennzeichnet. Insofern konnte sich der in einer Senke gelegene Ortskern weitgehend unverändert erhalten und steht sogar unter Denkmalschutz. Eingangs auf erhöhtem Kirchhof steht noch der wehrhafte spätromanische Kirchturm, der heute ein Zeltdach trägt. Das dazu gehörige Langhaus wurde 1956 abgerissen. Das Kreuzgewölbe im ehemaligen Altarraum weist Freskenreste auf. Um die Marktstraße gruppieren sich typische Westerwälder Einhäuser des 17. Jh., die durch breit dimensionierte Holzgebinde gekennzeichnet sind.

⑩ Ausflug nach Hadamar

H adamar erstreckt sich entlang des Elbbaches am West-rand des Limburger Beckens. Obwohl die Stadt geografisch nicht mehr im Westerwald liegt, ist sie doch von großer Bedeutung für die Region.

In der Blütezeit der Stadt hatte sich dort eine barocke Bildhauerschule etabliert, die als »Hadamarer Schule« in die Kunstgeschichte eingegangen ist. Werke dieser durch flachschnittigen Faltenwurf, längliche Kopfformen und üppige Haaarpracht gekennzeichneten Kunstrichtung sind nicht nur in Kirchen vor allem des südlichen Westerwaldes, sondern auch weit darüber hinaus anzutreffen. Ihre Hauptvertreter sind Martin Volk, Johann Valentin Neudecker der Ältere, Johann Neudecker der Jüngere sowie Johann Theodor Thüringer, die im 18. Jh. in Hadamar tätig waren.

Residenzschloss Hadamar

Foto: Wolkenkratzer (Wikimedia Commons 3.0)

Foto: Oliver Abels (Wikimedia Commons 2.5)

Rathaus, Hadamar

Erstmals im Jahr 832 erwähnt, kam Hadamar im 13. Jh. an die Grafen von Nassau. Im 14. Jh. war die Stadt Residenz der Grafen von Nassau-Hadamar (ältere Linie). Graf Emich hatte einen vom Kloster Eberbach 1190 angelegten Hof im Jahr 1320 erworben und zu einer Wasserburg umgestaltet. 1324 erhielt Hadamar Stadtrechte; ab dem 15. Jh. wechselten sich verschiedene Nassauer Linien, auch mit den Landgrafen von Hessen, in der Herrschaft ab. Ab dem 17. Jh. begann unter Johann Ludwig von Nassau-Hadamar (jüngere Linie) die Blütezeit der Stadt mit dem Bau von Schloss und Neustadt. Nach Übernahme des lutherischen und dann des calvinistischen Glaubens kehrte unter ihm Hadamar zum katholischen Glauben zurück. Er berief Jesuiten und Franziskaner in die Stadt, um diesen Glauben fest im Land zu verankern.

Das Stadtbild von Hadamar wurde durch einen Großbrand im Jahr 1540 völlig zerstört. Die Neuanlage der Altstadt erfolgte

Ökonomiebauten am Residenzschloss, Hadamar

planmäßig im Schachbrettsystem mit zwei Marktplätzen. Der Baubestand des 17. Jh. aus teilweise verputzten, zweigeschossigen traufständigen Fachwerkhäusern mit Zwerchhäusern und Schweifgiebeln ist weitgehend erhalten, so vor allem in der Borngasse, Hospitalgasse, Schulstraße und am Neuen Markt. Die prunkvollsten Gebäude darunter sind das Rathaus am Markt und der Nassauer Hof, das traditionsreiche Gasthaus der Stadt. Sein Barockportal stammt übrigens vom Bildhauer Johann Neudecker d. Ä.

Das Residenzschloss entstand aus dem Zisterzienserhof ab 1320 als Wasserschloss. Die Wiederherstellung nach dem Brand 1540 erfolgte im Übergang zum Renaissancestil zwischen 1566 und 1629. Heute besteht das dreigeschossige Hauptschloss aus drei Flügeln mit Zwerchhäusern und Treppentürmen um einen westwärts ausgerichteten Hof. Nord- und Ostflügel sind im Kern noch spätgotisch. Architektonisch ist der Südflügel als letzter Bauabschnitt besonders wertvoll. Der vierte Flügel mit Arkadengängen wurde 1780 niedergelegt. Südlich an das Schloss schließen sich die Wirtschaftsgebäude an. Im Marstall des Residenzschlosses ist heute das Stadtmuseum, im anschließenden Trakt »Fohlenhof« ist heute ein Restaurant eingerichtet.

In den Kirchen der Stadt finden sich viele Kunstwerke von den Vertretern der Hadamarer Schule. Die spätgotische Liebfrauenkirche, eine sechsjochige dreischiffige Hallenkirche unter Netzgewölbe mit dem Westturm im Mittelschiff und zweijochigem Chor mit 5/8-Schluss, war bis 1818 katholische Pfarrkirche. Der Hauptaltar von 1738 wurde in der barocken Hadamarer Schule geschaffen. Die heutige katholische Pfarrkirche St. Johannes Nepomuk ist Teil der ab Mitte des 18. Jh. erbauten Jesuitenresidenz. Die Kirche im Ostflügel des Schlosses, ein quadratischer Raum mit Emporen an drei Seiten und reichem Schnitzwerk dient heute der evangelischen Gemeinde von Hadamar. Die Ägidienkirche entstand in ihrem mittelalterlichen Erscheinungsbild ab 1658 als Gotteshaus des Franziskanerklosters auf dem Mönchberg und ist heute Teil der dort angesiedelten psychiatrischen Klinik. Auf dem Herzenberg oberhalb der Stadt steht die Herzenbergkapelle, so benannt, weil sie der Aufbewahrung der Herzen Nassauischer Fürsten dient. Der

Touristinformation Hadamar: 65589 Hadamar, Untermarkt 1, Tel.: 06433-890, www.hadamar.de/kultur-tourismus • **Stadtmuseum Hadamar**: 65589 Hadamar, Schlossplatz, Tel.: 06433-89174, www.hadamar.de, mit Krippenausstellung, geöffnet April bis Okt. Sa+So nachm. • **Glasmuseum Schloss Hadamar**: 65589 Hadamar, Schlossplatz, Tel.: 06433-89174, www.hadamar.de, geöffnet Sa+So nachm. • **Restaurant Fohlenhof**: 65589 Hadamar, Gymnasiumstraße 14, Tel.: 06433-5711, www.restaurant-fohlenhof.de, Mo geschlossen • **Gedenkstätte Hadamar**: Mönchberg 8, 65589 Hadamar, Tel. 06433-9184501, geöffnet Di–Do 9:00–16:00 Uhr, Fr 9:00–13:00 Uhr, www.gedenkstaette-hadamar.de.

Foto: Asdrubal (Wikimedia Commons 4.0)

Langhaus der Liebfrauenkirche, Hadamar

achteckige Zentralbau der Kapelle mit Haubenlaterne entstand 1675, das Schiff unter Haubendach wurde 1690 und die Schweifdachvorhalle 1860 angefügt. Heute ist die Kapelle Marienwallfahrtsstätte.

An die Verbrechen des Nationalsozialismus erinnert heute die **Gedenkstätte Hadamar**: Zwischen 1941 und 1945 wurden in der Landesheilanstalt Hadamar etwa 15.000 Menschen mit Behinderungen und psychischen Erkrankungen in einer Gaskammer, durch Injektionen, Medikationen oder durch Verhungernlassen ermordet.

Hingewiesen sei auch noch auf die Steinerne Brücke, die unter dem Residenzschloss über den Elbbach führt. Ihre Ursprünge gehen auf das 12. Jh. zurück, was am romanischen Rundbogenfries eines Pfeilers noch zu erkennen ist. Die meisten Teile der Brücke mussten nach Überschwemmungen über die Jahrhunderte erneuert werden.

Objekte aus Lahnmarmor im Westerwald

Wer sich für Gesteine im Westerwald interessiert, hat zunächst die vielen Basaltbrüche im Blick, ist doch seine ausgedehnte Basalthochfläche ein Alleinstellungsmerkmal im rheinischen Schiefergebirge. Doch am äußersten Südrand hat die Lahn mit ihren Nebenflüssen und -bächen den devonischen Untergrund zerschnitten und so einen besonderen Bodenschatz freigelegt. Der bunte Kalkstein, der hier zu Tage tritt, wurde von der Barockzeit bis ins 20. Jh. als »Lahnmarmor« abgebaut und gelangte zu Weltruhm. Auch hier im Westerwald, einem Land der armen Leute, wurde bei Kirchenausstattungen nicht gespart, und so gibt es schöne Anwendungsbeispiele zu entdecken – besonders dann, wenn sich reizvolle Wandergebiete mit den großartigen kunsthandwerklichen Stücken verbinden lassen. Überall, wo die Hochfläche des Gebirges zu den größeren Flüssen abbricht, gibt es reizvolle kleine Täler und Ortschaften. Im Tal des Erbachs lässt es sich nicht nur gut wandern, sondern in der Kirche von **Niedererbach** gibt es einen wunderschönen Taufstein und Weihwasserschalen aus Lahnmarmor zu sehen. Auch der Altar ist mit rotem und schwarzem Lahnmarmor geschmückt. Wer sich für das Material interessiert und begeistert, wird in den wenige Kilometer entfernten Orten **Girod**, **Großholbach** und **Hundsangen** ähnliche Prachtstücke entdecken.

Eines der lieblichsten Täler im Westerwald wird vom Salzbach durchflossen. Folgerichtig ist früher hier der Landadel gerne eingekehrt. Herrschaftliche Bauten säumen die Anhöhen und die Bewohner mit ihren Gästen ließen sich es wohl gutgehen. Ein Indiz dafür gibt es in der Kirche St. Adelphus in **Salz**. Ein reich ausgeschmücktes Epitaph aus zwei verschiedenfarbigen Lahnmarmor-Sorten erinnert an Gregorius Wolf aus Niederbrechen. Er war Parochus, also ein

Fotos: Sibylle Kahnt

Taufstein, Elsoff

Gedächtnisaltar, Marienstatt

Gastwirt für hochgestellte Persönlichkeiten, und für mehrere Jahre in **Marienrachdorf** und Salz tätig. An das Gastgewerbe in Salz wird noch durch eine weitere Tafel im Ort erinnert: Johann Heinrich Keverich war hier Koch und Küchenchef des Erzbischofs Johann Philipp von Walderdorff. Zu der Ehre des Gedenkens kam er aber in erster Linie, weil er der Großvater von Ludwig van Beethoven war.

Die romanische Basilika St. Adelphus ist nicht nur wegen ihrer Architektur und der schönen Lage über dem Salzbachtal einen Besuch wert. Ihr eindrucksvoller historischer Taufstein aus dunkelgrauem Lahnmarmor wird begleitet von mehreren Marmorepitaphien aus dem 17. Jh. für Würdenträger aus den Familien Walderdorff und Molsberg.

In Sichtweite über dem Höhenrücken des Kransbergs (Naturdenkmal) steht mit **Westerburg** der Stammsitz einer weiteren Adelsfamilie. Wer hier nach Lahnmarmor sucht, wird auf ganz andere Art fündig. Die katholische Kirche Christkönig, die 1963 geweiht wurde, ist im gesamten Altarraum mit dunkelgrauem Marmor ausgestattet und so ein Beispiel für die späte, letztmalige Verwendung des Steins.

Zentren des Marmorabbaus seit dem 17. Jh. waren **Diez**, **Runkel**, **Schupbach** und **Villmar**. Folgerichtig sind dort prächtige Marmorobjekte zu bestaunen. Aus Schupbach, das südöstlich der Westerwald-Hochfläche liegt, stammt der berühmte schwarze Lahnmarmor. Aus diesem Material wurde der Altar der nahebei auf dem Beselicher Kopf erbauten Wallfahrtskirche Maria Hilf gefertigt. Im nahen **Nieder- und Obertiefenbach** lohnt ein Blick auf die Taufbecken aus diversen Lahnmarmorsorten.

Nicht so leicht zu identifizieren ist der Lahnmarmor bei Objekten, die im Freien stehen. Die weißen Adern im dunklen Stein und Spuren von Korallen verraten aber oft die Herkunft. In **Heckholzhausen** gibt es auf dem Friedhof mehrere gute Beispiele dafür. Historische Grabkreuze aus Lahnmarmor sind entlang der Außenwand der romanischen Kirche in **Lahr** aufgestellt. Auf dem Platz vor dem Kirchturm steht ein Gefallenendenkmal aus neuerer Zeit. Ganz aus rosarotem Villmarer Marmor und im Art-déco-Stil gehalten, ist die hoch aufragende Stele eine Rarität.

Wer von Lahr über Mengerskirchen den Knoten überquert, sieht schon von weitem den hoch aufragenden Turm der Kirche von **Elsoff** über dem Lasterbachtal. Ihr Altarraum ist mit Stufen und Bodenplatten aus buntem Gaudernbacher Marmor ausgelegt. Das große Taufbecken mit stämmigem Sockel aus schwarzem Lahnmarmor bildet einen schönen Kontrast zum rot-weißen Fußboden.

Als Verkehrsknotenpunkt ist **Rennerod** ein Ort lebhafter Geschäftigkeit. Seit dem Mittelalter kreuzen sich hier auf

Grenzsäule, Hachenburg

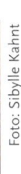

dem hohen Westerwald die Handelswege und der Ort war Gerichtsstätte unter der Führung von Centgrafen. Deren Epitaphien aus schwarzem Lahnmarmor sind in der Eingangshalle der St. Hubertuskirche aufgestellt. Der Gedenkstein des Andreas Flick von 1714 ist besonders aufwändig gestaltet und zeigt hohe Steinmetzkunst.

Rennerod liegt am Oberlauf des Holzbaches, der sich nach wenigen Kilometern tief in den Untergrund gegraben hat und eine sehenswerte Schlucht formt. An deren Beginn, im **Hofgut Dapprich**, steht eine der zehn Grenzsäulen aus Lahnmarmor, die der Nassauer Herzog von der Zuchthauswerkstatt in **Diez** anfertigen ließ. Von ihrem ursprünglichen Standort zwischen **Burbach** und **Stein-Neukirch** wurde sie hierher verbracht und als Brunnenstock verwendet.

In **Hachenburg** wird ein Stadtrundgang auch am Karl-Heinz-Christian-Platz vorbeiführen. Hier steht eine weitere der ursprünglich zehn Nassauer Grenzsäulen. Bei einem Bummel durch das sehenswerte Städtchen lohnt ein Blick in die katholische Stadkirche am Marktplatz. Der barocke Taufstein mit Fuß und Sockel (um 1740) ist ganz aus schwarzem Lahnmarmor gefertigt.

Ein Ausflug an die Flussschleifen der großen Nister ist nicht nur ein Naturerlebnis, sondern mit der Klosteranlage **Marienstatt** besucht man auch ein kunst- und kulturhistorisches Denkmal höchsten Ranges. Die Abteikirche, eines der ersten gotischen Bauwerke rechts des Rheins, ist reich mit Lahnmarmor ausgestattet. In höchster Vollendung zeigt sich der Stein in den drei prachtvollen Seitenaltären. Antonius-, Barbara- und Dreikönigsaltar sind seltene Stücke barocker Steinmetzkunst. Schwarzer Lahnmarmor (Schup-

Lahn-Marmor-Museum: 65606 Villmar, Oberau 4, Tel.: 0173-7030066, www.lahn-marmor-museum.de, geöffnet März bis Okt. Di–Fr nachm., Sa, So, feiertags ganztägig.

Epitaph Wolf, Salz   Grabplatte 1739, Heckholzhausen

bach) wurde mit grau-rötlichem Stein kombiniert, so dass die wuchtigen Blöcke vielgliedrig wirken. Bei Antonius- und Barbaraaltar überwölbt eine steinerne Muschel die zentrale Heiligenfigur. Heutzutage ist es fast unbegreiflich, dass diese Schleif- und Polierarbeiten in reiner Handarbeit erstellt wurden. Für die Frontplatten wurde ein bunter Lahnmarmor (vermutlich »Borngrund« Villmar) verwendet. Im kleinteiligen Farb- und Formmuster lassen sich die devonischen Fossilien klar erkennen.

Der Dreifaltigkeitsaltar ist aus kunsthistorischer Sicht das wertvollste Stück der Dreiergruppe. Er stammt aus der Werkstatt von Joh. Neudecker d. Ä., einem der wichtigsten Vertreter des Hadamarer Barock, und ist vermutlich sein letztes Werk. Der Bildhauer war ein Begründer der Hadamarer Kunstschule und hat nicht nur im Westerwald mit **Hadamar** und Marienstatt bedeutende Werke geschaffen, sondern auch im Amöneburger Land und in **Fulda**. Eines seiner schönsten Meisterstücke ist das Bonifatiusgrab im Fuldaer Dom. Das mittlere Alabaster-Relief und das Medaillon mit der Taube im Marienstatter Dreifaltigkeitsaltar hat er möglicherweise zusammen mit seinem gleichnamigen Sohn geschaffen, denn kurz nach der Weihung des Altars verstarb er im Alter von 55 Jahren. Seine Werkstatt wurde von seinem Sohn weitergeführt. Der Dreifaltigkeitsaltar ist aus schwarzem und einem rötlich-grauen Lahnmarmor (aus Villmar) gestaltet. Seine Frontplatte ziert ein feingliedriges Wappen.

Hat man mit der großen Abteikirche von Marienstatt ein großartiges Beispiel für den frühesten gotischen Stil um 1250 vor Augen, so lässt sich in **Wirges** sehen, was über die Jahrhunderte hinweg am gotischen Baustil begeistert hat. Die riesige, neugotische Kirche St. Bonifatius – wegen ihrer Größe als »Westerwälder Dom« bezeichnet – birgt einen spätbarocken Taufstein aus rötlichem Lahnmarmor mit schwarzem Fuß und als schönen Vergleich dazu ein großes Weihwasserbecken im neugotischen Stil aus hellgrauem Lahnmarmor.

Den klassizistischen Taufstein und das neugotische große Weihwasserbecken in Wirges noch in Erinnerung, kann man im nahen **Montabaur** einen der frühesten Taufsteine aus Lahnmarmor anschauen. In der Kirche St. Peter in **Ketten** steht der älteste derzeit bekannte Taufstein aus Lahnmarmor. Deutlich ist die Jahreszahl 1661 zu erkennen. Ungewöhnlich seine Gestaltung: Das große Becken aus schwarzem Lahnmarmor wird sowohl vom Fuß als auch von drei Säulen aus rötlichem Marmor gehalten. Becken und Stützen sind reich verziert. Als Anfangs- oder Endstation einer Exkursionsfahrt zum Thema Lahnmarmor ist Montabaur mit diesem ungewöhnlichen Taufbecken eine Empfehlung.

Sibylle Kahnt

Der WesterwaldSteig

Wällerland ist Wanderland – in 16 abwechslungsreichen Etappen führt der 2008 eröffnete Westerwald-Steig mit 235 km durch die gesamte Region. Als qualifizierter Fernwanderweg bietet er Naturgenuss, Erholung und viel Abwechslung. Startpunkt ist die Fachwerkstadt Herborn, Ziel ist der Caput Limes in Rheinbrohl am Rhein, dem Ausgangspunkt des als UNESCO Weltkulturerbe geschützten römischen Festungswerks, das nach der Chinesischen Mauer als größtes Bodendenkmal der Welt gilt. Die Wegführung geht vom Dilltal aufwärts zur Fuchskaute, dem höchsten Gipfel im Westerwald, durch das Westerburger Land, die Westerwälder Seenplatte, die Marienberger Höhe, über Hachenburg durch die Kroppacher Schweiz und die Altenkirchener Hochfläche in das Wiedtal und letztlich nach Rheinbrohl.

Entlang des WesterwaldSteiges lassen sich die Naturschönheiten und Sehenswürdigkeiten des Westerwaldes entdecken. Der Weg führt durch Schluchten wie die Holzbachschlucht, durch Sümpfe, entlang von Weihern und Seen, zur Krombachtalsperre, durch idyllische Flusstäler wie das Nister- und Wiedtal wie auch zu den bergbaulichen Aktivitäten und Museumsbergwerken. Eingebettet in die Naturlandschaft des Westerwaldes sind seine Fachwerkstädte, die vom WesterwaldSteig gestreift werden, sowie seine Klöster und Burgen, Museen, das Wirken des Genossenschaftspioniers F. W. Raiffeisen und nicht zuletzt die Kurstadt Bad Marienberg.

Ein professionelles Wegemanagement sorgt dafür, dass der WesterwaldSteig ganzjährig begehbar ist und kümmert sich um das bestehende Wanderleit- und Informationssystem aus Beschilderung und Informationstafeln. Passende Unterkünfte gibt es entlang des gesamten Steigs. Viele dieser Gastronomiebetriebe sind als »Qualitätsgastgeber Wanderbares Deutschland« ausgezeichnet. Die Touren-App Rheinland-Pfalz ist ein hilfreicher Begleiter auf der Strecke. Wer mehr über Land und Leute entlang der Strecke erfahren möchte, kann sich einem der ausgebildeten und qualifizierten Wäller Tourenguides anschließen.

Strecken-Info: Wegstrecke: 235 km in 16 Etappen • Höhenmeter: 8.000 m • Schweregrad: mittel • Markierung Hauptweg: grünes stilisiertes **W** auf weißem Grund • Markierung Zuwege: grünes stilisiertes **W** auf gelbem Grund

Wander-Etappen:

Etappe 1	Herborn—Breitscheid	16	km
Etappe 2	Breitscheid—Fuchskaute	11	km
Etappe 3	Fuchskaute—Rennerod	13	km
Etappe 4	Rennerod—Westerburg	16	km
Etappe 5	Westerburg—Freilingen	20	km
Etappe 6	Freilingen—Nistertal	18	km
Etappe 7	Nistertal—Bad Marienberg	6	km
Etappe 8	Bad Marienberg—Hachenburg	15	km
Etappe 9	Hachenburg—Limbach	11	km
Etappe 10	Limbach—Marienthal	21	km
Etappe 11	Marienthal—Weyerbusch	16	km
Etappe 12	Weyerbusch—Flammersfeld	15	km
Etappe 13	Flammersfeld—Horhausen	15	km
Etappe 14	Horhausen—Strauscheid	17	km
Etappe 15	Strauscheid—Waldbreitbach	17	km
Etappe 16	Waldbreitbach—Bad Hönningen	12	km

Die **Touren-App Rheinland-Pfalz** ist ein idealer Begleiter für Wandertouren im Westerwald und kostenlos für das iPhone wie auch für Android-Smartphones erhältlich. **Information**: www.westerwald-info.de

Anhang

Irisches Kreuz im Heilpflanzengarten, Kloster Marienstatt
(vgl. Seite 168ff.; Foto: Winrich C.-W. Clasen)

Literatur

Abresch, Michael: *Das Mirakelbuch. Historische Erzählungen aus dem Westerwald*, Hamburg 2012

Becker, Eva / März, Brigitte: *Horizont Westerwald*, Wien 2015

Braun, Manfred u. Ursula: *Das Naturschutzgebiet Hartenberg/ Steincheswiese bei Molsberg im Westerwaldkreis* (Rheinische Landschaften 51), Köln 2002

Dehio, Georg: *Handbuch der deutschen Kunstdenkmäler*, Deutscher Kunstverlag München und Berlin, Hessen I 2008, Rheinland-Pfalz und Saarland 1984, Nordrhein-Westfalen 2005

Fernwanderweg Westerwaldsteig, 238 km: Durch das rechtsrheinische Mittelgebirge von Herborn nach Bad Hönningen (Hikeline) Wanderführer und Karte, Rodingersdorf 2009

Fischer, Doris: *Abtei Marienstatt* (Rheinische Kunststätten 437), 2. überarb. Aufl., Köln 2008

Gensicke, Hellmuth: *Landesgeschichte des Westerwaldes*. Historische Kommission für Nassau, Wiesbaden [3]1999

Hachenburg, Alexander Graf von: *Aus Hachenburgs Blütezeit*, Hachenburg 1931

Heger, Christian: *Wäller Platt - Wäller Platt: Geschichte, Grammatik und Wortschatz des Westerwälder Dialekts*, Husum [4]2022

Heidrich, Matthias: *Der Westerwald ... als wir Germanen waren*, Norderstedt 2020

Jürgensmeier, Friedhelm (Hg.): *Die von Walderdorff. Acht Jahrhunderte Wechselbeziehungen zwischen Region – Reich – Kirche und einem rheinischen Adelsgeschlecht*, Köln 1998

Kleemann, Jakob: *Der Westerwald mit dem Kannenbäcker Land*, Montabaur 1937, Nachdruck 1978

Kremer, Bruno P.: *Zwischen Sayn und Siebengebirge. Der Naturpark Rhein-Westerwald* (Rheinische Landschaften 55), Köln 2005

Kremer, Bruno / Roth, Hermann Josef: *Das Untere Lahntal zwischen Limburger und Mittelrheinischem Becken* (Rheinische Landschaften 53), Köln 2004

Nesselrode, Leonie Gräfin von: *Ehrenstein im Westerwald* (Rheinische Kunststätten 518), Köln 2010

Nierhoff, Joachim: *Sagenhafter Westerwald: Geschichten zwischen Sieg, Lahn, Dill und Rhein*, München 2020

Ortheil , Hanns-Josef: *Unterwegs im Westerwald*, Berlin 2022

Roth, Hermann Josef: *Westerburg. Burg und Kirchen* (Rheinische Kunststätten 523), Köln 2010

–, Hermann Josef: *Die Westerwälder Seenplatte* (Rheinische Landschaften 2), 3., neu bearb. Aufl., Köln 1984

–, Hermann Josef (Hg.) / Bruno P. Kremer (Mitwirkung): *Der Westerwald. Naturgeschichte eines rheinischen Mittelgebirges*, Stuttgart 2022

– u.a., Hermann Josef: *Der Hohe Westerwald*, Rheinischer Verein für Denkmalpflege und Landschaftsschutz 1995

Autorennotizen

Barbara und Hans Otzen, Jahrgang 1948/1942), sind als Autorenpaar Verfasser von Reiseführern und Sachbüchern. Frühere Publikationen befassten sich mit außereuropäischen Themen, besonders intensiv mit dem Amazonas-Gebiet. Nunmehr gilt ihr Interesse den europäischen Kulturen. Es entstanden Reiseführer über Frankreich, Österreich, Italien und die Niederlande. Den aktuellen Arbeitsschwerpunkt des Autorenpaars bildet das Rheinland. Zuletzt *Das Wasser der Eifel: Flüsse und Bäche – Seen und Maare – Quellen und Geysire* (Eupen 2021).

* * *

Rudolf Conrads, Jahrgang 1954, Dipl.-Volkswirt, Schatzmeister des Rheinischen Vereins (RVDL) und Beiratsvorsitzender der Stiftung Lahn-Marmor-Museum.

Raoul Hippchen, Jahrgang 1982, Dr. phil., Historiker, Mitarbeiter der Forschungsstelle *Die Deutschen Inschriften* an der Akademie der Wissenschaften und der Literatur Mainz (aktuelles Bearbeitungsgebiet: Landkreis Limburg-Weilburg).

Sibylle L. Kahnt, Jahrgang 1945, Diplom-Bibliothekarin i.R., Vorstandsmitglied im Verein Lahn-Marmor-Museum Villmar.

Susanne Kern, Jahrgang 1963, Dr. phil., Studium der Kunstgeschichte, der mittelalterlichen und neueren Geschichte sowie der klassischen Archäologie in Mainz, Paris und München. Leiterin der Forschungsstelle: *Die Deutschen Inschriften* an der Akademie der Wissenschaften und der Literatur Mainz.

Antonius Kunz, Jahrgang 1956, Oberstudienrat, Studium der Germanistik und Politikwissenschaft in Mainz, Lehrer für Deutsch und Sozialkunde am Westerwald-Gymnasium Altenkirchen.

Philipp Schiefenhövel, Jahrgang 1980, Diplom-Biologe und Naturschutzreferent der Will und Liselott Masgeik-Stiftung für Natur- und Landschaftsschutz, Molsberg / Westerwald.

Register der Namen

Register der Bauwerke, Flüsse, Orte und Länder

BILDKALENDER RHEINLAND

28 Blatt auf hochwertigem Bilderdruckpapier,
bedruckte Rückseiten mit Informationstexten
29,7 × 21 cm, Spiralbindung, € 16,–
ISBN 978-3-96535-118-9

Herausragende, thematisch breit gefächerte Motive zeigen
das Rheinland in den Grenzen der ehemaligen Preußischen
Rheinprovinz, dem Verbreitungsgebiet des Rheinischen Vereins. Jedes Motiv – vom Bodendenkmal über die Burgruine
bis zum Landschaftsschutzgebiet – wird von Experten mit
ausführlichem Text erläutert. Der Kalender erscheint in Zusammenarbeit mit dem klaes-regio Fotoverlag.

Rheinischer Verein
Für Denkmalpflege und Landschaftsschutz

JAHRESPUBLIKATIONEN DES RVDL

- mehrere Hefte der Reihen »Rheinische Kunststätten«
  und »Rheinische Landschaften«
- 4 x im Jahr die Zeitschrift »Rheinische Heimatpflege«
- ein unregelmäßig erscheinendes Jahrbuch

Schon seit über 115 Jahren engagieren wir uns im RVDL für die Denkmalpflege und den Schutz der Kulturlandschaft im Rheinland. Wir sind unabhängiger Ideengeber und Vermittler, kooperieren mit Verbänden, Vereinen, Kommunen, Universitäten etc. Über unsere zahlreichen Regionalverbände und Arbeitskreise sind wir bestens vernetzt. Machen Sie mit! Informationen unter **www.rheinischer-verein.de**

EIN THEOLOGISCHER STADTRUNDGANG

ACK Bonn (Hg.)
Ökumene in Bonn
Ein Lese- und Bilderbuch

208 Seiten, über 40 Abb., 12,5 × 20,5 cm, Broschur
ISBN 978-3-87062-356-2

Die Vielfalt und Lebendigkeit christlichen Lebens in Bonn spiegelt sich in den fünfzehn Mitgliedskirchen der Arbeitsgemeinschaft Christlicher Kirchen (ACK). Dass die Fülle der Glaubenswege einen Reichtum darstellt, zeigen die Kapitel dieses Buches, die vor allem mit den Gemeinsamkeiten der Glaubensanschauungen vertraut machen.

EINE KULTURELLE REISE RUND UMS MITTELMEER

Winrich C.-W. Clasen / W. Peter Schneemelcher (Hg.)
Mittelmeer-Passagen
Ein Lese- und Bilderbuch

208 Seiten, 50 Abbildungen, 12,5 × 20,5 cm, Broschur
ISBN 978-3-87062-307-4

Am großen Meer der Antike begegnen uns erdachte und tatsächliche Personen: So treffen wir Hannibal und Heidegger,
erleben den Brand der Bibliothek von Alexandria und betrachten Gemälde des Orientalismus. Wir lesen aber auch
von Flüchtlingen im Jahr 1940 und lauschen einem syrischen
Lehrer des 4. Jahrhunderts.

Barbara und Hans Otzen
Klosterführer Eifel
Ein Lese- und Bilderbuch

384 Seiten, 190 Abb., 12,5 × 20,5 cm, Broschur
ISBN 978-3-87062-303-6

Nicht nur die »historischen Aufsätze beeindrucken, sondern auch die schönen Bilder; zudem gibt das Buch touristische Eifel-Hintergrundtipps und [...] praktische Hinweise zu Gastronomie, Klosterläden, Veranstaltungen und weiterführende Literatur. [...] Es ist ein wunderbares Geschenk.« (Bonner *General-Anzeiger*)

Sieg

Rosbach

Etz-
bach

Sieg

Betzdorf

Leuscheid

Wissen

Alsdorf

71

Herdor

Hamm
(Sieg)

54

Roth

53

Gebhardshain

Daaden

Hilgenroth

Marienthal

Elkenroth

Weite

Weyerbusch

Eichelhardt

Rosenheim

72

Birnbach

B8

B256

Nister

Nauroth

Neunk-
hausen

6

Altenkirchen

B414

Nister

Kirburg

Neitersen

Almers-
bach

Gieleroth

52

B414

Reifer-
scheid

Wahlrod

B8

56

Hachenburg

B

M

256

Wied

Höchstenbach

B413

Wied

Nistertal

57

Nister

Steimel

Steinebach

66

Enspel

Puderbach

Roßbach

B413

59

58

Dreifelden

90

Horhausen

Hersch-
bach

Langenh

Willroth

Marienhausen

Hartenfels

91

B255

87

A3

Urbach

B413

Dierdorf

Rückeroth

Wölferlingen

B8

Westerb

256

Selters
(Ww.)

Maxsain

92

Welter

Sassenhausen

Helferskirchen

Oberahr

Hersch-
bach

93

Klein-
maischeid

Siershahn

Meudt

Salz

Isenburg

Saynbach

Breitenau

Wirges

B255

Wall-
merod

Nauort

Alsbach

Ransbach-
Baumbach

Mosch-
heim

Mo
ber

leimbach-
Weis

Grenzau

A48

Dernbach

Weroth

B413

A3

Sayn

A48

B42

Bendorf

Höhr-Grenzhausen

Montabaur

Nenters
hausen

Rhein

Hillscheid

B49

Eppenrod

Vallendar

Niederelbert

Isselbach

A48

B9

Urbar

Neuhäusel

Welschneudorf

Hirschberg

B417

Koblenz

B42

B49

B261

Emsbach

Gelbach

Holzappel

Lahn

Mosel

B260

Lahn

Bad Ems

Dausenau

Laurenburg

B260

Nassau

B417

NORD-
RHEIN-
RHEINL-
PFALZ

WEST-
FALEN